中华优秀传统文化是炎黄子孙共同的精神家园

汉书选译

张世俊 任巧珍 译注
李国祥 审阅

古代文史名著选译丛书

（珍藏版）

主编 章培恒 安平秋 马樟根

凤凰出版社

图书在版编目（CIP）数据

汉书选译 / 张世俊，任巧珍译注. -- 南京 : 凤凰出版社，2017.1
（古代文史名著选译丛书 : 珍藏版 / 章培恒，安平秋，马樟根主编）
ISBN 978-7-5506-2483-2

Ⅰ. ①汉… Ⅱ. ①张… ②任… Ⅲ. ①中国历史－西汉时代－纪传体②《汉书》－译文③《汉书》－注释
Ⅳ. ①K234.104.2

中国版本图书馆CIP数据核字(2016)第257420号

书　　名	汉书选译
主　　编	章培恒　安平秋　马樟根
译 注 者	张世俊　任巧珍
责任编辑	陈晓清
装帧设计	姜　嵩
出版发行	凤凰出版传媒股份有限公司 凤凰出版社(原江苏古籍出版社) 发行部电话025-83223462
出版社地址	南京市中央路165号,邮编:210009
出版社网址	http://www.fhcbs.com
照　　排	江苏凤凰制版有限公司
印　　刷	苏州市越洋印刷有限公司 苏州市吴中区南官渡路20号　邮编:215104
开　　本	850×1168毫米　1/32
印　　张	8.625
字　　数	179千字
版　　次	2017年1月第1版　2017年1月第1次印刷
标准书号	ISBN 978-7-5506-2483-2
定　　价	34.00元

(本书凡印装错误可向承印厂调换,电话:0512-68180638)

目 录

前　言

一

《汉书》(也称《前汉书》)是我国古代继《史记》之后的又一部史学名著,它详尽地叙述了西汉王朝二百三十年间的历史,在政治、经济、军事、文教,以至中西交通、文化交流等方面为后人提供了丰富的历史资料,成为我们今天了解和研究西汉社会的一部主要著作。

《汉书》的主要作者是班固(32—92)。班固字孟坚,扶风安陵(今陕西咸阳市东北)人。他的祖父班稚在西汉哀帝时做过广平(今河北鸡泽县一带)太守。父亲班彪,字叔皮,在东汉光武帝时做过徐县(今江苏泗洪县南)县令和司徒府的属官,后被推荐做了望都县(今河北望都县)长吏,52岁时死在任上。班彪一生从事续补《史记》的工作,共写出《后传》六十五篇,这些著述后来成了班固写作《汉书》的重要依据。班固出生在这样一个充满学术气氛的家庭,从小就受到很好的文化教育,显示出多方面的才能。班固青年时期进入京城洛阳的太学读书,学习前代典籍,博览诸子百家学说,为以后的著述打下了坚实基础。班固读书不死抠词句,只求弄懂文章的中心意思,这对于形成他从大处着眼、纵观古今的历史眼光可能有一定作用。班固虽然博学多才,但并不自傲,而且性情宽厚,能够容人,所以受到当时读书人的敬仰。

父亲死后，班固回到家乡居丧。这时，他着手整理《后传》，并在此基础上开始《汉书》的编写。明帝永平五年(62)，有人告发班固在家私修国史，他因而被捕入狱。他的弟弟班超迅速赶到洛阳，上书替他申辩。明帝看了书稿，很赏识班固的才华，就召他到洛阳，任命他做兰台令史，掌管皇家图书馆，并正式令他编写《汉书》。在以后的二十多年中，班固精思熟虑，专心写作。和帝永元元年(89)，班固随车骑将军窦宪出征北匈奴，登燕然山，窦宪"刻石勒功，纪汉威德"，由班固写成铭文。永元四年(92)，窦宪图谋叛乱，事情败露而自杀。班固因此被免官，为人所陷而被捕，死在狱中，时年六十一岁。

班固死时，《汉书》的大部分篇章已经成稿，只剩八表和《天文志》没有写出，和帝就令班固的妹妹班昭(也称曹大家)继续补写八表，后来马续又帮助班昭补写了《天文志》。前后经历三四十年，一部史学巨著终于完成了。

二

《汉书》是我国第一部纪传体的断代史。全书由四个部分组成：帝纪十二篇，表八篇，志十篇，列传七十篇，共一百篇。帝纪按照年月记述了西汉一代十一个皇帝及吕后的事迹。表分别记录了汉代王侯贵族的世系、秦汉官制沿革、汉代大臣的任免，以及为数众多的历史人物。志叙述古代到汉代的典章制度和经济、文化。列传记叙了汉代三百多个人物的生平事迹，以及边疆各族的历史和邻近各国的情况。

武帝以前的史实，《汉书》多沿用《史记》的文字，班固只做了少量的改动和必要的补充。武帝以后一个多世纪的历史纪录，则是班固以班彪的《后传》和各家续《史记》之作为依据，加上自己收集到的新材料而写成的。

班固把《史记》的《礼书》、《乐书》合为《礼乐志》，把《律书》、《历书》合为《律历志》，把《平准书》改为《食货志》，把《封禅书》改为《郊祀志》，把《天官书》改为《天文志》，把《河渠书》改为《沟洫志》。此外，他还创造性地增写了《刑法志》、《五行志》、《地理志》和《艺文志》等四篇重要的志，填补了《史记》的空白。在武帝以下他又增写了七篇帝纪和一百多个人物的传记。由司马迁开创的纪传体，经班固略加改变而确立为纪、表、志、传四种体裁的断代史体例，就成为后世编著断代史的标准形式。

班固编著《汉书》，除了他的家学渊源和个人志趣之外，还有一个重要原因，就是为了适应东汉统治阶级的需要。东汉政权在农民起义的激烈斗争中产生，为巩固封建统治，缓和阶级矛盾，需要总结西汉的历史经验。班固在《叙传》中说："汉绍尧运，以建帝业，至于六世，史臣乃追述功德，私作本纪，编于百王之末，厕于秦、项之列。太初（武帝年号。公元前104—前101年）以后，阙而不录，故探纂前记，缀辑所闻，以述《汉书》，起元高祖，终于孝平王莽之诛，十有二世，二百三十年。"这里，班固只说明了写《汉书》的两个原因：一是司马迁贬损刘邦的功德，在《史记》中给他排列的位置不当；二是武帝以后历史出现了空白，须要续补。然而另一个重要的原因他却没有明说，那就是他断代为史，是为了给东汉统治者提供一部前朝兴衰成败的历史，让他们以史为鉴，汲取经验和教训，求得长治与久安。班固在每一篇末尾的论赞中，都对本篇的人和事作一番简要的评议，论是非，寓褒贬，态度明朗，清楚地表明了这个动机。

三

《汉书》以其规模宏大、内容精深著称于世，它全面系统地叙述了西汉一代的历史，为后人提供了研究西汉社会的丰富史料，在中国史学著作中占有特殊的重要地位。

《汉书》十志从《史记》的八书发展演变而来，在内容的丰富和叙事的周详方面又超过了八书。尤其是其中新增写的《刑法志》、《五行志》、《地理志》、《艺文志》四篇，为史书开拓了新领域。《刑法志》记述了西汉的法律制度，是一部上及周秦的古代法律简史。《五行志》虽然贯穿着迷信思想，但保存了大量有关气候异常、山崩地震、日食月食的纪录，是一份珍贵的科学资料。《地理志》叙述了上古九州的山川地理，物产分布，西汉时期郡县封国的建置和变革，各个地区的经济文化、风俗民情，以及海外交通等等，是一部重要的历史地理专著。《艺文志》记载了西汉官府的藏书目录，分析了古代学术思想的源流和派别，是研究古代文化思想和图书流传等方面有价值的著作。其他六篇志，虽然源于《史记》，但都做了较大的改进，补充了不少新内容。如《食货志》，就把只局限于记述西汉经济制度的《平准书》，扩充为上自周秦、下迄王莽的一部经济专史。自《汉书》变《史记》的八书为十志，后世编修正史多以此作为依据，只是有所增减而已。

《汉书》的八表，主要记录了西汉一代王侯将相的任免废立情况。其中《百官表》兼及秦代官制，《古今人表》列举从远古至秦末的重要历史人物，突破断代体例，补充了《史记》的不足。

《汉书》中占篇幅最多的是帝纪和列传两部分。补写的《惠帝纪》及武帝以下的七篇帝纪按时间顺序脉络清晰地记载了连续发生的历史事件，保存了许多重要的诏令。至于列传，内容就更丰富。除开《史记》已有的人物，班固新写了武帝以后一百多个人物的传记，极大地充实了西汉的历史。他们之中有战功赫赫的将军，有威武不屈的使节，有极力维护皇权的大臣，有权术圆通的野心家，有草菅人命的酷吏，有重义轻生的游侠，有皓首穷经的学者，有腰缠万贯的巨商，还有争宠的后妃，厚颜的佞幸，等等。通过这些形形色色的人物及其活动，可以了解西汉社会各方面的情况。此外，班固继承《史记》为边疆内外各少数民族和国家立传的优良传统，在《史记》原有的基础上进行扩充和增补，写成《匈奴传》、《西南夷两粤朝鲜传》和《西域传》三篇，记述了汉代东北、西北、西南边疆内外各族各国政治、经济、文化及其与汉朝和平交往、战争争夺的历史，是研究我国古代边疆兄弟民族及邻近的亚洲国家历史的珍贵资料。

《汉书》不仅是一部重要的史书，也是价值很高的古典文学名著。作为一部早期的史学著作，它还没有完全与文学分离开，仍旧保持着文史合一的特点。不过，当史学的真实性与文学的艺术性两者不能兼顾时，班固总是把史学摆在首位。这就是为什么《汉书》的文学性不如《史记》，而史学意义却有所增强和发展的缘故。作为史学，《汉书》是断代史的开山之作，作为文学，它又是汉代散文的代表作。班固本人就是个辞赋家，所以《汉书》的文字很讲究，词汇丰富，句法灵活，语言凝炼，结构严整。他还善于根据真实的材料，选择典型的事例，运用各种文学描写手段，对不同类型的人物作精细地刻划。因此，他笔下的历史人物大多写得生动可信，很多人物形象逼真，呼之欲出，是优秀的传记文学作品。此外，《汉书》中还汇集了许多西汉作者的政论和辞赋作品，为后人保存了可贵的文学资料。

四

班固生活在儒家思想的统治地位得到进一步肯定和加强的东汉初期，从小就受到封建主义的正统教育，与皇室又保持着比较密切的联系，因此，封建正统思想在他的思想意识中占据着主导地位，这是不难理解的。此外，班固还继承了班彪的唯心主义天命论，认为汉朝的兴起是受命于天的，给社会历史的演变和发展蒙上了神秘色彩。这些正是班固的历史局限性和阶级局限性之所在，读《汉书》不能不注意到这一点。

然而，班固毕竟是一位严肃的史学家，他总是尽量客观地记述历史事件，全面地评价历史人物。他既颂扬“德政”，也揭露社会矛盾，贬斥王公贵族的骄奢与残暴，甚至对武帝，班固也不作全面肯定，他在赞语中就说：“如武帝之雄材大略，不改（改变）文、景之恭俭（谦逊节俭），虽《诗》、《书》所称（称颂），何有加焉！”由于他尊重客观事实，所以比较了解民众的疾苦，同情下层百姓。利国利民的他就赞扬，祸国殃民的他就反对，态度很鲜明。他把各族人民反抗统治者的斗争称为“盗贼”，这正是他阶级立场和思想意识的局限，但他并不回避矛盾，而是实事求是地指出统治者的横征暴敛使得民力耗尽，无以为生，才引起人民的武力反抗。如他在说到西汉末年农民起义时就指出：

“四方皆以饥寒穷愁起为盗贼。”这些，都是《汉书》中进步的方面。

五

《汉书》多用古字古义，文字比较难懂，到东汉末期，就有服虔、应劭开始为它作注。唐初颜师古汇集汉、魏以来二十多家注释，纠正错误，补充缺漏，成为古代最详备的注本。清末王先谦更汇集了颜师古以来数十家的见解，加以考证，作成《汉书补注》，是至今仍受推崇的最完备的注本。解放以后，由中华书局印行的标点本《汉书》，采用《汉书补注》作底本，只收颜注，不收补注，又参考其他版本作了校勘，简明易读，是目前流行的最佳版本。

本书根据中华书局标点本，选出文史兼顾、可读性强、具有代表性的一篇纪和十篇传，译成今语，加以简要注释，以供一般读者阅读。在选译过程中，武汉大学古籍整理研究所给予了大力支持，宗福邦、陈世铙两位先生阅读了全稿，并提出了宝贵意见，特致谢忱。

张世俊（武汉大学文学院古籍研究所）
任巧珍（武汉大学文学院古籍研究所）

高 帝 纪

公元前209年9月，正当陈胜、吴广领导农民起义军冲决着秦帝国的腐朽统治的时候，有两支武装力量在东南部几乎同时崛起。其一是项梁、项羽在吴县杀郡守起义，领着八千江东子弟向北挺进；其一是刘邦在沛县斩蛇起义，然后率领沛县民众攻城略地。起初，刘邦军与项梁军相配合，在今江苏、安徽西北部、山东西南部、河南东部辗转作战，打击秦军。项梁死后，项羽北上救赵，抗击秦军主力。刘邦受怀王派遣，出山东西行，横贯河南，没有遭遇特大阻力，从武关攻入关中，结束了秦帝国的反动统治。

项羽入关之后，本打算消灭刘邦军，经过鸿门宴上的一番较量，形势发生了戏剧性的转变。刘邦不甘心屈居汉中为王，不久便暗度陈仓，还定三秦，出关东征，揭开了长达四年之久的楚汉战争的历史篇章。

刘邦虽曾一度战败，甚至全军覆没，但很快重整旗鼓，卷土重来。他以荥阳、成皋为据点，与项羽展开拉锯战，消耗了项羽的有生力量，扩大了战果，形成了对项羽的包围圈。项羽陷于孤立境地，不得不同意中分天下。

成皋之战使刘邦由战略防御变为战略反攻。刘邦调动了一切力量终于在垓下决战中消灭了项羽军。公元前 202 年 2 月，刘邦登上了皇帝的宝座，一个强大的封建帝国在复杂激烈的斗争中诞生了。

刘邦知人善任，能听取不同意见，顺应民心，得到民众的支持，这些都是他取得胜利的重要原因，值得我们借鉴。

本篇选入刘邦的主要经历和活动，有关的人物和事件一般从略。

高祖①，沛丰邑中阳里人也②，姓刘氏。母媪尝息大泽之陂③，梦与神遇。是时雷电晦冥④，父太公往视，则见交龙于上⑤。已而有娠⑥，遂产高祖。

高祖为人，隆准而龙颜⑦，美须髯⑧，左股有七十二黑子。宽仁爱人，意豁如也。常有大度，不事家人生产作业。及壮，试吏，为泗上亭长⑨，廷中吏无所不狎侮⑩。好酒及色。常从王媪、武负贳酒⑪，时饮醉卧，武负、王媪见其上常有怪。高祖每酤留饮，酒雠数倍⑫。及见怪，岁竟，此两家常折券弃责⑬。

【注释】

① 高祖：姓刘，名邦，字季。② 沛：县名，在今江苏沛县。③ 媪（ǎo）：年老的妇人。陂（bēi）：水边，岸。④ 晦（huì）：昏暗。⑤ 交龙：同“蛟龙”。⑥ 娠（shēn）：胎儿在母体中微动，泛指怀胎。⑦ 隆准：高鼻梁。⑧ 髯（rán）：两腮

的胡子。⑨ 泗上：地名，在今沛县东。亭长：秦时乡村十里一亭，亭有亭长。⑩ 狎(xiá)侮：亲近而不庄重。⑪ 负：通"妇"。老妇。贳(shì)：赊欠。⑫ 雠：同"售"。⑬ 折券(quàn)：折毁契据。责：通"债"。

高祖常繇咸阳①，纵观秦皇帝，喟然大息②，曰："嗟乎，大丈夫当如此矣！"

单父人吕公善沛令③，辟仇，从之客，因家焉。沛中豪杰吏闻令有重客，皆往贺。萧何为主吏④，主进⑤，令诸大夫曰："进不满千钱，坐之堂下。"高祖为亭长，素易诸吏⑥，乃绐为谒曰"贺钱万"⑦，实不持一钱。谒入，吕公大惊，起，迎之门。吕公者，好相人，见高祖状貌，因重敬之，引入坐上坐。萧何曰："刘季固多大言，少成事。"高祖因狎侮诸客，遂坐上坐，无所诎⑧。酒阑⑨，吕公因目固留高祖。竟酒，后。吕公曰："臣少好相人，相人多矣，无如季相，愿季自爱。臣有息女，愿为箕帚妾。"酒罢，吕媪怒吕公曰："公始常欲奇此女，与贵人。沛令善公，求之不与，何自妄许与刘季？"吕公曰："此非儿女子所知。"卒与高祖。吕公女即吕后也，生孝惠帝、鲁元公主。

【注释】

① 常：通"尝"。曾经。繇：通"徭"。服劳役。咸阳：秦都，在今陕西咸阳市东。② 喟(kuì)然：叹气的样子。大息：即"太息"，叹息。③ 单(shàn)父：地名，在今山东单县。

④ 主吏：即功曹，县令的属官。⑤ 进：通“赆”。送礼的钱财。⑥ 易：轻视，轻慢。⑦ 绐（dài）：欺诈。谒（yè）：名帖。⑧ 诎（qū）：退让。⑨ 阑：稀少。酒阑，饮酒的人半去半留。

高祖尝告归之田。吕后与两子居田中，有一老父过请饮，吕后因铺之①。老父相后曰：“夫人天下贵人也。”令相两子，见孝惠帝，曰：“夫人所以贵者，乃此男也。”相鲁元公主，亦皆贵。老父已去，高祖适从旁舍来，吕后具言客有过，相我子母皆大贵。高祖问，曰：“未远。”乃追及，问老父。老父曰：“乡者夫人儿子皆以君②，君相贵不可言。”高祖乃谢曰：“诚如父言③，不敢忘德。”及高祖贵，遂不知老父处。……

高祖以亭长为县送徒骊山④，徒多道亡。自度比至皆亡之⑤，到丰西泽中亭，止饮，夜皆解纵所送徒。曰：“公等皆去，吾亦从此逝矣⑥！”徒中壮士愿从者十余人。高祖被酒，夜径泽中⑦，令一人行前。行前者还报曰：“前有大蛇当径，愿还。”高祖醉，曰：“壮士行，何畏！”乃前，拔剑斩蛇。蛇分为两，道开。行数里，醉困卧。后人来至蛇所，有一老妪夜哭。人问妪何哭，妪曰：“人杀吾子。”人曰：“妪子何为见杀？”妪曰：“吾子，白帝子也⑧，化为蛇，当道，今者赤帝子斩之⑨，故哭。”人乃以妪为不诚，欲苦之，妪因忽不见。后人至，高祖觉。告高祖，高祖乃心独喜，自负⑩。诸从者日益畏之。

【注释】

①铺(bǔ)：以食物与人。② 乡(xiàng)：通“嚮(向)”。以往。③ 诚：果真。④ 骊山：在今陕西临潼。⑤ 比：及，等到。⑥ 逝：往，去。⑦ 径：走小路。⑧ 白帝子：指秦皇。⑨ 赤帝子：指刘邦。⑩ 负：恃。

……高祖隐于芒、砀山泽间①，吕后与人俱求，常得之。高祖怪问之。吕后曰：“季所居上常有云气，故从往常得季。”高祖又喜。沛中子弟或闻之，多欲附者矣。

秦二世元年②，秋七月，陈涉起蕲③，至陈④，自立为楚王，遣武臣、张耳、陈余略赵地。八月，武臣自立为赵王。郡县多杀长吏以应涉。九月，沛令欲以沛应之。掾、主吏萧何、曹参曰⑤：“君为秦吏，今欲背之，帅沛子弟，恐不听。愿君召诸亡在外者，可得数百人，因以劫众⑥，众不敢不听。”乃令樊哙召高祖。高祖之众已数百人矣。

于是樊哙从高祖来⑦。沛令后悔，恐其有变，乃闭城城守，欲诛萧、曹。萧、曹恐，逾城保高祖⑧。高祖乃书帛射城上，与沛父老曰：“天下同苦秦久矣。今父老虽为沛令守，诸侯并起，今屠沛。沛今共诛令，择可立立之，以应诸侯，即室家完。不然，父子俱屠，无为也。”父老乃帅子弟共杀沛令，开城门迎高祖，欲以为沛令。高祖曰：“天下方扰⑨，诸侯并起，今置将不善，一败涂地。吾非敢自爱，恐能薄，不能完父兄子弟。此大事，愿更择可者。”萧、曹等皆文吏，自爱，恐事不就⑩，后秦种族其家，尽让高祖。诸父老皆曰：“平生所闻刘季奇怪，当贵，且卜筮之⑪，莫如刘季最吉。”高祖数让。众莫肯为，高祖乃立为沛公。祠黄帝，祭蚩尤于沛廷，而衅鼓旗⑫。帜皆赤，由所杀蛇白帝子，所杀者赤帝子故也。于是少年豪吏如萧、曹、樊哙等皆为收沛子弟，得三千人。

【注释】

① 芒、砀(dàng)：二山名，均在今河南永城东北。② 秦二世元年：即公元前209年。③ 蕲(qí)：县名，在今安徽宿州。④ 陈：县名，在今河南淮阳县。⑤ 掾(yuàn)：属官的通称。⑥ 劫：威胁。⑦ 从：领，带。⑧ 保：保障。⑨ 扰：动乱。⑩ 就：成就。⑪ 卜(bǔ)筮(shì)：古人迷信，占卜时，用龟甲称卜，用蓍草称筮，合称卜筮。⑫ 衅(xìn)鼓旗：用牛羊血涂抹在鼓或旗上。

是月，项梁与兄子羽起吴①。田儋与从弟荣、横起齐，自立为齐王。韩广自立为燕王。魏咎自立为魏王。陈涉之将周章西入关，至戏②，秦将章邯距破之③。

秦二年十月，沛公攻胡陵、方与④，还守丰。秦泗川监平将兵围丰⑤。二日出与战，破之。令雍齿守丰。十一月，沛公引兵之薛⑥。……十二月，楚王陈涉为其御庄贾所杀。魏人周市略地丰沛，使人谓雍齿曰：“丰，故梁徙也⑦，今魏地已定者数十城。齿今下魏，魏以齿为侯守丰；不下，且屠丰。”雍齿雅不欲属沛公⑧，及魏招之，即反为魏守丰。沛公攻丰，不能取。沛公还之沛，怨雍齿与丰子弟畔之⑨。

【注释】

①吴：县名，在今江苏苏州市境。②戏：水名。在今陕西临潼区东。③距：同“拒”。④胡陵：地名，在今山东鱼台县东南。方与：地名，在鱼台县境。⑤泗川监平：泗川，郡名，后改为沛郡，在今江苏西北部和安徽西北部。监，官名。平，人名。⑥薛：地名，在今山东滕州南。⑦梁徙：魏王假被秦灭后，向东迁徙至丰地。⑧雅：平素，一向。⑨畔：通“叛”。反叛。

正月，张耳等立赵后赵歇为赵王。东阳宁君、秦嘉立景驹为楚王，在留①。沛公往从之，道得张良，遂与俱见景驹，请兵以攻丰。……二月，攻砀②，三日拔之③。收砀兵，得六千人，与故合九千人。三月，攻下邑④，拔之。还击丰，不下。四月，项梁击杀景驹、秦嘉，止薛，沛公往见之。项梁益沛公卒五千人，五大夫将十人⑤。沛公还，引兵攻丰，拔之。雍齿奔魏。

……六月，沛公如薛⑥，与项梁共立楚怀王孙心为楚怀王。……

项梁再破秦军，有骄色。宋义谏，不听。秦益章邯兵。九月，章邯夜衔枚击项梁定陶⑦，大破之，杀项梁。时连雨自七月至九月。沛公、项羽方攻陈留⑧，闻梁死，士卒恐，乃与将军吕臣引兵而东，徙怀王自盱台都彭城[9]。吕臣军彭城东，项羽军彭城西，沛公军砀。魏咎弟豹自立为魏王。后九月[10]，怀王并吕臣、项羽军自将之。以沛公为砀郡长，封武安侯，将砀郡兵。以羽为鲁公，封长安侯，吕臣为司徒，其父吕青为令尹[11]。

【注释】

① 留：县名，在今江苏沛县东南。② 砀：县名，在今河南永城东北。③ 拔：攻破并占领城池，像连根把树木拔起一样。④ 下邑：县名，在今安徽砀山县。⑤ 五大夫：秦汉时二十等爵的第九级。⑥ 如：往。⑦ 衔枚：枚，形如筷子，两端有带，可挂在颈上，古时打仗袭击敌人时，常令士兵衔在口中，以防止喧哗。定陶：旧县名，在今山东西南部。⑧ 陈留：县名，在今河南开封市东南。⑨ 盱（xū）台（yí）：县名，在今江苏盱眙县。彭城：县名，在今江苏徐州市。⑩ 后九月：闰九月。⑪ 令尹：原为春秋战国时楚国的最高官职，掌军政大权，怀王沿用旧制，故置。

章邯已破项梁，以为楚地兵不足忧，乃渡河北击赵王歇，大破之。歇保巨鹿城[1]，秦将王离围之。赵数请救，怀王乃以宋义为上将，项羽为次将，范增为末将，北救赵。

初，怀王与诸将约，先入定关中者王之[2]。当是时，秦兵彊[3]，常乘胜逐北[4]，诸将莫利先入关。独羽怨秦破项梁，奋势，愿与沛公西入关。怀王诸老将皆曰："项羽为人慓悍祸贼⑤，尝攻襄城⑥，襄城无噍类⑦，所过无不残灭。且楚数进取，前陈王、项梁皆败⑧，不如更遣长者扶义而西⑨，告谕秦父兄。秦父兄苦其主久矣，今诚得长者往，毋侵暴，宜可下。项羽不可遣，独沛公素宽大长者。"卒不许羽，而遣沛公西收陈王、项梁散卒。……

【注释】

① 巨鹿：县名，在今河北邢台市中部。② 关中：秦汉时自函谷关以西总名关中。③ 彊：同"强"。④ 逐北：追逐败北者。⑤ 慓悍：慓，迅疾；悍，骁勇。祸贼：好作祸，像盗贼一样残忍。⑥ 襄城：地名，在今河南襄城县。⑦ 噍(jiào)类：噍，通"嚼"。吃东西。噍类，活人。⑧ 陈王：陈涉。⑨ 长者：指有德行，宽厚谨慎的人。

（秦三年十二月）羽大破秦军巨鹿下，虏王离，走章邯。

二月，沛公从砀北攻昌邑①，遇彭越。越助攻昌邑，未下。沛公西过高阳②，郦食其为里监门③，曰："诸将过此者多，吾视沛公大度。"乃求见沛公。沛公方踞床，使两女子洗。郦生不拜，长揖曰："足下必欲诛无道秦，不宜踞见长者。"于是沛公起，摄衣谢之，延上坐。食其说沛公袭陈留④。沛公以为广野君，以其弟郦商为将，将陈留兵。三月，攻开封，未拔。西与秦将杨熊会战白马⑤，又战曲遇东⑥，大破之。杨熊走之荥阳[7]，二世使使斩之以徇。四月，南攻颍川[8]，屠之。因张良遂略韩地[9]。

【注释】

① 昌邑：县名，在今山东巨野县东南。② 高阳：地名，在今河南杞县西南。③ 郦食(yì)其(jī)：人名。里监门：看守里门的小吏。④ 陈留：县名，在今河南开封市东南。⑤ 白马：县名，在今河南滑县东。⑥ 曲遇：地名，在今河南中牟县境。⑦ 荥(xíng)阳：县名，在今河南荥阳东。⑧ 颍川：郡名，治所在阳翟，即今河南禹州市。⑨ 因：凭借，凭靠。

……七月，南阳守齮降，封为殷侯，封陈恢千户。引兵西，无不下者。至丹水[1]，高武侯鳃、襄侯王陵降。还攻胡阳，遇番君别将梅鋗[2]，与偕攻析、郦[3]，皆降。所过毋得卤掠[4]，秦民喜。遣魏人宁昌使秦。是月章邯举军降项羽，羽以为雍王。瑕丘申阳下河南[5]。

八月，沛公攻武关[6]，入秦。秦相赵高恐，乃杀二世，使人来，欲约分王关中，沛公不许。九月，赵高立二世兄子子婴为秦王。子婴诛灭赵高，遣将将兵距峣关[7]。沛公欲击之，张良曰："秦兵尚彊，未可轻。愿先遣人益张旗帜于山上为疑兵，使郦食其、陆贾往说秦将，啗以利[8]。"秦将果欲连和，沛公欲许之。张良曰："此独其将欲叛，恐其士卒不从，不如因其怠懈击之。"沛公引兵绕峣关，逾蒉山[9]，击秦军，大破之蓝田南。遂至蓝田，又战其北，秦兵大败。

【注释】

①丹水：县名，在今河南淅川县西。②番（pó）君：同“鄱君”，即吴芮，因曾做过鄱阳县县令，故称。③析：县名，在今河南西峡县。郦：县名，在今河南南阳市西北。④卤掠：同“虏掠”。⑤瑕丘：县名。河南：指河南郡，秦称三川郡，在今河南西北部。⑥武关：关名，秦的南关，在今陕西丹凤县东南。⑦峣（yáo）关：关名。在今陕西蓝田县东南。⑧啗（dàn）：以利诱人。⑨蒉（kuì）山：山名，在今陕西蓝田县南。

元年冬十月①，五星聚于东井②。沛公至霸上③。秦王子婴素车白马，系颈以组④，封皇帝玺符节⑤，降枳道旁⑥。诸将或言诛秦王，沛公曰：“始怀王遣我，固以能宽容，且人已服降，杀之不祥。”乃以属吏⑦。遂西入咸阳，欲止宫休舍，樊哙、张良谏，乃封秦重宝财物府库，还军霸上。萧何尽收秦丞相府图籍文书。十一月，召诸县豪杰曰：“父老苦秦苛法久矣，诽谤者族，耦语者弃市⑧。吾与诸侯约，先入关者王之，吾当王关中。与父老约，法三章耳：杀人者死，伤人及盗抵罪。余悉除去秦法。吏民皆按堵如故⑨。凡吾所以来，为父兄除害，非有所侵暴，毋恐！且吾所以军霸上，待诸侯至而定要束耳⑩。”乃使人与秦吏行至县乡邑告谕之。秦民大喜，争持牛羊酒食献享军士。沛公让不受，曰：

"仓粟多，不欲费民。"民又益喜，唯恐沛公不为秦王。

【注释】

① 元年：即公元前206年，汉纪年从这一年开始。② 五星聚于东井：五星，金、木、水、火、土五星。东井，星名，该星与秦的地理位置相对应。古人迷信，认为五星聚会处，其下必出天子。③ 霸上：地名，在今陕西西安市。④ 组：丝带。⑤ 玺：印章。符：调兵遣将的凭证。节：使臣持以表示信用的符节。⑥ 枳(zhǐ)道：亭名，在今陕西咸阳市东北。⑦ 属(zhǔ)：托付。⑧ 弃市：在市集当众处死。⑨ 按：次第，按顺序。堵：墙。⑩ 要束：同"约束"。

或说沛公曰："秦富十倍天下，地形强。今闻章邯降项羽，羽号曰雍王，王关中。即来，沛公恐不得有此。可急使守函谷关①，毋内诸侯军②，稍征关中兵以自益，距之。"沛公然其计，从之。十二月，项羽果帅诸侯兵欲西入关，关门闭。闻沛公已定关中，羽大怒，使黥布等攻破函谷关，遂至戏下③。沛公左司马曹毋伤闻羽怒④，欲攻沛公，使人言羽曰："沛公欲王关中，令子婴相，珍宝尽有之。"欲以求封。亚父范增说羽曰⑤："沛公居山东时⑥，贪财好色，今闻其入关，珍物无所取，妇女无所幸，此其志不小。吾使人望其气，皆为龙，成五色，此天子气。急击之，勿失。"于是飨士⑦，旦日合战⑧。是时，羽兵四十万，号百万。沛公兵十万，号二十万，力不敌。会羽季父左尹项伯素善张良[9]，夜驰见张良，具告其实，欲与俱去，毋特俱死[10]。良曰：“臣为韩王送沛公[11]，不可不告，亡去不义。”乃与项伯俱见沛公。沛公与伯约为婚姻，曰：“吾入关，秋毫无所敢取[12]，籍吏民[13]，封府库，待将军。所以守关者，备他盗也。日夜望将军到，岂敢反邪！愿伯明言不敢背德。”项伯许诺，即夜复去。戒沛公曰：“旦日不可不早自来谢。”项伯还，具以沛公言告羽，因曰：“沛公不先破关中兵，公巨能入乎[14]？且人有大功，击之不祥，不如因善之。”羽许诺。

【注释】

①函谷关：关名，在今河南灵宝西南。②内：同“纳”。③戏下：地名，在今陕西临潼东。④左司马：官名。曹毋伤：人名。⑤亚父：敬称，仅次于父亲的意思。⑥山东：秦汉时称崤山或华山以东为山东，也称关东。⑦飨：犒劳酒食。⑧旦日：明日。⑨左尹：官名，令尹之佐。⑩特：空。⑪为韩王送沛公：张良本是韩王的申徒（相当于楚国的令尹），后从刘邦西行，直入关中。所说为韩王送沛公，无非是托辞。⑫秋毫：鸟兽在秋天生出极细的新毛，称秋毫。常用以比喻微细的事物。⑬籍：簿籍。造册登记户口。⑭巨：通“讵”。岂。

沛公旦日从百余骑见羽鸿门[1]，谢曰：“臣与将军勠力攻秦[2]，将军战河北，臣战河南，不自意先入关，能破秦，与将军复相见。今者有小人言，令将军与臣有隙[3]。”羽曰：“此沛公左司马曹毋伤言之，不然，籍何以至此？”羽因留沛公饮。范增数目羽击沛公，羽不应。范增起，出谓项庄曰[4]：“君王为人不忍，汝入以剑舞，因击沛公，杀之。不者，汝属且为所虏。”庄入为寿[5]。寿毕，曰：“军中无以为乐，请以剑舞。”因拔剑舞。项伯亦起舞，常以身翼蔽沛公。樊哙闻事急，直入，怒甚。羽壮之，赐以酒。哙因谯让羽[6]。有顷，沛公起如厕，招樊哙出，置车官属[7]，独骑，与樊哙、靳彊、滕公、纪成步，从间道走军[8]，使张良留谢羽。羽问：“沛公安在？”曰：“闻将军有意督过之[9]，脱身去，间至军，故使臣献璧。”羽受之。又献玉斗范增[10]。增怒，撞其斗，起曰：“吾属今为沛公虏矣！”

【注释】

① 鸿门：地名，在今陕西临潼东。② 勠（lù）力：也作“戮力”。合力。③ 隙：间隙，裂缝。④ 项庄：项羽的堂弟。⑤ 为寿：敬酒祝颂长寿。⑥ 谯让：责备。⑦ 置：留。⑧ 走：去，往。⑨ 督过：责备之意。⑩ 斗：酒器。

沛公归数日，羽引兵西屠咸阳，杀秦降王子婴，烧秦宫室，所过无不残灭。秦民大失望。……春正月，阳尊怀王为义帝[1]，实不用其命。

二月，羽自立为西楚霸王[2]，王梁、楚地九郡[3]，都彭城。背约，更立沛公为汉王，王巴、蜀、汉中四十一县[4]，都南郑[5]。三分关中，立秦三将：章邯为雍王，都废丘[6]；司马欣为塞王，都栎阳[7]；董翳为翟王，都高奴[8]。……汉王怨羽之背约，欲攻之，丞相萧何谏，乃止。

夏四月，诸侯罢戏下，各就国。羽使卒三万人从汉王，楚子、诸侯人之慕从者数万人，从杜南入蚀中[9]。张良辞归韩，汉王送至褒中[10]，因说汉王烧绝栈道[11]，以备诸侯盗兵，亦视项羽无东意[12]。

【注释】

① 阳：通“佯”。假装。② 西楚：指彭城以西的地方。③ 梁、楚地九郡：指泗水、东阳、东海、砀、薛、郯、吴、会稽、东郡等九郡。④ 巴、蜀、汉中：秦时分四川为巴、蜀二郡。汉中郡约为今陕西秦岭以南及湖北西北部地区。⑤ 南郑：县名，在今陕西南郑市。⑥ 废丘：县名，在今陕西兴平东南。⑦ 栎（yuè）阳：县名，在今陕西临潼北，渭水北岸。⑧ 高奴：县名，在今陕西延安东。⑨ 杜：县名。蚀中：谷名。均在今西安市南。⑩ 褒中：即古褒国，在今陕西省。⑪ 栈道：即阁道，凿山架木为道。⑫ 视：通“示”。显示。

汉王既至南郑，诸将及士卒皆歌讴思东归[1]，多道亡还者。韩信为治粟都尉[2]，亦亡去，萧何追还之，因荐于汉王曰：“必欲争天下，非信无可与计事者。”于是汉王斋戒设坛场，拜信为大将军，问以计策。信对曰：“项羽背约而王君王于南郑[3]，是迁也。吏卒皆山东之人，日夜企而望归④，及其锋而用之，可以有大功。天下已定，民皆自宁，不可复用。不如决策东向。”因陈羽可图、三秦易并之计⑤。汉王大说⑥，遂听信策，部署诸将。留萧何收巴蜀租，给军粮食。

五月，汉王引兵从故道出袭雍⑦。雍王邯迎击汉陈仓⑧，雍兵败，还走；战好畤⑨，又大败，走废丘。汉王遂定雍地。东如咸阳，引兵围雍王废丘，而遣诸将略地。……塞王欣、翟王翳皆降汉。

【注释】

① 讴（ōu）：唱歌。② 治粟都尉：官名，掌管粮食。③ 君王：对汉王刘邦的尊称。④ 企：踮起脚跟。⑤ 图：图谋。三秦：指秦降将章邯、司马欣、董翳三人被分封在关中之地。⑥ 说：通“悦”。喜悦。⑦ 故道：县名，在陕西凤县西北。雍：地名，在今陕西凤翔县南。⑧ 陈仓：县名，在今陕西宝鸡市东。⑨ 好畤：县名，在今陕西乾县东。

……及闻汉王并关中，而齐、梁畔之，羽大怒，乃以故吴令郑昌为韩王，距汉。令肖公角击彭越①，越败角兵。时张良徇韩地②，遗羽书曰③：“汉欲得关中，如约即止，不敢复东。”羽以故无西意，而北击齐。……

二年冬十月，项羽使九江王布杀义帝于郴④。……张良自韩间行归汉，汉王以为成信侯。

汉王如陕⑤，镇抚关外父老。河南王申阳降，置河南郡。使韩太尉韩信击韩，韩王郑昌降。十一月，立韩太尉信为韩王。汉王还归，都栎阳，使诸将略地，拔陇西⑥。以万人若一郡降者封万户。缮治河上塞⑦。故秦苑囿园池⑧，令民得田之⑨。

……二月癸未，令民除秦社稷⑩，立汉社稷。施恩德，赐民爵。蜀汉民给军事劳苦，复勿租税二岁⑪。关中卒从军者，复家一岁。举民年五十以上，有修行，能帅众为善，置以为三老⑫，乡一人。择乡三老一人为县三老，与县令丞尉以事相教，复勿繇戍。以十月赐酒肉。

【注释】

① 肖公角：秦汉之际，县令称公，肖公即肖令。角，名。彭越：彭越当时还是一支独立的武装力量，因受齐国田荣驱使，在梁地反楚。② 徇：略取。③ 遗（wèi）：送。④ 郴（chēn）：县名，在今湖南郴州。⑤ 陕：县名，在今河南陕县。⑥ 陇西：郡名，约当今甘肃东南部。⑦ 河上：郡名，当今陕西东部渭河以北地区。⑧ 苑（yuàn）囿（yòu）园池：畜养禽兽的地方叫苑，有墙垣的叫囿，种植树木的叫园。⑨ 田：耕作。⑩ 社稷：土神和谷神，也称祭祀土、谷神的场所。历代以社稷为国家政权的标志。⑪ 复：免除赋税和徭役。⑫ 三老：掌教化的乡官。

三月，汉王自临晋渡河①，魏王豹降，将兵从。下河内②，虏殷王卬，置河内郡。至修武③，陈平亡楚来降。汉王与语，说之，使参乘④，监诸将。南渡平阴津[5]，至洛阳，新城三老董公遮说汉王曰[6]：“臣闻‘顺德者昌，逆德者亡’，‘兵出无名，事故不成’。故曰：‘明其为贼，敌乃可服。’项羽为无道，放杀其主，天下之贼也。夫仁不以勇，义不以力，三军之众为之素服[7]，以告之诸侯，为此东伐，四海之内莫不仰德。此三王之举也[8]。”汉王曰：“善，非夫子无所闻。”于是汉王为义帝发丧，袒而大哭[9]，哀临三日[10]。发使告诸侯曰：“天下共立义帝，北面事之[11]。今项羽放杀义帝江南，大逆无道。寡人亲为发丧，兵皆缟素。悉发关中兵，收三河士[12]，南浮江汉以下，愿从诸侯王[13]，击楚之杀义帝者！”

【注释】

①临晋：县名，在今陕西大荔县东。②河内：指今河南黄河以北地区。③修武：县名，在今河南获嘉县。④参乘：也称陪乘，如后世的近侍警卫。⑤平阴津：平阴，地名，在今河南孟津县东。津，渡口。⑥新城：乡名，在今洛阳市南。⑦三军：指全军。⑧三王：指夏禹、商汤、周文王三个开国的君主。⑨袒：脱去衣袖，露出臂膊。⑩临：众人哭泣叫临。⑪北面：指向人称臣。⑫三河：称河南、河东、河内地区。⑬诸侯王：诸侯及诸王。

……（夏四月）羽虽闻汉东，既击齐，欲遂破之而后击汉，汉王以故得劫五诸侯兵[1]，东伐楚。到外黄[2]，彭越将三万人归汉。汉王拜越为魏相国，令定梁地。

汉王遂入彭城，收羽美人货赂，置酒高会[3]。羽闻之，令其将击齐，而自以精兵三万人从鲁出胡陵[4]，至萧，晨击汉军，大战彭城灵璧东睢水上[5]，大破汉军，多杀士卒，睢水为之不流。围汉王三帀[6]。大风从西北起，折木发屋，扬砂石，昼晦，楚军大乱，而汉王得与数十骑遁去。过沛，使人求室家，室家亦已亡，不相得。汉王道逢孝惠、鲁元[7]，载行。楚骑追汉王，汉王急，推堕二子，滕公下收载，遂得脱。审食其从太公、吕后间行，反遇楚军，羽常置军中以为质。诸侯见汉败，皆亡去。……

汉王西过梁地，至虞[8]，谓谒者随何曰："公能说九江王布使举兵畔楚，项王必留击之。得留数月，吾取天下必矣。"随何往说布，果使畔楚。

【注释】

① 五诸侯：常山王张耳、河南王申阳、韩王郑昌、魏王豹、殷王司马卬。② 外黄：县名，在今河南杞县东。③ 高会：大聚会。④ 鲁：在今山东曲阜。⑤ 灵璧：县名，在今安徽宿州西北。睢（shuī）水：故蒗荡渠支流，此指在灵璧以东的一段。⑥ 帀（zā）：圈。⑦ 孝惠、鲁元：即后来的孝惠帝和鲁元公主。⑧ 虞：县名，在今河南虞城县。

五月，汉王屯荥阳[1]，萧何发关中老弱未傅者悉诣军[2]。韩信亦收兵与汉王会，兵复大振。与楚战荥阳南京、索间[3]，破之。筑甬道[4]，属河，以取敖仓粟⑤。……

六月，汉王还栎阳。壬午，立太子，赦罪人。令诸侯子在关中者皆集栎阳为卫。引水灌废丘，废丘降，章邯自杀。……

（八月）汉王以韩信为左丞相，与曹参、灌婴俱击魏。……九月，信等虏豹，传诣荥阳⑥。定魏地，置河东、太原、上党郡。信使人请兵三万人，愿以北举燕赵，东击齐，南绝楚粮道。汉王与之。

……（三年冬十月）随何既说黥布，布起兵攻楚。楚使项声、龙且攻布⑦，布战不胜。十二月，布与随何间行归汉。汉王分之兵，与俱收兵至成皋⑧。……

【注释】

① 屯：驻扎；防守。荥(xíng)阳：县名，在河南郑州市西，黄河南岸。② 未傅者：未登记服兵役的人。诣(yì)：去到。③ 京：邑名，在今河南荥阳东南。索：亭名，在今荥阳。④ 甬(yǒng)道：两旁有墙的通道。⑤ 敖仓：敖，山名，在荥阳西北。秦在此山上筑城修仓储粮，名敖仓。⑥ 传(zhuàn)：驿站的马车。⑦ 龙且(jū)：人名，楚将。⑧ 成皋(gāo)：县名，在今河南荥阳。

项羽数侵夺汉甬道，汉军乏食，与郦食其谋桡楚权①。食其欲立六国后以树党②，汉王刻印，将遣食其立之。以问张良，良发八难。汉王辍饭吐哺③，曰："竖儒几败乃公事④！"令趋销印⑤。又问陈平，乃从其计，与平黄金四万斤，以间疏楚君臣⑥。

夏四月，项羽围汉荥阳，汉王请和，割荥阳以西者为汉。亚父劝项羽急攻荥阳，汉王患之。陈平反间既行，羽果疑亚父，亚父大怒而去，发病死。

五月，将军纪信曰："事急矣！臣请诳楚⑦，可以间出。"于是陈平夜出女子东门二千余人，楚因四面击之。纪信乃乘王车，黄屋左纛⑧，曰："食尽，汉王降楚。"楚皆呼万岁，之城东观，以故汉王得与数十骑出西门遁。……

【注释】

① 桡(náo)：削弱。② 六国：指战国时期关东六国，即韩、魏、燕、赵、齐、楚。树：立。③ 辍(chuò)：停止。哺：口中所含的食物。④ 竖：小子，对人的蔑称。乃：你，你的。⑤ 趋：通"促"。赶快，速急。销：毁掉。⑥ 间疏：离间他们，使关系疏远。⑦ 诳：同"诓"。欺诈。⑧ 黄屋：帝王车盖，用黄缯作盖里。左纛(dào)：在车前衡木左上方竖着用旄牛尾做的羽毛幢。

汉王出荥阳，至成皋。自成皋入关，收兵欲复东。辕生说汉王曰："汉与楚相距荥阳数岁，汉常困。愿君王出武关，项王必引兵南走，王深壁①，令荥阳成皋间且得休息。使韩信等得辑河北赵地，连燕齐，君王乃复走荥阳。如此，则楚所备者多，力分。汉得休息，复与之战，破之必矣。"汉王从其计，出军宛叶间②，与黥布行收兵。

羽闻汉王在宛，果引兵南，汉王坚壁不与战。是月，彭越渡睢，与项声、薛公战下邳③，破杀薛公。羽使终公守成皋，而自东击彭越。汉王引兵北，击破终公，复军成皋。六月，羽已破走彭越，闻汉复军成皋，乃引兵西拔荥阳城，生得周苛。羽谓苛："为我将，以公为上将军，封三万户。"周苛骂曰："若不趋降汉④，今为虏矣！若非汉王敌也。"羽亨周苛⑤，并杀枞公，而虏韩王信，遂围成皋。汉王跳⑥，独与滕公共车出成皋玉门⑦，北渡河，宿小修武⑧。自称使者晨驰入张耳、韩信壁，而夺之军。乃使张耳北收兵赵地。秋七月，有星孛于大角⑨。汉王得韩信军，复大振。……

【注释】

① 深壁：略同"坚壁"。加固营垒或城堡以自卫，不出击。② 宛叶(shè)：宛，县名，在今河南南阳市。叶，县名，在今河南叶县南。③ 下邳：县名，在今江苏宿迁市。④ 若：汝，你。⑤ 亨：同"烹"。⑥ 跳：通"逃"。逃脱。⑦ 玉门：成皋北门。⑧ 小修武：邑名，在今河南获嘉县。⑨ 孛(bèi)：彗星。大角：星名，北方天空的一颗亮星。

……汉王引兵渡河，复取成皋，军广武①，就敖仓食。

羽下梁地十余城，闻海春侯破②，乃引兵还。汉军方围钟离昧于荥阳东③，闻羽至，尽走险阻。羽亦军广武，与汉相守④。丁壮苦军旅，老弱罢转饷⑤。汉王、羽相与临广武之间而语。羽欲与汉王独身挑战，汉王数羽曰⑥："吾始与羽俱受命怀王，曰先定关中者王之。羽负约，王我于蜀汉，罪一也。羽矫杀卿子冠军⑦，自尊，罪二也。羽当以救赵还报，而擅劫诸侯兵入关，罪三也。怀王约入秦无暴掠，羽烧秦宫室，掘始皇帝冢，收私其财，罪四也。又强杀秦降王子婴，罪五也。诈坑秦子弟新安二十万⑧，王其将，罪六也。皆王诸将善地，而徙逐故主，令臣下争畔逆，罪七也。出逐义帝彭城，自都之，夺韩王地，并王梁楚，多自与，罪八也。使人阴杀义帝江南，罪九也。夫为人臣而杀其主，杀其已降，为政不平，主约不信，天下所不容，大逆无道，罪十也。吾以义兵从诸侯诛残贼，使刑余罪人击公，何苦乃与公挑战！"羽大怒，伏弩射中汉王。汉王伤胸，乃扪足曰："虏中吾指⑨！"汉王病创卧，张良强请汉王起行劳军，以安士卒，毋令楚乘胜。汉王出行军，疾甚，因驰入成皋。

【注释】

① 广武：山名，在今河南荥阳东北。② 海春侯：楚将曹咎的封爵。③ 钟离眛（mò）：楚将。④ 与汉相守：广武山上有二城，西城为汉所筑，东城为楚所建，两城间有大沟名广武涧，楚汉在此对垒相守。⑤ 罢：通"疲"。疲劳。⑥ 数（shǔ）：责备，数说。⑦ 卿子冠军：指称宋义。卿子，尊称，相当于"公子"；怀王命宋义为上将，是全军之冠，故称冠军。⑧ 新安：县名，在今河南渑池县东。⑨ 虏：对敌人的蔑称。

……汉王疾愈，西入关，至栎阳，存问父老，置酒。枭故塞王欣头栎阳市。留四日，复如军，军广武。关中兵益出，而彭越、田横居梁地，往来苦楚兵，绝其粮食。

韩信已破齐，使人言曰："齐边楚，权轻，不为假王①，恐不能安齐。"汉王怒，欲攻之。张良曰："不如因而立之，使自为守。"春二月，遣张良操印，立韩信为齐王。秋七月，立黥布为淮南王。八月，初为算赋②。北貉、燕人来致枭骑助汉③。汉王下令：军士不幸死者，吏为衣衾棺敛④，转送其家。四方归心焉。

项羽自知少助食尽，韩信又进兵击楚，羽患之。汉遣陆贾说羽，请太公，羽弗听。汉复使侯公说羽，羽乃与汉约，中分天下，割洪沟以西为汉⑤，以东为楚。九月，归太公、吕后，军皆称万岁。乃封侯公为平国君。羽解而东归。汉王欲西归，张良、陈平谏曰："今汉有天下太半，而诸侯皆附，楚兵罢食尽，此天亡之时，不因其几而遂取之⑥，所谓养虎自遗患也。"汉王从之。

【注释】

① 假王：代理为王，暂摄王位。② 算赋：即人头税。按规定，民年十五岁到五十六岁，每年每人出一百二十钱，为一算，供给车马兵甲之用。③ 北貉：同"北貊(mò)"。古代泛指北方民族，或认为北貉在朝鲜境内。④ 衾(qīn)：覆盖尸体的被单。⑤ 洪沟：即鸿沟，流经今河南中牟等县境，为古汴水的分流，即今贾鲁河。⑥ 几：危，危机。

五年冬十月，汉王追项羽至阳夏南止军①，与齐王信、魏相国越期会击楚，至固陵②，不会。楚击汉军，大破之。汉王复入壁，深堑而守。谓张良曰：“诸侯不从，奈何？”良对曰：“楚兵且破，未有分地③，其不至固宜。君王能与共天下，可立致也。齐王信之立，非君王意，信亦不自坚。彭越本定梁地，始君王以魏豹故，拜越为相国。今豹死，越亦望王，而君王不早定。今能取睢阳以北至谷城皆以王彭越④，从陈以东傅海与齐王信⑤，信家在楚，其意欲复得故邑。能出捐此地以许两人，使各自为战，则楚易败也。”于是汉王发使使韩信、彭越。至，皆引兵来。

十一月，刘贾入楚地，围寿春⑥。汉亦遣人诱楚大司马周殷。殷畔楚，以舒屠六⑦，举九江兵迎黥布⑧，并行屠城父⑨，随刘贾皆会。

【注释】

① 阳夏（jiǎ）：县名，在今河南太康县。② 固陵：县名，在今河南淮阳县西北。③ 分地：明确划分的封地。④ 睢阳：县名，在今河南商丘南。谷城：县名，在今山东东阿县。⑤ 陈：县名，在今河南淮阳县。傅海：沿海。⑥ 寿春：县名，在今安徽寿县。⑦ 舒：地名，在今安徽舒城县。六：地名，在今安徽六安。⑧ 九江：郡名，在今江苏、安徽两省长江以北、淮河以南一带，及江西省全境。⑨ 城父：地名，在今安徽亳州东南的城父村。

十二月，围羽垓下[1]。羽夜闻汉军四面皆楚歌，知尽得楚地，羽与数百骑走，是以兵大败。灌婴追斩羽东城[2]。……汉王还至定陶，驰入齐王信壁，夺其军。……下令曰："楚地已定，义帝亡后，欲存恤楚众，以定其主。齐王信习楚风俗，更立为楚王，王淮北，都下邳。魏相国建城侯彭越勤劳魏民，卑下士卒，常以少击众，数破楚军，其以魏故地王之，号曰梁王，都定陶。"

……于是诸侯王及太尉长安侯臣绾等三百人[3]，与博士稷嗣君叔孙通谨择良日二月甲午[4]，上尊号，汉王即皇帝位于氾水之阳[5]。……

【注释】

① 垓(gāi)下：地名，在今安徽灵璧县东南。② 东城：县名，在今安徽定远县东南。③ 绾：卢绾，汉臣。④ 博士：秦汉均设博士，博士是有专门知识及品行合乎统治者要求的士人。叔孙通在秦时为博士，降汉后又拜为博士。⑤ 氾(fàn)水：济水的支流，在山东省。

帝乃西都洛阳。夏五月，兵皆罢归家。……帝置酒雒阳南宫[1]。上曰："通侯诸将毋敢隐朕[2]，皆言其情。吾所以有天下者何？项氏之所以失天下者何？"高起、王陵对曰："陛下嫚而侮人[3]，项羽仁而敬人。然陛下使人攻城略地，所降下者，因以与之，与天下同利也。项羽妒贤嫉能，有功者害之[4]，贤者疑之，战胜而不与人功，得地而不与人利，此其所以失天下也。"上曰："公知其一，未知其二。夫运筹帷幄之中⑤，决胜千里之外，吾不如子房；填国家⑥，抚百姓，给饷馈，不绝粮道，吾不如萧何；连百万之众，战必胜，攻必取，吾不如韩信。三者皆人杰，吾能用之，此吾所以取天下者也。项羽有一范增而不能用，此所以为我禽也⑦。"群臣说服⑧。

……戍卒娄敬求见，说上曰："陛下取天下与周异，而都雒阳，不便，不如入关，据秦之固。"上以问张良，良因劝上。是日，车驾西都长安⑨。……

【注释】

① 雒阳：同"洛阳"。② 通侯：即彻侯，第二十级爵位名，后称列侯。朕(zhèn)：我，秦始皇以后专用作皇帝的自称。③ 嫚：通"慢"。轻慢。④ 害：忌嫉。⑤ 夫(fú)：句首语气词，引出议论。⑥ 填：同"镇"。镇守。⑦ 禽：同"擒"。⑧ 说：同"悦"。⑨ 车驾：谓皇帝乘车而行。

（六年冬十月）人告楚王信谋反，上问左右①，左右争欲击之。用陈平计，乃伪游云梦②。十二月，会诸侯于陈，楚王信迎谒，因执之。……上还至雒阳，赦韩信，封为淮阴侯。

上已封大功臣二十余人，其余争功，未得行封。上居南宫，从复道上见诸将往往耦语③，以问张良。良曰："陛下与此属共取天下④，今已为天子，而所封皆故人所爱，所诛皆平生仇怨。今军吏计功，以天下为不足用遍封，而恐以过失及诛，故相聚谋反耳。”上曰：“为之奈何？”良曰：“取上素所不快，计群臣所共知最甚者一人，先封以示群臣。”三月，上置酒，封雍齿，因趣丞相急定功行封⑤。罢酒，群臣皆喜，曰：“雍齿且侯，吾属亡患矣⑥！”

上归栎阳，五日一朝太公。太公家令说太公曰⑦：“天亡二日，土亡二王。皇帝虽子，人主也；太公虽父，人臣也。奈何令人主拜人臣！如此，则威重不行。”后上朝，太公拥彗⑧，迎门却行。上大惊，下扶太公。太公曰：“帝，人主，奈何以我乱天下法！”于是上心善家令言，赐黄金五百斤。……

【注释】

① 左右：指左右的大臣们。② 云梦：古泽名，在今湖北京山县以南，枝江以东，蕲春县以西，及湖南华容县以北地区。③ 复道：洛阳南宫上下有道，称复道，即架空的通道，也叫阁道。④ 此属：此辈。⑤ 趣（cù）：通“促”。催促。⑥ 亡：同“无”。⑦ 家令：官名。⑧ 彗：扫帚。

二月，至长安。萧何治未央宫①，立东阙、北阙、前殿、武库、大仓②。上见其壮丽，甚怒，谓何曰：“天下匈匈③，劳苦数岁，成败未可知，是何治宫室过度也！”何曰：“天下方未定，故可因以就宫室④。且夫天子以四海为家，非令壮丽亡以重威⑤，且亡令后世有以加也。”上说⑥。自栎阳徙都长安。……

九年冬十月，淮南王、梁王、赵王、楚王朝未央宫，置酒前殿。上奉玉卮为太上皇寿⑦，曰："始大人常以臣亡赖⑧，不能治产业，不如仲力⑨。今某之业所就孰与仲多？"殿上群臣皆称万岁，大笑为乐。……

【注释】

①未央宫：宫名，遗址在今西安市西安门里。②阙(què)：皇宫前面两侧的楼台。③匈匈：动乱，纷扰。④就：成就。⑤亡：同"无"。⑥说：同"悦"。⑦卮(zhī)：盛酒的饮器。⑧亡赖：同"无赖"。⑨仲：旧时兄弟排行以伯、仲、叔、季为序。

（十一年）春正月，淮阴侯韩信谋反长安，夷三族①。……

二月，诏曰："欲省赋甚。今献未有程②，吏或多赋以为献，而诸侯王尤多，民疾之。令诸侯王、通侯常以十月朝献，及郡各以其口数率③，人岁六十三钱，以给献费。"又曰："盖闻王者莫高于周文，伯者莫高于齐桓④，皆待贤人而成名⑤。今天下贤者智能岂特古之人乎⑥？患在人主不交故也，士奚由进⑦！今吾以天之灵，贤士大夫定有天下，以为一家，欲其长久，世世奉宗庙亡绝也。贤人已与我共平之矣，而不与吾共安利之，可乎？贤士大夫有肯从我游者，吾能尊显之，布告天下，使明知朕意。御史大夫昌下相国，相国酂侯下诸侯王⑧，御史中执法下郡守⑨，其有意称明德者⑩，必身劝，为之驾，遣诣相国府，署行、义、年。有而弗言，觉，免。年老癃病[11]，勿遣。”

【注释】

① 三族：指父族、母族、妻族。② 献：诸侯和王每年从所收算赋中抽取一定数量贡献给皇帝。程：法式。③ 率：计算。④ 伯：通“霸”。诸侯盟主。⑤ 待：倚靠。⑥ 特：独。⑦ 奚：何，哪里。⑧ 鄼侯：萧何。⑨ 御史中执法：即御史中丞。⑩ 明德：完美的德行。⑪ 癃(lóng)：衰弱多病。

三月，梁王彭越谋反，夷三族。……六月，令士卒从入蜀、汉、关中者皆复终身。

秋七月，淮南王布反。……上赦天下死罪以下，皆令从军；征诸侯兵，上自将以击布。

十二年冬十月，上破布军于会缶[1]，布走，令别将追之[2]。

上还，过沛，留，置酒沛宫，悉召故人父老子弟佐酒[3]。发沛中儿得百二十人，教之歌。酒酣，上击筑[4]，自歌曰：“大风起兮云飞扬，威加海内兮归故乡，安得猛士兮守四方！”令儿皆和习之[5]。上乃起舞，忼慨伤怀[6]，泣数行下[7]。谓沛父兄曰：“游子悲故乡[8]。吾虽都关中[9]，万岁之后吾魂魄犹思沛。且朕自沛公以诛暴逆，遂有天下，其以沛为朕汤沐邑[10]，复其民，世世无有所与[11]。”沛父老诸母故人日乐饮极欢，道旧故为笑乐。十余日，上欲去，沛父兄固请。上曰：

"吾人众多，父兄不能给。"乃去。沛中空县皆之邑西献。上留止，张饮三日[12]。沛父兄皆顿首曰："沛幸得复，丰未得，唯陛下哀矜[13]。"上曰："丰者，吾所生长，极不忘耳。吾特以其为雍齿故反我为魏。"沛父兄固请之，乃并复丰，比沛。

汉别将击布军洮水南北[14]，皆大破之，追斩布番阳[15]。

【注释】

① 会缶：乡名，属蕲县。② 别将：与主力军配合作战的部队的将领。③ 佐酒：陪酒助兴。④ 筑：古弦乐器名，十三弦，用竹尺敲击。⑤ 和（hè）：跟着唱。⑥ 忼慨：同"慷慨"。感慨。⑦ 泣：眼泪。⑧ 悲：顾念。⑨ 都：居住。⑩ 汤沐邑：收取赋税以供汤沐之费的私邑。⑪ 与：通"豫"。参预，干预。⑫ 张：通"帐"。帷帐。⑬ 矜（jīn）：怜悯，同情。⑭ 洮水：湘水支流，在今湖南省。⑮ 番（bō）阳：县名，在今江西鄱阳县。

……上击布时，为流矢所中[1]，行道疾。疾甚，吕后迎良医。医入见，上问医。曰："疾可治。"于是上嫚骂之，曰："吾以布衣提三尺取天下，此非天命乎？命乃在天[2]，虽扁鹊何益！"遂不使治疾，赐黄金五十斤，罢之。吕后问曰："陛下百岁后[3]，萧相国既死，谁令代之？"上曰："曹参可。"问其次，曰："王陵可，然少戆[4]，陈平可以助之。陈平知有余[5]，然难独任。周勃厚重少文，然安刘氏者必勃也，可令为太尉⑥。”吕后复问其次，上曰：“此后亦非乃所知也。”

……夏四月甲辰，帝崩于长乐宫⑦。……

吕后与审食其谋曰：“诸将故与帝为编户民⑧，北面为臣，心常鞅鞅⑨，今乃事少主，非尽族是⑩，天下不安。”以故不发丧。人或闻，以语郦商。郦商见审食其曰：“闻帝已崩，四日不发丧，欲诛诸将。诚如此，天下危矣。陈平、灌婴将十万守荥阳，樊哙、周勃将二十万定燕代，此闻帝崩，诸将皆诛，必连兵还乡⑪，以攻关中。大臣内畔，诸将外反，亡可跻足待也。”审食其入言之，乃以丁未发丧，大赦天下。

【注释】

① 流矢：乱箭。② 乃：仅，只。③ 百岁后：指死后。④ 戆(zhuàng)：刚直。⑤ 知：同“智”。⑥ 太尉：官名，掌军事。⑦ 崩：皇帝死叫崩。⑧ 编户民：编在户籍簿上的百姓。⑨ 鞅鞅：不满足。⑩ 是：此。⑪ 乡：同“嚮(向)”。朝向。

五月丙寅，葬长陵。已下，皇太子群臣皆反至太上皇庙。群臣曰：“帝起细微，拨乱世反之正①，平定天下，为汉太祖，功最高。”上尊号曰高皇帝。

初，高祖不修文学，而性明达，好谋，能听，自监门戍卒，见之如旧。初顺民心作三章之约。天下既定，命萧何次律令②，韩信申军法，张苍定章程③，叔孙通制礼仪，陆贾造《新语》④。又与功臣剖符作誓⑤，丹书铁

契⑥，金匮石室⑦，藏之宗庙。虽日不暇给，规摹弘远矣⑧。

——节选自《高帝纪》上、下

【注释】

① 拨：治理。反：回复，回归。② 次：编列。③ 章程：章术法式。章，历数的章术；程，权衡丈尺斛斗的平正标准。④《新语》：陆贾时任太中大夫，刘邦命他著书总结历来兴亡成败的经验和教训，书成，名为《新语》。⑤ 剖符：一种竹制的凭证，剖分为二，各执其一。⑥ 丹书铁契：写有红字的铁券。⑦ 匮（guì）：柜子。⑧ 规摹：规模，规划。

【翻译】

高祖姓刘，是沛县丰邑中阳里人。他的老母曾经有一次在大水洼的岸边休息时，梦见与神相遇。这时雷电大作，天昏地暗。父亲太公前去察看，就见在岸边上有一条蛟龙。之后她有了身孕，便生下高祖。

高祖其人，高鼻梁，容貌像龙，胡须很美，左大腿上有七十二个黑痣。他待人宽厚仁爱，豁达开朗。他常常胸怀大志，不肯为家里人的生计而操劳。待到壮年，被试用作小吏，当了个泗上的亭长；他对郡府县衙里的官吏，没有一个不是既亲昵又轻慢。他还好酒贪杯，喜爱女色。他时常向王大娘和武大娘赊酒喝，醉了就躺在那里，两位大娘都曾看见他身体上头常常有灵怪。高祖每次前去买酒留饮，都按酒价的几倍来算钱。自从发现了灵怪，到年终结账时，这两家总是把记账的契据折毁，不要高祖还酒钱。

高祖曾经去咸阳服过徭役，有机会观看过秦始皇出行，他大为感叹地说："唉，大丈夫就该这个样子啊！"

单父人吕公与沛县令原是好友，为躲避仇家就前往沛令那里客住，因此定居下来。沛县地方上的豪杰和县衙里的府吏听说县令有贵客，就都去庆贺。萧何是功曹，负责收贺礼。他告诉接待宾客的人说："贺礼不满一千钱的，就让他到堂下去坐。"高祖做亭长时，向来就看轻这些府吏，于是就递上个名帖，假称"贺钱一万"，其实一文钱也没有带。名帖送进去，吕公很惊讶，立即起身到门口去迎接。吕公喜欢替人相面，见高祖相貌非凡，因此对他格外敬重，把他让进堂上请他坐上位。萧何说："刘季本来就大话多，成事少。"高祖趁便要表示对来客们的轻蔑，就毫不谦让地坐了上位。当饮酒的人逐渐散去的时候，吕公使眼色留住高祖。高祖饮完酒，一直呆到最后。吕公对他说："我从小就爱相面，相过很多人的面，没有哪一个的相貌赶得上你，愿你多多自爱。我有个亲生女儿，愿意给你作妻子。"散席之后，吕老太太就冲着吕公发脾气，说："你起先曾想使这女儿显异于世，要嫁与贵人。沛县县令和你交情好，他向你求得这女儿，你都不肯给，为什么自己倒随随便便就把女儿许给了刘季？"吕公说："这不是你们老娘儿们和小孩儿所能懂得的。"终于把女儿嫁给了高祖。吕公的女儿就是吕后，后来生了孝惠帝和鲁元公主。

一次，高祖请假回到家中种田。吕后和两个子女正在田中干活，有一老丈路过，向他们讨水喝，吕后便给他东西吃。老丈观察吕后的相貌，说："夫人是天底下的贵人啊！"吕后请他给两个子女看相，老丈看着孝惠帝说："夫人之所以尊贵，就是因为有了这个儿子的缘故。"再看看鲁元公主，也都是贵人的相貌。老丈走后，高祖恰好从旁边房屋里走过来，吕后就把刚才有老头儿路过、看相、说我们母子都大有贵人福相的事跟他说了。高祖问走多远了，吕后说："还不远。"于是高祖追上了这位老丈，再问他，老丈就说："刚才看到夫人和孩子有贵人相都是因为你的缘故啊，你的相貌贵不可言啊。"高祖便感谢他说："果真像老伯说的那样，在下不敢忘记老伯的恩德。"等到高祖显贵时，竟不知老丈居处在什么地方。

……高祖以亭长的身份为沛县押送服劳役的人去骊山，一路上有很多人逃亡。高祖自己估计，到达骊山时押送去服劳役的人也都跑光了，于是到了丰乡西边的泽中亭便停下来，喝了一顿酒，到夜里就把押送的徒众都解散放走了。高祖说："诸位都逃走吧，我也从此一走了之！"徒众中有十几个壮汉愿意跟着高祖。高祖乘着酒意，当夜就沿着小路往洼地中走去。他派一个人走在前头探路。探路的人回来告诉说："前头有大蛇挡住了路，请往回走吧。"高祖有些醉意，就说："壮士走路，怕什么！"他于是走上前去，拔出剑来，把蛇斩为两截，道路畅通了。走了好几里路，高祖酒性发作，感觉困倦，就地睡了。后面的人来到有蛇的地方，见有一位老妇人在黑夜中啼哭，人们问她为什么哭，她说："有人杀了我的儿子。"又问："你儿子为什么事被杀的？"老妇人说："我儿子本是白帝之子，化身为蛇，当路而伏，刚才赤帝之子把他杀了，所以我哭。"人们都以为老妇人说假话，准备让她吃点苦头，忽然间老妇人就不见了。等这些走在后边的人赶到，高祖也睡醒了。他们告诉高祖，高祖于是心里暗中高兴，自以为有了依凭。那些跟随的人从此也越来越敬畏高祖。

……高祖隐匿在芒、砀山林水泽之间，吕后和别人一起来寻找，每每都能找到他。高祖觉得奇怪，就问她。吕后说："你所在之处的上头常有一团云气，所以随着云气的方向就总能找到你。"高祖听了又是一番欢喜。沛县地方的年轻人有听说这事的，许多人便打算归附高祖了。

秦二世元年秋七月，陈涉在蕲县起义，到了陈县，就自己立为楚王。他派遣武臣、张耳和陈余去攻取赵地。八月，武臣自己立为赵王。当时，一些郡县多有杀死长官来响应陈涉的。九月，沛县县令也准备举沛县响应陈涉。属官萧何、曹参说："你是秦朝的官吏，现今想背叛朝廷，率领沛县子弟响应陈涉，恐怕他们不听信你。希望你能把那些逃亡在外的人召唤回来，这样就可以得到几百人，凭借这些人去威胁众人，大家就不敢不听从。"县令便让樊哙去召唤高祖。这时高祖的徒众已经有几百人了。

于是樊哙领着高祖回来了。这时，沛县县令后悔，恐怕他们有变乱，就紧闭城门，固守县城，还打算杀掉萧何、曹参。萧、曹二人很惶恐，便越墙出城去投靠高祖以求保全自己的性命。高祖便写了帛书，射上城头，对沛县的父老们说："天下人共同遭受秦的压迫之苦已经很久了。现在父老们虽然还在为沛县县令守城，但各地诸侯都起来了，他们早晚就要杀进沛县。沛县人现在同去杀掉县令，找个合适的人立他为首领，以响应诸侯，就可以保全家室。

否则父子一起被杀，不值得。”父老们于是率领着子弟一起去杀死了县令，打开城门迎接高祖，并准备让高祖作沛县县令。高祖说：“天下正值大乱，诸侯纷纷而起，现在如果设置的将帅不强，一打败仗大家都要肝脑涂地。我并不是想顾惜自己，而是怕才能不足，不能保全父老兄弟。这是大事情，望你们另选个合适的人。”萧何、曹参都是文职吏员，很顾惜自己，担心事情不能成功，以后秦的官府会诛灭他们的家族，因此都竭力辞让，推举高祖。父老们都说：“我们一向就听说刘季是不同寻常的奇异人，该当显贵，况且占卜的结果，没有谁比得上刘季，刘季最吉利。”高祖一再推让，众人中没有人肯担当的。于是高祖便被立为沛公。高祖在沛县县府大堂上祭祀黄帝和蚩尤，用牛羊血涂抹鼓、旗。由于被杀的蛇是白帝之子而杀蛇者是赤帝之子的缘故，所有的旗帜都用红色。于是像萧何、曹参和樊哙这些年轻的豪杰和县吏，就都为高祖去收集沛县子弟，一共聚集了三千多人。

就在这一月，项梁和他哥哥的儿子项羽在吴县起兵。田儋与堂弟田荣、田横在齐地起兵，田儋自己立为齐王。韩广自己立为燕王。魏咎自己立为魏王。陈涉的将领周章往西攻入关中，直到戏水，秦将章邯抵挡并打垮了他。

秦二世二年十月，沛公进攻胡陵、方与，回军守卫丰邑。秦的泗川监平带兵包围丰邑。过了两天，沛公出兵与平交战，把他打败。沛公叫雍齿驻守丰邑。十一月，沛公领兵去薛地。……十二月楚王陈涉被他的车夫庄贾所杀。魏人周市攻占地盘来到丰、沛，派人告诉雍齿说：“丰，原先是梁王迁居来的驻地，如今魏地已经有几十座城被我攻占下来。雍齿现在降魏，魏就封雍齿为侯，继续守卫丰；不降，就杀进城来。"雍齿一向就不想依附沛公，等到魏人一召唤，就反过来为魏守卫丰地了。沛公进攻丰，不能取胜。沛公回到沛县，怨恨雍齿和丰地子弟背叛了自己。

正月，张耳等人拥立赵国的后裔赵歇为赵王。东阳县宁君、秦嘉在留县拥立景驹为楚王。沛公前去投奔，在路上遇见张良，就与他一起去见景驹，请求分兵与他去攻打丰。……二月，进攻砀县，三天就将城池攻取了。收聚砀县的兵，获得六千人，加上原先所有共九千人。三月，进攻下邑，又攻取了城池。回兵攻打丰，不能攻克。四月项梁攻击并杀死景驹、秦嘉，然后在薛停驻下来，于是沛公前往见项梁。项梁给沛公增加了五千士兵及五大夫将十人。沛公领着兵众回头再来攻丰，终于攻破。雍齿奔逃去魏地。

……六月，沛公到薛地，与项梁共同将楚怀王的孙子名叫心的立为楚怀王。

……项梁再次打败了秦军，就有些骄傲。宋义劝谏，他不听。秦给章邯增援了兵卒。九月的一天夜里，章邯命令士卒口中衔枚，在定陶袭击项梁，大败项梁军，并杀死了项梁。那时正连续不断地下雨，从七月到九月没有停止。沛公和项羽正在攻打陈留，听说项梁战死，士卒惶恐，就与将军吕臣领着部队东行，将怀王从盱台迁徙到彭城，在那里定都。吕臣驻军彭城东，项羽在彭城西驻军，沛公在砀驻军。魏咎的弟弟魏豹自立为魏王。闰九月，怀王将吕臣与项羽的部队合并，由自己率领。怀王命沛公为砀郡长，封为武安侯，统领砀郡的驻军。怀王又命项羽为鲁公，封为长安侯；吕臣任司徒，吕臣的父亲吕青为令尹。

章邯打败项梁之后，就认为楚地的兵力不足以令人担忧，于是渡过大河往北去攻击赵王歇，大败赵军。赵王歇退军保卫巨鹿城，秦将王离将巨鹿包围。赵王几次请求救援，怀王于是令宋义为上将军，项羽为次将，范增为末将，一同北上救赵。

当初，怀王曾经与将领们约定，谁先攻入及平定关中的，就让他在那里为王。那时秦军强盛，常常乘得胜之势追击败兵，因此将领们没有人认为，先入关破秦会对自己有利。唯独项羽怨恨秦军打败并杀死了项梁，振奋气势，愿意与沛公西向攻入关中。怀王的一些老将都说："项羽为人行动迅疾作战骁勇，但生性残忍好为祸害，他曾攻打襄城，杀得襄城不剩一个活人，他打仗经过的地方没有不被残杀灭绝的。况且楚兵虽然多次攻城略地，可是像以前的陈王及项梁也都战败死亡了，所以不如改派有德行的人仗义西行，向秦的父老兄弟把道理讲明白。秦的父老兄弟早就受够了他们主子的苦，现今真能得到一位忠厚长者前去，不侵扰、不残害他们，一定可以使关中秦地降服。项羽不可以派遣前去，唯有沛公向来是一位宽大厚道的长者。"怀王终于不让项羽西行，而派遣沛公往西收集陈王和项梁被打散的兵卒。

……（秦二世三年十二月）项羽在巨鹿城下大败秦军，俘虏了王离，使章邯败退。

二月，沛公从砀县北边进攻昌邑，与彭越相遇。彭越帮助沛公攻打昌邑，不能攻克。沛公往西进军，路过高阳，里门监郦食其对人说："从这里经过的将军很多，我看沛公有宏大的气度。”于是请求拜见沛公。这时沛公正劈开两腿坐在床上，让两个侍女在替他洗脚。郦食其也不跪拜，作了个长揖，说：“足下真要打算诛灭暴虐无道的秦国，就不该这样坐着接见年长的人。”沛公于是立即起身，整一整衣服，向郦食其赔不是，请他上坐。食其建议沛公袭击陈留。沛公封食其为广野君，任命他的弟弟郦商为将军，统领陈留的兵马。三月，沛公攻打开封城，不能攻破，于是西向进军，在白马与秦将杨熊会战，接着又在曲遇以东继续激战，大败杨熊。杨熊逃往荥阳，二世皇帝派使臣将他斩首示众。四月，沛公往南攻打颍川，攻陷并血洗颍川城。靠着张良的帮助沛公便在韩地攻城略地。

……（七月）南阳郡守齮投降，沛公封他为殷侯，封陈恢为千户。沛公率军西行，所向无不降服。打到丹水时，高武侯戚鳃、襄侯王陵投降。回军攻胡阳，遇番君的别将梅锅，和他共同攻析县和郦县，两县都投降，凡经过的地方，沛公都明令士兵不得虏掠，因此秦国的百姓很高兴。沛公派魏地人宁昌出使秦国，就在这一个月，章邯领着全军投降项羽，项羽封他为雍王。瑕丘人申阳攻下河南郡。

八月，沛公攻破武关，进入关中秦国腹地。秦丞相赵高惶恐，便杀死二世皇帝，派人来见沛公，想订立和约中分关中之地为王，沛公不答应。九月，赵高将二世哥哥的儿子子婴立为秦王。子婴诛灭了赵高和他的满门，并派遣将领领兵去峣关防守。沛公打算攻打峣关，张良说：“秦国的兵力还强，不能轻视。请先派人在山上多张设旗帜作为疑兵，叫郦食其和陆贾去劝说守关的秦将，以重利引诱他们。”秦国的将领果然愿意连和，沛公也打算答应他们。张良说："这仅仅是他们的将军想背叛秦王，恐怕秦的士兵们不听从，不如乘他们防守懈怠的时候袭击他们。"沛公带领人马绕过峣关，翻越蒉山，猛攻秦军，在蓝田县以南击溃了秦军。于是沛公进军蓝田，又在蓝田北边大战，秦国的士兵惨遭失败。

高帝元年冬十月，五星聚会于东井星处。沛公到达霸上。秦王子婴乘坐白马拉的白色车子，颈上系着丝带，手里捧着封存好的皇帝玺印、兵符和符节，在枳道路旁向沛公投降。将领中有人建议杀秦王，沛公说："当初怀王派我来，原是相信我能宽容人，何况人家已经降顺了，杀了他是不吉祥的。"便将子婴交给吏员看管。沛公于是往西进入咸阳，想在宫中居留，经樊哙、张良劝谏，沛公于是让人把秦宫中的贵重珍宝及各种财物封藏在府库里，然后领着队伍回到霸上驻扎。萧何全部收集了秦丞相府的图册簿籍和文件。十一月，沛公召集了各县的父老豪杰，对他们说："父老们受秦朝苛刻法令之苦够长久了，说一说对朝廷不满的话就要灭族，两人相对私语就要当众处死。我和诸侯们有约在前，先进入关中的就在那里做王，所以我应当在关中称王。我现在就跟父老们立约，定法三章而已：杀人的处死刑，打伤人及偷盗的当受相应的惩罚。其余的秦法一概废除。官员百姓恪守本职安居乐业，如同往常一样。我来关中的目的，是为父老兄弟消除祸害，不是来侵扰虐待百姓，大家不用害怕！而且我驻军霸上的动机，也只是为着等待各路诸侯军的到来，共同定个约束。"接着沛公又派人与秦朝的吏员到各县各乡邑去向民众宣告讲明。秦人高兴非常，都争着拿牛羊及酒食敬献慰劳军士。沛公辞让不受，说："仓里粮食多，不打算破费百姓的财物。"民众又更加欢喜，只怕沛公不做秦王。

有人怂恿沛公说："秦地比天下别处富裕十倍，地势又险要。现在听说章邯投降了项羽，项羽给他个雍王的名号，让他在关中做王。果真到来，沛公恐怕就保不住这关中地方了。因此，可以速急派人守住函谷关，不让诸侯的军队进来，另外，在关中征募一些兵员，增强自己的实力，抵御诸侯。"沛公认为这个计谋很好，就照此去办理。十二月，项羽果然统帅着各路诸侯的军队准备向西进入关中，可是关门已经紧闭。听说沛公已经平定关中，项羽大发雷霆，就派黥布等人去攻破了函谷关，于是大军开进到戏下。沛公的左司马曹毋伤听说项羽震怒了，要攻打沛公，就派人去告诉项羽说："沛公打算在关中为王，令子婴当丞相，宫中的全部珍宝由沛公收归己有。"曹毋伤是想以此求得项羽的封赏。亚父范增劝谏项羽说："沛公在山东的时候，贪财好色，现在听说他进了关，反而不掠取珍宝财物，不贪恋妇女，由此看来他的心志不小呢。我派人去了望他在天上的云气征兆，据说那都是龙的形状，成五彩，这正是天子之气。赶快攻击他，不要失去时机。"项羽于是犒劳士卒，准备第二天与沛公决战。这时候，项羽的兵马四十万，号称百万；沛公的兵马十万，号称二十万，实力不及项羽。就在这当儿，项羽的叔父左尹项伯，由于一向就跟张良有交情，连夜骑马疾驰去见张良，把实情全都告诉了他，想带着他一起走，不让他白白地陪着沛公一块死掉。张良说："我是为韩王送沛公入关的，不能不告诉一声，不辞而逃亡离去太不仗义。"张良于是和项伯一同去见沛公。沛公与项伯相约结为儿女亲家，沛公接着说："我进关之后，一点点小东西都不敢据为己有，我登记了官吏百姓的户口，封存了放藏财物的府库，一心等待着将军的到来。至于派人去守关的原因，那是为了防备别的盗贼。日日夜夜都在盼望将军的到来，我哪里还敢反叛啊！希望您向将军说明白，刘某不敢辜负他的恩德。"项伯答应了，当夜就离开沛公返回营地。临别时他告诫沛公说："明天不可不早些来亲自谢罪啊！"项伯回营后，就把沛公所说的话全都告诉了项羽，然后说："沛公如不先打垮关中的秦军，你岂能领兵进入关中么？况且人家立了大功，你反而攻击他，不吉利啊，不如顺应时势好意待他。"项羽答应了。

第二天沛公果然带着百多人马来鸿门拜见项羽，谢罪说："我跟将军合力攻打秦国，将军在大河之北作战，我在大河之南作战，我自己都没料到能先进入关中，打败秦军，又跟将军相见。现在有小人进谗言，使将军和我之间产生怨隙。"项羽说："这都是沛公你的左司马曹毋伤说的，不然，我凭什么要这样做？"项羽因此留下沛公饮酒。范增几次递眼色，要项羽击杀沛公，项羽没有反应。范增起身，出去对项庄说："君王为人下不了狠心，你进去请求舞剑，乘机刺沛公，杀死他。否则，你们这些人就将都被他俘虏。"于是项庄进帐，敬酒祝颂，祝颂完毕，然后说："军营之中没有什么可以作乐的，请求允许我舞剑助兴。"说罢就拔剑起舞。项伯也起身舞剑，常常用身子遮掩着沛公。樊哙听说事情紧急，就径直闯入帐内，怒不可遏。项羽称赞他为壮士，赐酒给他。樊哙趁势责备项羽。过不一会，沛公起身上厕所，招呼樊哙出来，留下车马和随从，沛公一人独骑，樊哙、靳彊、滕公、纪成四人步行相护，抄近路奔军营而去。留下张良去向项羽道歉。项羽问："沛公在哪里？"回答说："听说将军存心责怪他。他已经脱身离开这里，走小路回军中去了，因此让我来奉献白璧。"项羽接受了献礼。张良又把玉斗献给范增。范增怒容满面，砸碎玉斗，起身说："我们这帮人从现在起就要准备做沛公的俘虏了。"

沛公回营后过了几天，项羽就领兵往西杀进咸阳，杀死已经投降的秦王子婴，烧毁秦朝的大小宫室，凡大军所过之处，没有不被残杀毁灭的。秦地的民众因此对项羽大失所望。……春正月，项羽表面上尊奉怀王为义帝，实际上并不照他的命令办事。

二月，项羽自己立为西楚霸王，统辖梁、楚之地的九个郡，以彭城作国都。项羽违背前约，改立沛公为汉王，统辖巴郡、蜀郡及汉中郡所属四十一县，以南郑作国都。项羽又把关中分为三部分，将三个秦将立为王：章邯为雍王，以废丘作国都；司马欣为塞王，以栎阳作国都；董翳为翟王，以高奴作国都。……汉王怨恨项羽违约，想攻打他，经丞相萧何劝阻，方才停止。

夏四月，诸侯从项羽的指挥处撤军，各回自己的封国。项羽派三万士卒跟随汉王归国，而原来楚国的子弟及诸侯的人员仰慕追随汉王的就有数万之众。他们从杜县往南进入蚀中。张良辞别汉王，要回归韩国，汉王送他至褒中，张良建议汉王把沿途所经的栈道都烧毁，这样既可防备别的诸侯派来进犯的部众，也是向项羽表明自己断绝了东进的念头。

汉王到了南郑，将领和士卒们思念着东归故乡，都用歌唱来寄托情思。其实半道上就已经有很多人逃亡回去了。韩信这时在汉王部下做治粟都尉，也出走离去，萧何把他追回来，便向汉王推荐说："如果一定要争夺天下，除了韩信就再没有别人可以共同谋事的了。"于是汉王斋戒沐浴，垒起土台，整理场地，拜韩信为大将军。然后，汉王询问计策，韩信回答说："项羽背弃前约，让君王在南郑做王，这明明是贬谪的意思。君王的官员和士卒都是关东人，他们翘首企足日夜盼望着东归，乘着他们情绪正高昂的时候而利用他们的气势，就可以大获成功。如果等到天下安定之后再来着手，那时百姓都已各自安居守业，再没有什么可以利用的了。因此，不如下决断定计东进吧。"接着韩信就陈述了项羽可以打败，三秦之地容易夺取的计谋。汉王喜出望外，就采取韩信的计策，调配将领。留下萧何负责征收巴蜀的租税以供给军饷。

五月，汉王领着兵马经由故道县袭击雍地。雍王章邯在陈仓迎战汉军，章邯兵败退走，在好畤县再战，又大败，逃回废丘。汉王便占据了雍地。沛公接着向咸阳进军，亲自带兵将雍王围困在废丘城中，一方面派遣将军们去攻占地盘。……（秋八月）塞王司马欣、翟王董翳都投降汉王。

……听说汉王兼并了关中，而齐地和梁地又已反叛自己，项羽大怒，于是命令前吴县县令郑昌为韩王，抵挡汉军。又命令肖公角向彭越进攻，彭越打败肖公角的部队。这时，张良正在韩国境内略地平乱，便派人送信给项羽说："汉王不过想得到关中之地，实现了前约即停止用兵，不敢再往东来。"项羽因此没有西进打汉王的意思，而决心北上去攻打齐国。……

二年冬十月，项羽命令九江王黥布在郴县杀死义帝。……张良从韩地抄小路投奔汉王，汉王封他为成信侯。

汉王去到陕县，安抚关外的父老。河南王申阳降汉，设置河南郡。使韩国的太尉韩信攻击韩王，韩王郑昌投降。十一月，立韩太尉韩信为韩王。汉王回到关中，在栎阳建立都城，派将领们外出攻取地盘，占领陇西。凡领着一万人投降或者以一个郡投降的，封万户。派人修筑河上地区的边塞，原来秦国的那些苑囿园池，允许百姓去开垦作为农田耕种。

……二月，癸未这天，发布政令，要百姓废除秦的社稷，奉立汉国的社稷。又施布恩德，把爵位赐给百姓。巴蜀及汉中地区的民众因为要供给军粮，运输往返，终年劳苦，免除两年的赋税和徭役。关中兵从军在外的，免除其家中一年的赋税和徭役。在百姓中推举年龄在五十以上，品行好，能带领大众行善的人，把他们立为三老，每乡一人。又从乡三老中选出一人做县三老，与县令、丞、尉在一处研讨事宜，免除他们的徭役。于每年十月赐酒肉给他们。

三月，汉王从临晋渡过黄河，魏王豹投降，带着兵马跟随汉王。汉王攻下河内地方，俘虏了殷王司马卬，在那里设置河内郡。汉王到达修武时，陈平逃离楚国前来归降。汉王和他交谈，很高兴地接受了他的意见，就让他做参乘，并监察将领。汉王往南渡过平阴津，到达洛阳时，有个新城乡的三老叫董公的拦住汉王建议说："臣听说有这样的话：'顺应仁德的就会兴盛，违背仁德的就要衰亡'，'出兵打仗因为没有个讨伐罪人的名义，所以战事不能成功’。因此说：‘要让大家都知道那人是国贼，敌人才可以被征服。’项羽做了大逆不道的事，流放并且弑杀了他的君主，他是天下的大贼人。自己有仁德，就不必凭借勇武，正义在我一方即无需诉诸武力。让全军上下都为义帝穿上丧服，并把这事告诉诸侯，要他们为此而东进，讨伐项羽，这样，四海之内就没有谁不仰慕你的仁德。这才是像夏、商、周三王一样的行事呢。”汉王说：“好，要不是老先生赐教，我就听不到这些话。”于是汉王为义帝举哀，脱袖露臂，放声大哭，军士们也都哀哭吊唁了三天。然后，汉王派出使者通告诸侯说：“天下人共同拥立义帝，大家都向他称臣，听命于他。如今项羽把义帝流放到江南，并且加以杀害，实属大逆不道。寡人亲自为义帝举哀，全军将士也都披麻戴孝。现在，寡人调集了全部的关中兵，收编了三河的勇士，正准备沿长江汉水顺流而下，愿跟随诸侯王一道去征讨楚国那个杀害义帝的人。”

……（四月）项羽虽然知道汉军东来，但既然在讨伐齐国，就想把它完全打败之后再去迎击汉军。汉王因此获得时机率领五个诸侯的兵马往东征讨楚国。汉王到了外黄，彭越领着三万人前来归附，汉王就任命他做魏国的相国，叫他去占领梁地。汉王于是进入彭城，收取了项羽宫中的美女、珍宝和财物，大摆酒宴，高歌痛饮。项羽得到这个消息，就命令他的将领留在齐地作战，自己带着三万精兵从鲁出发，经由胡陵，到达萧县，在清晨猛攻汉军，在彭城和灵璧县以东的睢水上与汉水展开激战，大败汉军，死伤无数，尸体雍塞河中，睢水几乎不流。于是楚军将汉王团团围了三圈。突然间大风从西北刮来，刮断了树木，掀开了屋顶，扬起了沙石，一时天昏地暗，楚军因此大乱，汉王这才得以随同几十人骑马逃走。汉王从沛县经过时，派人去寻找家里人，可是家里的人也已逃走，无法找到。汉王在路上遇到孝惠和鲁元公主，就车载同行。楚国的骑兵紧追汉王，汉王着急了，就把两个孩子推下车去。亏得滕公下车将他们又扶上来，才得以逃脱。审食其领着太公和吕后抄小路走，反而遇到楚军。以后项羽在行军之中总是带着他们，作为人质。诸侯见汉王失败，也都离散逃走。

汉王往西经过梁地，到了虞县，对谒者随何说："你如能劝说九江王黥布带领全军反叛楚国，项王就必然会留下来讨伐他。只要项王留驻几个月，我就一定可以夺得天下了。"随何前去劝说黥布，果然使得他背叛了楚国。

五月，汉王在荥阳屯驻，萧何把关中的老人、少年以及还没有登记服役的人都组织起来开赴前线军中。韩信也收集了兵马来荥阳与汉王会合，这样，汉王的兵力才又壮大起来。汉军与楚军在荥阳以南的京邑与索亭之间展开战斗，打败了楚军。汉军修筑甬道，把荥阳城与黄河连接起来，以取得敖仓的粮食。……

六月，汉王回到栎阳。壬午这一天，册立了太子，并下令赦免罪人。又命令诸侯的儿子凡身在关中的都到栎阳集中，担任侍卫。汉兵引河水灌废丘，废丘投降，章邯自杀。……

……(秋八月)汉王任命韩信为左丞相，与曹参、灌婴一同去攻打魏王。……九月，韩信军俘虏了魏王豹，用传车将他解送到荥阳。攻下了魏地，就在那里设置了河东、太原、上党三个郡。韩信派人向汉王请求给他三万士兵，愿意带领这支人马北上，夺取燕地和赵地，往东打败齐国，再往南截断楚军的粮道。汉王把兵交给了他。……

随何说服了黥布，黥布就起兵进攻楚军。楚国派项声、龙且征讨黥布，黥布抵挡不住。十二月，黥布与随何走小路回到汉营。汉王分给黥布一支人马，与他一同带兵到成皋。

项羽几次占夺汉军的甬道，汉军粮食供应不足。汉王与郦食其谋划要削弱楚国的力量。食其主张立六国的后裔为王，以自树党羽，汉王叫人把印都刻好了，准备派食其前去立王。汉王拿这事询问张良，张良提出了八个难题。汉王于是停止吃饭，把口里含的食物吐了出来，说："这竖儒小子差点儿把老子的大事给弄糟了！"便叫赶快把印都毁掉。汉王又征询陈平的意见，于是听从了他的计划，给陈平四万斤黄金，让他去离间楚国的君臣。

夏四月，项羽把汉军围困在荥阳，汉王请求讲和，割荥阳以西的地方为汉所有。亚父范增劝说项羽急速进攻荥阳，汉王很忧惧。于是陈平巧施了反间计，项羽果然怀疑亚父，亚父大怒，就离开了项羽，后来发病而死。

五月，汉将纪信说："形势太紧迫了！臣请求去诓骗楚兵，大王就可趁机突围出去。"于是陈平在半夜里把二千多妇女放出东门，楚兵因而从四方来进攻他们。纪信乘坐着配有左纛的黄盖大车，他大声说："粮食吃光了，汉王来向楚军投降。"楚兵都山呼万岁，跑到城的东门外观看，因此，汉王才得以随同几十人骑马冲出西门逃走。……

汉王从荥阳逃出后，就到了成皋。又从成皋进入关中，收集了士兵准备再出关东进。辕生向汉王建议说："汉与楚在荥阳争斗了几年，汉军常常被困。望君王从武关出去，项王必定会带领人马往南走，君王只消坚守营垒之中，不出击，让荥阳和成皋之间的汉军暂得休息，使韩信等人能够收取大河以北的赵地，连接燕国和齐国，到那时，君王就可以再到荥阳去。这样一来，楚军需要多处设防，力量分散。汉军得到了休整，再与他们作战，打败他们就毫无疑问了。"汉王听从了他的计谋，于是将汉军开往宛县和叶县之间，与黥布沿途收集士兵。

项羽听说汉王在宛县一带，果然就带着兵马南来，汉王坚守营垒，不跟项羽交战。就在这一月，彭越渡过睢水，与项声、薛公在下邳会战，楚军战败，薛公被杀。项羽命终公守卫成皋，自己往东去讨伐彭越。汉王领兵北上，大败终公，又占领成皋。六月，项羽打败并赶走了彭越，听说汉王又占领成皋，就领军往西，攻下荥阳城，活捉了周苛。项羽对他说："做我的将领，我让你当上将军，封三万户。"周苛骂项羽说："你不赶快投降汉王，马上就要当俘虏啦！你不是汉王的对手。"项羽烹杀了周苛，并杀死枞公，又俘虏了韩王信，这样，就包围了成皋。汉王逃走，只身与滕公同乘一辆车从成皋玉门出逃，往北渡过黄河，在小修武止宿。清晨，汉王自称是使者，骑马闯入张耳、韩信军营，夺了他们的军权。于是派张耳往北去收集赵地的兵卒。秋七月，在大角星的旁边出现了彗星。汉王夺了韩信的军队，实力又得到了恢复。……

（四年冬十月）汉王领兵渡过黄河，夺取了成皋，以便从敖仓取得食粮。

项羽在梁地攻克十几座城池，听到海春侯全军覆灭的消息，就带领人马返回。汉军在荥阳东边正围困着钟离眛，听说项羽到来，全部向险要之处逃走。项羽也在广武驻军，与汉军对垒相守。这时，壮丁们为军争战乱之事而遭受苦楚，老弱因转运军饷粮草而疲惫不堪。于是，汉王和项羽在广武绝涧边隔岸对话。项羽要跟汉王单独决斗，汉王责备项羽的罪过："我当初与你一同接受怀王的命令，说先打下关中的就在那里做王。你违背前约，把我放到巴蜀汉中去做王，这是第一条大罪。你假托王命杀死卿子冠军，然后自处尊位，这是第二条大罪。你本当在救赵之后就即刻回来向怀王禀报，然而你却擅自强迫诸侯带兵跟随入关，这是第三条大罪。怀王曾经有约在先，要求进入秦地不得残杀抢掠，而你却烧毁秦都的宫殿，发掘始皇帝陵墓，收取并私藏墓中财宝，这是第四条大罪。你又强行杀死秦国降王子婴，这是第五条大罪。你在新安县狡诈地活埋二十万秦国子弟，却封他们的将领为王，这是第六条大罪。把你自己的将领都封在好地方做王，而将那里原来的王室旧主迁移驱逐，使得做人臣的都起来争权反叛，这是第七条大罪。把义帝赶出彭城，自己在那里建都，占夺了韩王的国土，同时在梁地和楚地做王，给自己的地盘比别人多，这是第八条大罪。派人暗杀义帝于江南，这是第九条大罪。作为人臣却弑杀自己的君主，残杀已经投降的兵众，处理政事不公平，立约不守信用，如此大逆不道，天地都不能容忍，这是第十条大罪。我领着正义之师跟随诸侯讨伐残暴的贼子，只让受过刑罚的罪人来惩处你，我自己何苦要跟你挑战决斗！"项羽大怒，暗中埋伏的弓弩手放箭，射中了汉王。汉王胸部受伤，于是摸着脚说："虏贼射中了我的脚指头！"汉王受了伤，正卧床休养，张良极力请求汉王起床去慰问士兵，以稳定军心，不让楚军乘胜前来进攻。汉王于是走到军营中巡视了一番，伤痛很厉害，接着就骑马疾驰进入成皋。……

（十一月）汉王病愈，往西入关，到栎阳，慰问父老，和父老们在一起饮酒，又将前塞王司马欣的头悬挂在栎阳市上示众。停留了四天，就赶回军中，驻守在广武。越来越多的关中兵开出关来了，而彭越和田横身居梁地，他们来回作战，困扰楚兵，截断楚军的粮食供应。

韩信攻下了齐地，就派人来说："齐国与楚国边界相连，而我的权力太轻；不当临时之王，恐怕不足以安定齐国。"汉王发怒，打算攻打韩信，张良说："不如就趁势立他为王，让他自己守住那里。"春二月，汉王派张良带着王印去齐国，立韩信为齐王。秋七月，立黥布为淮南王。八月，开始订立征收算赋的制度。北貉和燕人派出勇猛的骑兵援助汉王。汉王下令：军士不幸而战死的，由所在地方的官吏置办衣被，将尸体装殓入棺，运送回各人的家乡。因此，四方的民众都全心向着汉王。

项羽自己知道，既处于孤立少有援助的地步，粮饷又食用殆尽，再加上韩信调动了兵马来进攻楚国，他深深忧虑这不利的形势。这时，汉王派遣陆贾去劝说项羽，请求归还太公，项羽不答应。汉王又派侯公去劝说，项羽这才与汉订立和约，中分天下，划鸿沟为界，鸿沟以西是汉的国土，鸿沟以东是楚的地盘。九月，项羽将太公和吕后放回，全军山呼万岁。汉王于是封侯公为平国君。项羽解除了在广武一带驻扎的军队，领兵回东边去。汉王也准备西归，张良和陈平劝谏说："现今大半个天下都归汉家所有，诸侯又都归附我们，楚军既疲惫又缺乏粮饷，这正是天亡楚国的时候，如果不乘他们危难之际去消灭他们，就正像豢养老虎给自己留下了祸患。"汉王听从了他们的建议。

五年冬十月，汉王追击项羽来到阳夏南边便停止前进，他与齐王韩信、魏相国彭越约好了会合进攻楚国的时日，可是到了固陵还不见他们前来会合。楚军发起进攻，大败汉军。汉王又躲进城堡，深挖壕沟加强防守。汉王对张良说："诸侯不听我的，怎么办？"张良回答说："眼看楚军就要彻底失败，而他们都还没有明确划分的封地，他们到期不来会合，这是该当如此的。君王若能够与他们共有天下，就可以马上使他们到来。韩信立为齐王，并非君王的意愿，韩信自己也知道他的王位不稳固，彭越本来打下了梁地，起初君王因为魏豹的缘故，只让他做了相国。现在魏豹已死，彭越也想做王，而君王却没有及早作出决定。如今若能拿出从睢阳以北到谷城一带的地盘作为彭越的王国领地，把陈县以东到海滨一带的疆土分给韩信，韩信家在楚国，他的心愿就是想得到故乡的土地；若能舍出这些地方答应给他们两人，让他们各人为自己的利益而战，楚军就容易打败了。"于是汉王派遣使臣出使韩信、彭越两处，使臣一到，两人就都领着大军前来。

十一月，刘贾进入楚国境内，包围寿春。汉王也派人诱降楚国的大司马周殷。周殷反叛楚国，用舒地的兵众，去屠杀六地的军民，又率领九江的军队去迎接黥布，并且在行军中又屠杀城父的军民，然后跟随刘贾一同去会师。

十二月,汉军将项羽围困在垓下。项羽在夜间听见四面的汉军都在唱楚歌,就知道汉王已经夺得了所有的楚地,于是他和几百名骑兵逃走,因此楚军大败。灌婴追击,在东城境内杀了项羽。……汉王回到定陶,即骑马闯入齐王韩信营中,夺了他的军权。

(春正月)汉王下令说:"楚地已经平定,义帝没有后人,要抚慰楚地的民众,以确定谁做他们的君主。齐王韩信熟知楚地民情风俗,改立他为楚王,统辖淮北地区,在下邳建都。魏相国建城侯彭越为魏国民众奔波劳苦,对士卒谦恭体恤,常常以少敌众,多次打败楚军,故此封他在原有魏地做王,号称梁王,在定陶建都。"……于是,诸侯王及太尉长安侯臣卢绾等三百人,与博士稷嗣君叔孙通恭谨地择定了一个好日子,献上尊号,二月甲午这天,汉王在汜水之北登上了皇帝的宝座。……

高帝于是西去洛阳,在那里建都。夏五月,所有的士兵都解散回家。……高帝在洛阳南宫大摆酒宴。高帝说:"彻侯、将军们,不准瞒我,都说说自己的看法。我能取得天下,是什么缘故?姓项的之所以失去天下,又是什么缘故?"高起和王陵回答说:"陛下傲慢,好侮辱人,项羽仁爱,能敬重人,然而陛下派人去攻城略地,谁攻下来的地盘,就把那地盘给谁,与天下人共享利益。项羽妒贤嫉能,谁有功就陷害谁,谁贤能就怀疑谁,打了胜仗不给人记功,得了土地不给人好处,这就是他失掉天下的缘故。"高帝说:"你只知其一,不知其二。坐在军帐之中出谋划策,料定千里之外的胜负,我不如张良;镇守国家,安抚百姓,供给军饷,使粮道畅通,我不如萧何;联合百万大军,战必胜,攻必克,我不如韩信。他们三个都是杰出人才,而我却能够重用他们,这就是我能取得天下的缘故。项羽有一个范增却不能重用,这是他被我擒杀的缘故啊。”臣子们听了又高兴又佩服。

……戍守边疆的士兵娄敬求见高帝,他对高帝说:“陛下取得天下跟周朝不同,在洛阳定都不合适,不如进关中,可以凭借秦地山川的险固。”高帝拿这件事问张良,张良因此劝谏高帝。就在当天,高帝乘车西行,定都长安。……

(六年冬十月)有人告发楚王韩信谋反,高帝征询大臣们的意见,大家都抢着要去讨伐韩信。高帝采纳陈平的计谋,于是假装巡游云梦。十二月,在陈县会见诸侯,楚王韩信亲自迎接拜见,高帝趁机将他捉拿。……高帝回到洛阳,就赦免了韩信,并封他为淮阴侯。

……高帝已经封了二十几位大功臣,其余的人互相争功,一时还没有行封。高帝住在南宫,从阁道上看见将军们常常聚在一起相互私语,就问张良。张良说:“陛下跟这些人一同夺取天下,现在已经做了天子,而受封赏的都是旧友和最喜欢的人,被杀的人又都是陛下过去怨恨的仇人。现在将校们计量军功,以为天下之大不够用来普遍封赐有功的人,又担心因有过失而被杀,所以聚集在一起商量反叛的事。”高祖说:“该怎么办呢?”张良说:“可以选取陛下平素不喜欢而估计大家又都知道的那最为突出的一个人,先封他,以昭示臣下及将领们。”三月,高帝摆酒席,封了雍齿,并催促丞相快些审定各人的功劳以便行封。酒宴之后,臣子们都很欢喜,他们说:“雍齿既然封侯,我们这些人就没有顾虑了。”

高帝回到栎阳，每五天朝拜一次太公。太公的家令劝谏太公说："天上没有两个太阳，地上没有两个君王。皇帝虽然是儿子，但他是一国之主；太公虽然是父亲，也是国君的臣下。怎么可以叫君主拜候臣下呢！像这样下去，君主的威望就不能畅行。"以后高帝再来朝拜，太公就手持扫帚，到门口迎接，并往后倒退而行。高帝十分惊讶，连忙躬着身子搀扶太公。太公说："皇帝是一国之主，怎么可以因为我的缘故扰乱天下通行的法度！"于是高帝感激家令说了那番话，就赐给他五百斤黄金。

……

（七年）二月，高帝到长安，萧何修未央宫，建立东阙、北阙、前殿、武库和大仓。高帝见构筑壮丽，大怒，对萧何说："天下纷扰，老百姓劳苦多年，我们成功或是失败还不能确定，为什么把宫殿修得这样过分华丽啊！"萧何说："正因为现在天下还没有安宁，所以可以趁这时机建造好宫殿。四海之内都是天子的家业，不把宫殿修得壮丽华美就无以显示威严，这也是为了不叫后代子孙再超过它啊。"高帝听了很高兴。于是从栎阳迁都到长安。……

九年，冬十月，淮南王、梁王、赵王和楚王都来未央宫朝拜高帝，在前殿举行酒宴。高帝捧着玉酒杯向太上皇敬酒祝颂，他说："起初父亲大人总以为我是个无赖，不能料理生产家业，不如老二得力。如今我所成就的产业和老二比哪一个多呢？"殿上的大臣们听了都呼万岁，开怀大笑为乐。……

（十一年）春正月，淮阴侯韩信在长安谋反，被杀灭三族。……

二月，下诏令说："很想减少赋敛。现在的献赋都没有法规，有的官吏向百姓多收赋税，以贡献朝廷，而诸侯王所收尤多，民众以此为苦。命令诸侯王、通侯定在十月朝贺贡献，和郡一样，各自按人口实数计算，每人一年出六十三钱，以供给献赋之费。"又说："听说帝王没有谁高过周文王，诸侯盟主没有谁高过齐桓公，他们都依靠贤人而成名，现在天下的贤人和智能之士，难道只有古代才有吗？可忧虑的就在于君主不去和他们相交的缘故，贤士们从哪里得到上进的途径啊！现在我靠着上天的威灵，贤士大夫助我平定了天下，天下成了一家，就想帝业长久，世世代代尊奉汉室宗庙，永不断绝。贤人们已经和我一起平定了天下，而不跟我共同治理国家，行吗？贤士大夫有愿与我交游的，我可以给他尊位，使他扬名。特为布告天下，让所有的人都知道我的心愿。由御史大夫昌将此事下达相国，相国酂侯下达诸侯王，御史中执法下达郡守，凡有思想行为合乎完美德行的，郡守要亲自前往劝勉，并且驾车遣送来京师相国府中，写明品行、仪表和年龄。如有这样的贤人而不上报，一经发觉，即行免官。年老体弱多病的，不要送来京城。"

三月，梁王彭越谋反，被杀灭三族。……

六月，命令凡跟随高帝进入蜀、汉和关中的士兵终身免服徭役。

秋七月，淮南王黥布反。……高帝赦免死罪以下的犯人，命令他们都去当兵；又征调了诸侯的兵，由高帝自己率领着去讨伐黥布。

十二年冬十月，高帝在会缶大败黥布的军队，黥布逃走,高帝派别将去追击他。

高帝返回关中,路过沛县,就在那里住下来,在沛宫中设置酒宴,把当地的旧友和父老兄弟都召唤来饮酒助兴。找来一百二十个儿童,教他们唱歌。饮酒到兴奋时,高帝击筑,自己唱道:“大风一起呀云彩飞扬,威加四海呀回到故乡,哪来勇士呀守卫四方!”高帝叫儿童们都跟着他唱和,伴着歌声,自己又舞蹈起来,感慨伤心,不禁淌下眼泪。高帝对沛县的父老们说:“离家远游的人总是怀念故乡。我虽然住在关中,将来就是死了,我的魂灵仍然会思念沛县。况且我是从这里起事做沛公,以至诛灭了暴虐不道的秦朝,才取得天下的,就把沛县作为我的汤沐邑吧,沛县的民众免服徭役,世世代代都不让他们负担徭役和赋税。”沛县的父老和老妇、老友天天痛饮尽欢,拿往日的旧事说笑取乐。住了十几天,高帝准备离去,沛县的父老兄弟执意不让走。高帝说:“我的人太多,父老兄弟们供应不起。”这才离去。动身那天,整个沛县万人空巷,都到城镇的西头去奉献物品。高帝停留下来,扯起帷帐又宴饮了三天。沛县父老们都叩头说:“沛县有福气,得以免除徭役,丰乡却没有免除,祈请陛下哀怜。”高帝说:“丰乡是我生长的地方,最不能忘怀的了。我不过怨他们因雍齿的缘故反叛我顺从了魏。”沛县的父老们一再请求免丰乡徭役,高帝才答应同时免除丰乡人的徭役,和沛县一样。

汉的别将在洮水南北攻击黥布军,都大败他们,追击黥布到番阳县境,将他杀死。

……高帝亲自讨伐黥布时,曾经被流矢射中,在行军路上就病了。后来病情加重,吕后请来了医术高明的医生。医生入内看病，高帝问医生说："病可以治好吗？"医生说："可以治好。"于是高帝辱骂他，说："我以一个平头百姓提着三尺剑夺得天下，这不是天命么？命只在上天掌握之中，即使是扁鹊那样的名医又有什么用！"因此不让治疗疾病，赐给医生五十斤黄金，让他走了。吕后问："陛下百年之后，萧相国死了，让谁来代替他？"高帝说："曹参可以。"吕后往下问，回答说："王陵可以，然而他刚直了些，陈平可以做他的助手。陈平才智有余，但难以单独担任要职。周勃忠厚稳重但缺少文才，然而将来安定刘家天下的必定是周勃，可让他做太尉。"吕后再往下问，高帝说："此后的事也不是你所能知道的了。"……夏四月甲辰这天，高帝在长乐宫去世。……

吕后与审食其谋划说："将军们原先跟皇帝都是一样的编了户口的老百姓，后来却北面向皇帝称臣，内心经常鞅鞅不满，如今却要侍奉小皇帝，不把这些都阖族杀掉，天下不会安宁。"因此不发出高祖去世及举哀的告令。有人听说了，就去告诉郦商。郦商去见审食其，对他说："听说皇帝已经去世，过了四天还不发丧，吕后打算杀死诸位将军。果真如此，天下形势就危险了。陈平、灌婴领着十万大军驻守在荥阳，樊哙、周勃领二十万大军控制着燕地和代地，若听到皇帝去世、诸将被杀的消息，他们必定联军反向而西进，来攻打关中。这样大臣叛于内，诸侯反于外，汉室的灭亡将会很快地到来。"审食其进宫向吕后述说了郦商的话，便在丁未这天发丧，大赦天下。

五月丙寅这天，葬高祖于长陵。下葬完毕，皇太子及群臣都返回到太上皇庙。群臣说："皇帝由平民起事，拨乱反正，平定天下，是我汉朝的始祖，功勋最高。”于是献上崇高的谥号叫高皇帝。

当初，高祖不学文墨，而性格明智豁达，好用谋略，能听取意见，即便守门的小吏或戍卒，也是一见如故。起初，高祖顺应民心，立约而定法三章。统一天下之后，又命萧何编定法律条令，韩信申明军法，张苍审定各种规章制度，叔孙通制定朝廷礼仪，陆贾著《新语》。高祖又与功臣们立下凭证发愿起誓，把丹书铁券收在金柜石屋之内，藏于祖庙之中。虽然每天的时间都不够用，高祖对未来的规划还是宏大而长远的。

苏 武 传

苏武是中国历史上著名的民族英雄。汉武帝天汉元年(前 100),奉命出使匈奴。被匈奴扣留十九年,历尽艰辛,持节不屈。《苏武牧羊》的故事,作为一曲爱国主义的颂歌,古今广为流传。

班固在《汉书》中,通过感人的史实,表现了苏武不屈节、不辱使命的英雄气节。记事详尽,感人至深。苏武是《汉书》中塑造得最成功的传记人物之一。

武字子卿①,少以父任②,兄弟并为郎③,稍迁至移中厩监④。时汉连伐胡,数通使相窥观⑤。匈奴留汉使郭吉、路充国等⑥,前后十余辈。匈奴使来,汉亦留之以相当。天汉元年,且鞮侯单于初立⑦,恐汉袭之,乃曰:“汉天子我丈人行也⑧。”尽归汉使路充国等。武帝嘉其义,乃遣武以中郎将使持节送匈奴使留在汉者⑨,因厚赂单于,答其善意。武与副中郎将张胜及假吏常惠等募士斥候百余人俱⑩。既至匈奴,置币遗单于⑪。单于益骄,非汉所望也。

【注释】

① 武：苏武。事迹附于《李广苏建传》后。故文中不标其姓。② 父任：以父荫而担任官职。汉制，俸禄二千石以上的官吏，任满三年，可保任子弟为郎官。苏武的父亲苏建，封爵平陵侯，任代郡太守。因此苏武兄弟三人都被保任为郎官。③ 兄弟：此指苏嘉、苏武、苏贤三兄弟。郎：皇帝侍从官的通称。④ 栘（yí）中厩监：官名。掌管宫中鞍马鹰犬射猎等用物。栘中厩，西汉宫中马厩因设在栘园中，故名栘中厩。⑤ 数（shuò）：多次，屡次。⑥ 郭吉：汉武帝元封元年（前 110），出使匈奴被扣留。路充国：汉武帝元封四年（前 107），出使匈奴被扣留。⑦ 且鞮（jū dī）侯单于：匈奴王。公元前 100 年继位。单（chán）于，匈奴君主的称号。⑧ 丈人行（háng）：父辈，长辈。⑨ 节：又称节符，旄节。古代使臣所持信物。以竹为杆，上饰旄牛尾。⑩ 假吏：临时兼任的官。斥候：此指侦察兵。⑪ 遗（wèi）：赠送。

方欲发使送武等，会缑王与长水虞常等谋反匈奴中①。缑王者，昆邪王姊子也②，与昆邪王俱降汉，后随浞野侯没胡中③。及卫律所将降者④，阴相与谋劫单于母阏氏归汉⑤。会武等至匈奴，虞常在汉时素与副张胜相知，私候胜曰⑥：“闻汉天子甚怨卫律，常能为汉伏弩射杀之。吾母与弟在汉，幸蒙其赏赐。”张胜许之，以货物与常。后月余，单于出猎，独阏氏子弟在。虞常等七十余人欲发，其一人夜亡，告之。单于子弟发兵与战。缑王等皆死，虞常生得。

【注释】

① 会：恰巧，适逢。虞常：西汉长水人，沦落匈奴。缑（gōu）王：匈奴亲王。长水：水名。在今陕西省蓝田县西北，流经长安东南。此地多胡人。② 昆邪王：匈奴亲王。③ 浞野侯：即汉将赵破奴的封爵。太原人。太初二年（前103）春率两万骑兵抗击匈奴，兵败后投降匈奴。④ 卫律：西汉长水胡人。投降匈奴后被封为丁灵王。⑤ 阏氏（yān zhī）：汉代匈奴王妻妾的称号。称单于母亲为母阏氏。⑥ 候：拜访。

单于使卫律治其事①。张胜闻之，恐前语发②，以状语武③。武曰："事如此，此必及我，见犯乃死④，重负国。"欲自杀，胜、惠共止之。虞常果引张胜⑤。单于怒，召诸贵人议，欲杀汉使者。左伊秩訾曰⑥："即谋单于，何以复加？宜皆降之。"单于使卫律召武受辞⑦，武谓惠等："屈节辱命，虽生，何面目以归汉！"引佩刀自刺。卫律惊，自抱持武，驰召毉⑧。凿地为坎⑨，置煴火⑩，覆武其上，蹈其背以出血⑪。武气绝，半日复息。惠等哭，舆归营⑫。单于壮其节，朝夕遣人候问武，而收系张胜。

【注释】

① 治：审理。② 发：泄露。此指被揭发。③ 状：情形。④ 见犯：受到侮辱。⑤ 引：攀引，牵扯。⑥ 左伊秩訾：匈奴王号。⑦ 受辞：审讯口供。⑧ 毉：古医字。⑨ 坎：坑穴。

⑩ 煴(yūn)火:没有火苗的小火堆。⑪ 蹈(tāo):通“搯”。叩,轻敲。⑫ 舆:此作动词用。抬。

武益愈。单于使使晓武[①],会论虞常[②],欲因此时降武。剑斩虞常已,律曰:“汉使张胜谋杀单于近臣,当死,单于募降者赦罪。”举剑欲击之,胜请降。律谓武曰:“副有罪,当相坐[③]。”武曰:“本无谋,又非亲属,何谓相坐?”复举剑拟之[④],武不动。律曰:“苏君,律前负汉归匈奴,幸蒙大恩,赐号称王,拥众数万,马畜弥山,富贵如此。苏君今日降,明日复然。空以身膏草野[⑤],谁复知之!”武不应。律曰:“君因我降,与君为兄弟,今不听吾计,后虽欲复见我,尚可得乎?”武骂律曰:“女为人臣子[⑥],不顾恩义,畔主背亲[⑦],为降虏于蛮夷,何以女为见?且单于信女,使决人死生,不平心持正,反欲斗两主,观祸败。南越杀汉使者[⑧],屠为九郡;宛王杀汉使者[⑨],头悬北阙;朝鲜杀汉使者[⑩],即时诛灭。独匈奴未耳。若知我不降明[⑪],欲令两国相攻,匈奴之祸从我始矣。”

【注释】

① 晓:通知。② 会论:共同审判。论,定罪。③ 相坐:也叫连坐。一人犯法,株连其他人同时治罪。④ 拟:比划。此处指用兵器作杀人的样子。⑤ 膏:肥沃。这里作动词用。⑥ 女(rǔ):通“汝”。你。⑦ 畔:通“叛”。背叛。⑧ 南越杀汉使者:南越,汉代国名,在今广东、广西一带。元鼎

五年(前112),南越相吕嘉杀南越王及汉使者,自立为王。次年,汉武帝派兵讨伐南越,斩吕嘉,并把南越改置为南海、苍梧、郁林、合浦、交阯、九真、日南、珠匡、儋耳九郡。⑨ 宛王杀汉使者:宛,即大宛,西域国名。汉武帝太初元年(前104)秋,宛王毋寡杀汉使车令。武帝大怒,于太初三年(前102),派大将李广利讨伐大宛。次年,李广利获胜携毋寡首级回京师。⑩ 朝鲜杀汉使者:武帝元封二年(前109),朝鲜王右渠杀汉使涉河。汉武帝派兵讨伐朝鲜,右渠部下杀了右渠后投降。⑪ 若:你。

律知武终不可胁,白单于①。单于愈益欲降之,乃幽武置大窖中②,绝不饮食③。天雨雪④,武卧啮雪与旃毛并咽之⑤,数日不死,匈奴以为神,乃徙武北海上无人处⑥,使牧羝⑦,羝乳乃得归⑧,别其官属常惠等,各置他所。

武既至海上,廪食不至⑨,掘野鼠去草实而食之⑩。杖汉节牧羊,卧起操持,节旄尽落。积五六年,单于弟于靬王弋射海上⑪。武能网纺缴⑫,檠弓弩⑬,于靬王爱之,给其衣食⑭。三岁余,王病,赐武马畜服匿穹庐⑮。王死后,人众徙去。其冬,丁灵盗武牛羊⑯,武复穷厄。

【注释】

① 白:下对上陈述。② 幽:囚禁。窖(jiào):蓄存粮食的地穴。此指空窖。③ 饮食:指吃饭、喝水。皆作及物动

词用。④ 雨雪：落雪。雨，作动词用。⑤ 旃：通“氈”。毛织物。⑥ 北海：即今俄罗斯的贝加尔湖。为当时匈奴最北方，故名北海。⑦ 羝（dī）：公羊。⑧ 乳：生育。⑨ 廪食：官方供给的粮食。廪，官方供给。此作动词用。⑩ 去（jǔ）：通“弆”。收藏。⑪ 于靬（wū jiān）王：且鞮侯单于的弟弟。弋：指用带绳子的箭射。⑫ 网：据王先谦《汉书补注》考证应为“结网”，漏“结”字。此说可取。缴：生丝线绳。弋射时箭尾所用的丝线。⑬ 檠：本指矫正弓弩用的器具。此处作动词用，当“矫正”解。⑭ 给（jǐ）：供给，供应。⑮ 服匿：盛酒酪的器具。小口，大腹，方底。穹庐：圆顶帐篷。⑯ 丁灵：匈奴部落名。据说卫律投降匈奴后，被单于封为丁灵王。

初，武与李陵俱为侍中①，武使匈奴明年，陵降，不敢求武。久之，单于使陵至海上，为武置酒设乐，因谓武曰：“单于闻陵与子卿素厚，故使陵来说足下②，虚心欲相待。终不得归汉，空自苦亡人之地③，信义安所见乎？前长君为奉车④，从至雍棫阳宫⑤，扶辇下除⑥，触柱折辕，劾大不敬⑦，伏剑自刎⑧，赐钱二百万以葬。孺卿从祠河东后土⑨，宦骑与黄门驸马争船⑩，推坠驸马河中溺死，宦骑亡，诏使孺卿逐捕不得，惶恐饮药而死。来时，大夫人已不幸⑪，陵送葬至阳陵⑫。

【注释】

① 李陵：西汉将领。汉武帝时为骑都尉。天汉二年

（前99）率兵出征匈奴，陷入重围，奋勇突围九昼夜，终因寡不敌众，被迫投降。公元前74年死在匈奴。其事迹附于《汉书·李广苏建传》后。侍中：官名。自列侯以下至郎中的加官。侍从皇帝左右，出入宫廷，应对顾问。② 说（shuì）：劝说。足下：同辈相称的敬词。③ 亡（wú）：通"无"。④ 长君：苏武的长兄苏嘉。奉车：奉车都尉的省称。官名。掌管皇帝出行时的车驾。⑤ 雍：县名。在今陕西省凤翔县。棫（yù）阳宫：秦宫名。在雍县东北，汉代尚存。⑥ 辇（niǎn）：原指用人拉的车。汉以后特指帝王乘坐的车。除：台阶。此指殿阶。一说，指门与屏风之间。⑦ 大不敬：不敬皇帝的罪名。⑧ 伏剑：用剑自杀。伏，通"服"。使用。⑨ 孺卿：苏武的弟弟苏贤。祠：祭祀。河东：郡名。河东郡在今陕西省境内。后土：指土地神。⑩ 宦骑（jì）：指侍卫皇帝的宦官骑马者。黄门：本指黄色宫门。此指宫廷养马处。驸马：官名。汉武帝时置驸马都尉，掌管皇宫副车车马。舩：同"船"。⑪ 大（tà）夫人：太夫人。汉制，列侯之母称太夫人。此指苏武的母亲。⑫ 阳陵：长安东北弋阳山。在今陕西省咸阳市东，高陵县西南。苏氏葬地在阳陵。

子卿妇年少，闻已更嫁矣。独有女弟二人①，两女一男，今复十余年，存亡不可知。人生如朝露，何久自苦如此！陵始降时，忽忽如狂②，自痛负汉，加以老母系保宫③，子卿不欲降，何以过陵？且陛下春秋高④，法令亡常⑤，大臣亡罪夷灭者数十家⑥，安危不可知，子

卿尚复谁为乎？愿听陵计，勿复有云。”武曰：“武父子亡功德⑦，皆为陛下所成就，位列将，爵通侯⑧，兄弟亲近⑨，常愿肝脑涂地。今得杀身自效，虽蒙斧钺汤镬⑩，诚甘乐之。臣事君，犹子事父也，子为父死亡所恨⑪。愿勿复再言。”陵与武饮数日，复曰：“子卿壹听陵言⑫。”武曰：“自分已死久矣⑬！王必欲降武⑭，请毕今日之驩⑮，效死于前⑯！”陵见其至诚，喟然叹曰⑰：“嗟乎⑱，义士！陵与卫律之罪上通于天。”因泣下霑衿⑲，与武决去⑳。

【注释】

① 女弟：妹妹。② 忽忽：恍惚。失意的样子。③ 保宫：拘禁犯罪的大臣及家属的监狱。④ 春秋：指年龄。⑤ 亡（wú）：通“无”。⑥ 亡（wú）：通“无”。⑦ 亡（wú）：通“无”。⑧ 通侯：爵位名。即“彻侯”。因避汉武帝刘彻讳，改称通侯。汉代爵分十二级，以通侯为尊。⑨ 亲近：指皇帝亲信的侍臣。⑩ 钺（yuè）：古代一种形似大斧的兵器。⑪ 亡（wú）：通“无”。⑫ 壹：犹“一定”，表示决定。⑬ 分（fèn）：料想。⑭ 王：指单于王。一说，指李陵。匈奴封李陵为右校王，故称之为王。⑮ 驩：通“欢”。此指宴饮。⑯ 效：致。⑰ 喟（kuì）：叹息声。⑱ 嗟（jiē）乎：叹词。⑲ 霑：同“沾”。沾濡，沾湿。衿：同“襟”。⑳ 决：辞别。

陵恶自赐武①，使其妻赐武牛羊数十头。后陵复至北海上，语武：“区脱捕得云中生口②，言太守以下吏民皆白服，曰上崩③。”武闻之，南乡号哭④，欧血，旦夕临⑤。

数月昭帝即位⑥。数年，匈奴与汉和亲。汉求武等，匈奴诡言武死。后汉使复至匈奴，常惠请其守者与俱，得夜见汉使，具自陈道。教使者谓单于，言天子射上林中⑦，得雁，足有系帛书，言武等在某泽中⑧。使者大喜，如惠语以让单于⑨。单于视左右而惊，谢汉使曰⑩：“武等实在。”于是李陵置酒贺武曰：“今足下还归，扬名于匈奴，功显于汉室，虽古竹帛所载⑪，丹青所画⑫，何以过子卿！陵虽驽怯⑬，令汉且贳陵罪⑭，全其老母，使得奋大辱之积志，庶几乎曹柯之盟⑮，此陵宿昔之所不忘也⑯。收族陵家⑰，为世大戮，陵尚复何顾乎？已矣！令子卿知吾心耳。异域之人，壹别长绝⑱！”陵起舞，歌曰：“径万里兮度沙幕⑲，为君将兮奋匈奴⑳。路穷绝兮矢刃摧，士众灭兮名已隤㉑。老母已死，虽欲报恩将安归！”陵泣下数行，因与武决㉒。单于召会武官属，前以降及物故㉓，凡随武还者九人。

【注释】

① 恶(wù)：羞恶，愧恶。② 区(ōu)脱：匈奴语。指汉朝与匈奴连界处所建的土堡哨所。因此也称边界地区为区脱。云中：郡名。在今内蒙古自治区南部。生口：犹“活口”，即俘虏。③ 崩：帝王死称崩。④ 乡(xiàng)：面向。⑤ 临(lìn)：哭吊。⑥ 昭帝：汉武帝小儿子，名弗陵。公元前87年继位。⑦ 上林：秦苑名。汉武帝时扩建，供皇帝春秋游猎。在今陕西省西安市及周至县、鄠县一带。⑧ 某泽

中：王先谦《汉书补注》考证，“某”当为“荒”字之误，某泽即荒泽，指北海上。⑨ 让：责备，责问。⑩ 谢：道歉。⑪ 竹帛：竹简，白绢。古代无纸，用以书写文字。后来竹帛也指书册、史籍。⑫ 丹青：绘画用的颜料。⑬ 驽：本指能力低下的劣马，此处比喻人的才能低下。⑭ 令：假使。贳（shì）：赦免，宽恕。⑮ 庶几：几乎，也许。曹柯之盟：春秋时，鲁庄公十三年，齐桓公和鲁庄公在柯邑结盟，曹刿为鲁庄公胁迫齐桓公归还鲁国失地，取得胜利。此处，李陵以曹刿自喻，说明想立功赎罪。⑯ 宿昔：往日，向来。⑰ 族：灭族，诛杀全家族。⑱ 壹：一旦。⑲ 径：走过，穿过。沙幕（mò）：同“沙漠”。幕，通“漠”。⑳ 将（jiàng）：带兵。㉑ 陨：坠落。㉒ 决：同“诀”，永别。㉓ 物故：死去。

武以始元六年春至京师①。诏武奉一太牢谒武帝园庙②，拜为典属国③，秩中二千石④，赐钱二百万，公田二顷，宅一区⑤。常惠、徐圣、赵终根皆拜为中郎，赐帛各二百匹。其余六人老归家，赐钱人十万，复终身⑥。常惠后至右将军，封列侯⑦，自有传。武留匈奴凡十九岁，始以强壮出，及还，须发尽白。

武来归明年，上官桀子安与桑弘羊及燕王、盖主谋反⑧。武子男元与安有谋，坐死⑨。

【注释】

① 始元六年：汉昭帝继位第六年，公元前 81 年。② 太牢：以牛羊猪三牲为祭品祭祀称太牢。园庙：皇帝墓

地所在的宗庙。园，帝王墓地。③ 典属国：官名。掌管归附的各外族属国事务。④ 秩中二千石：汉代二千石的官秩分为三等。最高一等是中二千石，次为二千石，再次为比二千石。秩，俸禄。⑤ 区(qū)：建筑物的量词。相当于“一所”、“一栋”。⑥ 复：免除赋税或徭役。⑦ 列侯：即“通侯”。爵位名。⑧ 上官桀：陇西上邽(今甘肃天水)人。武帝末年封为安阳侯。受武帝遗诏与霍光共同辅佐幼主。其子上官安，娶霍光之女，生女六岁，即为昭帝皇后，上官安因为是皇后的父亲，被封为桑乐侯。上官桀父子阴谋杀霍光，废昭帝，立燕王。事败后，被灭族。桑弘羊：武帝时为侍中，因为善理财务，做了治粟都尉，领大农丞，掌管全国盐铁和运输。昭帝时，与上官桀谋反，被杀。燕王：名旦，武帝的四子，昭帝之兄。为了夺取皇位与上官桀等谋反，事败自杀。盖主：武帝长女，盖侯之妻，故称盖主。⑨ 坐死：被牵连处死。

初桀、安与大将军霍光争权①，数疏光过失予燕王②，令上书告之。又言苏武使匈奴二十年不降③，还乃为典属国，大将军长史无功劳④，为搜粟都尉⑤，光颛权自恣⑥。及燕王等反诛，穷治党与⑦，武素与桀、弘羊有旧，数为燕王所讼，子又在谋中，廷尉奏请逮捕武⑧。霍光寝其奏⑨，免武官。

【注释】

① 霍光：西汉政治家。汉武帝死后，辅佐昭帝、宣帝，

执政二十年。② 疏：分条记录下来。③ 苏武使匈奴二十年不降：实为十九年。二十年取其整数。④ 长史：官名。西汉时，丞相府、将军府等各有长史。此指霍光府中长史杨敞。⑤ 搜粟都尉：官名，又名治粟都尉。掌管军粮。⑥ 颛：同“专”。⑦ 党与：同党的人。⑧ 廷尉：官名。掌刑狱。⑨ 寝：搁置，扣下不发。

数年，昭帝崩，武以故二千石与计谋立宣帝，赐爵关内侯，食邑三百户①。久之，卫将军张安世荐武明习故事②，奉使不辱命，先帝以为遗言。宣帝即时召武待诏宦者署③，数进见，复为右曹典属国④。以武著节老臣，令朝朔望⑤，号称祭酒⑥，甚优宠之。

武所得赏赐，尽以施予昆弟故人，家不余财。皇后父平恩侯、帝舅平昌侯、乐昌侯、车骑将军韩增、丞相魏相、御史大夫丙吉皆敬重武⑦。武年老，子前坐事死，上闵之，问左右：“武在匈奴久，岂有子乎？”武因平恩侯自白：“前发匈奴时，胡妇适产一子通国，有声问来⑧，愿因使者致金帛赎之。”上许焉。后通国随使者至，上以为郎。又以武弟子为右曹。武年八十余，神爵二年病卒⑨。

——节选自《李广苏建传》

【注释】

① 食邑：卿大夫的封地。收其赋税而食，故名食邑。

② 张安世：昭帝时封为富平侯，宣帝时封为大司马。事见《汉书·张汤传》。明习故事：了解熟悉过去的典章制度。③ 宦者署：宦者令的衙署。靠近皇宫。④ 右曹：属于尚书令下设的官，加衔。⑤ 朔望：指朔望朝谒之礼。朔，农历每月初一；望，农历每月十五。⑥ 祭酒：对年长有德位尊者的敬称。⑦ 平恩侯：许伯。平昌侯：王无故。乐昌侯：王无故的弟弟王武。⑧ 声问：音信，消息。⑨ 神爵二年：公元前60年。宣帝继位后第十四年。

【翻译】

苏武，字子卿，年轻时因为父亲的官位被任职，兄弟三人都做了郎官，后来苏武逐渐地升为移中厩监。当时汉朝接连讨伐匈奴，双方多次派遣使节互相侦探。匈奴先后扣留汉使郭吉、路充国等十几批人。匈奴使者来汉，汉朝也扣留他们以作抵偿。天汉元年，且鞮侯单于刚刚登位，害怕汉朝趁机侵袭匈奴，就说："汉朝皇帝是我的长辈！"并且全部送回被扣留的汉使路充国等人。汉武帝很赞赏他明白事理，于是派遣苏武以中郎将的身份持旄节出使匈奴，护送被扣留在汉朝的匈奴使者回国，并借这个机会赠送给单于很丰厚的礼物，答谢他的好意。苏武与副中郎将张胜以及临时委任的下属官员常惠等，招募了兵士、侦察兵一百多人一起出发。到了匈奴后，把准备好了的财物送给单于。然而，单于却变得更加骄横了，根本不是汉朝所希望的那样。

匈奴正要派使者护送苏武等人回国，适逢缑王与长水人虞常等人在匈奴谋反。缑王是昆邪王姐姐的儿子，曾经与昆邪王一起投降汉朝，后来又跟随浞野侯赵破奴出征匈奴，战败后沦落在匈奴。这时候缑王、虞常伙同卫律带领投降匈奴的官兵，暗中串通策划劫持单于的母亲投奔汉朝。恰巧遇上苏武等人到了匈奴，虞常在汉朝时一向与副使张胜熟识，就私下里拜访了张胜，对他说："听说汉朝皇帝很怨恨卫律，我能为汉朝效力，用暗箭杀死他。我的母亲和弟弟在汉朝，希望他们能得到赏赐。"张胜赞许他们这样做，并送了一些财物给虞常。一个多月以后，单于出外打猎，只有后妃及王室子弟留在宫中。虞常等七十多人想趁机发难。他们当中有一个人夜里逃走了，告发了这件事。单于子弟发兵与他们战斗。缑王等人都战死了，只有虞常被活捉。

单于派卫律审理这个案子。张胜听到这个消息，害怕以前和虞常说的话被揭发出来，就把事情经过告诉苏武。苏武说："事情已经弄成这样，这事必然要牵连上我。到那时受侮辱而死，就更对不起国家了。"苏武想要自杀，被张胜、常惠一起劝止住了。虞常果然牵扯上张胜。单于很生气，召集一些贵族商议，要杀汉朝使者。左伊秩訾说："谋杀卫律就判处死罪，假若谋杀单于，那又怎样加重处罚呢？最好让他们全部投降匈奴。"于是单于派卫律招来苏武受审讯。苏武对常惠等人说："丧失气节污辱了国家使命，即使活着，还有什么脸面回汉朝！"说完拔出佩刀就往身上刺。卫律大吃一惊，亲自抱住苏武，并派人骑马请来医生。医生吩咐在地上挖了个坑穴，坑内点起一堆小火，然后把苏武面朝下放在坑穴上，医生轻轻地敲击苏武的背，使淤血放出来。苏武一时气绝，半天才苏醒过来。常惠等人一面哭着一面把苏武抬回汉使的营帐。单于很赞赏苏武的气节,早晚派人问候苏武,却把张胜逮捕囚禁了。

苏武的伤渐渐好了。单于派使臣通知苏武,参加审判虞常,想趁此机会迫使苏武投降。用剑斩了虞常之后,卫律宣布:“汉朝副使张胜图谋暗杀单于的亲信大臣,判为死罪,受单于召募归降的人免罪。”说完,举剑要杀张胜,张胜请求投降。卫律又对苏武说:“副使有罪,你也应当连坐。”苏武说:“我本来没有同谋,又不是他们的亲属,怎么能说连坐?”卫律又举起剑,做出要杀苏武的样子,苏武毫不动摇。卫律说:“苏君,我从前背叛汉朝归降匈奴,幸运地得到单于的恩典,赐我封号称为王爷,拥有部众几万人,马牛羊满山遍野,这样富贵荣华。您今日归降匈奴,明天也会像我这样。如若不然,白白地葬身在荒漠草原当肥料,谁还会知道你呢?”苏武不理他。卫律又说:“您依靠我的引荐归降匈奴,我与您结拜为兄弟,如果今天不听我的劝告,以后即使想再见到我,还会有可能吗?”苏武大骂卫律说:“你身为汉朝臣子,不顾念朝廷的恩惠,不守信义,叛逆国家,背弃亲友,甘愿在匈奴当降附之人,要见你作什么?况且单于信任你,让你裁决人的生死,你不但不主持正义,反而想挑起两国君主互相攻打,你旁观祸败。南越曾经杀了汉朝使者,结果被汉朝消灭,划为九个郡;大宛王杀了汉朝使者,被汉朝杀了,头颅悬挂在汉宫的北阙下示众;朝鲜杀了汉朝使者,也很快就被汉朝讨平。如今只有匈奴还没有被讨伐了。你明知道我不会投降,却用死逼迫我,就是企图让两国互相征战,看来匈奴的灾祸,就要从我身上开始了。”

卫律知道苏武到底不能因威胁而投降，就报告了单于。单于越发想招降苏武，于是把苏武囚禁在一个空地窖里，断绝他的吃喝。天下着雪，苏武躺在地窖里，口中咬着雪和着氈毛一起吞咽，过了好多天也没死。匈奴以为有神保佑，于是把苏武流放到荒无人迹的北海边上，让他放牧公羊，声言待公羊生育之后才得归来。苏武的其他随员常惠等分别隔开，囚禁在别的地方。

不久苏武到了北海边上，匈奴断绝了对他的粮食供应，苏武只好挖野鼠所蓄藏的草籽充饥。他每天都拄着汉朝的旄节牧羊，因为早晚都握在手中，连旄节上的旄尾都脱落光了。这样又过了五六年，单于的弟弟于靬王到北海边射猎。因为苏武能结网纺丝线，并善于矫正弓弩，经常为于靬王修补猎具，于靬王很喜欢他，就供给他一些衣服食物。过了三年多，于靬王病了，赏赐给苏武一些马牛羊、陶罐、帐篷等物。后来于靬王死了，他的部下也纷纷迁移离开北海。这年冬天，丁灵部落盗走了苏武的牛羊，从此苏武又陷于穷困之中。

当初，苏武与李陵都在汉朝做过侍中。苏武出使匈奴的第二年，李陵投降了匈奴，不敢寻访苏武。过了很久，单于让李陵到北海边上，置办酒宴，陈设乐舞款待苏武。席间李陵对苏武说："单于听说我与子卿一向交情深厚，所以叫我来劝说您，单于很想以礼相待。您终究回不了汉朝，白白地在这荒无人迹的地方受苦，您所守的信义又有谁知道呢？前些时候，你的大哥做奉车都尉，跟随皇帝到雍城的棫阳宫，扶着车辇下殿阶时，撞在柱子上，车辕撞断了，被控告犯了大不敬的罪，他用剑自杀了，只赐钱二百万用来安葬。你的弟弟孺卿跟随皇帝到河东郡祭祀土地神，一个骑马的宦官和黄门驸马争夺船只，宦官把黄门驸马推落河里淹死了，宦官畏罪逃亡，皇帝下令让孺卿追踪缉捕，没有捕获，孺卿惶恐害怕，服毒药自杀了。我来的时候，您母亲也已经去世，我送葬到了阳陵。您的妻子还很年轻，听说已经改嫁了。只剩下您的两个妹妹，两个女儿，一个儿子，如今已经又过了十多年，死活也不知道。人生像早晨的露水那样短促，何必这样长久地自讨苦吃！我刚刚投降匈奴的时候，整日心神恍惚像发狂一样，因痛心自己对不起汉朝，又加上老母亲被囚禁在监狱里。你如今不想投降的心情，怎么能超过我呢？况且，皇上年岁大了，法令没有定准，朝中大臣无罪而被诛灭全族的有几十家，连自己的安危都难以预料，子卿还为谁这样吃苦受罪呢？希望您听我的劝告，不要再固执下去了。”苏武说：“我苏武父子没有什么功德，都是因为皇帝的栽培，我父亲才做了将军，被封为通侯，我兄弟三人也都做了朝廷的近臣。我常希望有机会为国家抛头颅洒热血。现在有了杀身报国的机会，即使遭受巨斧砍、汤锅烹的极刑，也实在是甘心乐意这样献身。大臣侍奉君王，像儿子侍奉父亲；儿子为父亲而死没有什么遗憾的。希望你不要再劝说我了。”李陵陪苏武喝了几天酒，又对苏武说：“子卿，你一定要听我的话呀。”苏武说：“我认定自己已经早死了！大王一定要使我投降，请在今天尽情欢宴之后，让我死在您的面前。”李陵见苏武这样赤诚，长叹一声说：“哎，真是忠义之士啊！我李陵与卫律罪恶滔天。”因而泪湿衣襟，与苏武告别离去了。

李陵羞于亲自馈赠苏武礼物，让妻子送给苏武几十头牛羊。后来李陵又来到北海上，告诉苏武说："在边界捕获到云中郡的俘虏，说汉朝太守以下的官民都穿着孝服，说是皇上去世了。"苏武听到这个消息，面向南方大声号哭，口吐鲜血，每天早晚都这样痛哭。

过了几个月，昭帝继位。过了几年，匈奴与汉朝和好结亲。汉朝要求匈奴放回苏武等人，匈奴谎称苏武死了。后来汉朝使者又到了匈奴，常惠听说后，请求看守一起夜里去见汉使，这样才有机会把全部情况向汉使陈述。常惠教汉使对单于说，说是皇上在上林苑射猎，射下一只大雁，雁的脚上系着帛书，上面写着苏武等人仍然活在荒泽中。汉使听到这个主意很高兴，按照常惠教的话责问单于。单于看着左右的人，感到很吃惊，向汉使道歉说："苏武他们确实还活着。"于是李陵备办酒宴向苏武贺喜，说："如今您返回汉朝，威名扬于匈奴，功勋显赫于汉室，即使是古代史书中记载的图画上画的英雄豪杰，又谁能超过子卿呢？我李陵虽然才能低下生性懦弱，假使当年汉朝廷姑且宽恕我的罪行，保全我的老母亲，让我能把忍受耻辱积郁在心里的报国之志施展出来，也许我能像曹沫在柯邑结盟时一样，为国家作出贡献，这正是我往日不忘怀的想法啊。但是汉朝收捕族灭了我全家，活在世上蒙受奇耻大辱，我李陵还有什么留恋的呢？一切都完了！我向您诉说，只是让您了解我的内心罢了。从此，你我成为两个国家的人，今日一别就是永别了！"李陵说完起身舞剑，歌唱道："跋涉万里啊渡过沙漠，为君王领兵啊奋战匈奴。被困峡谷啊刀折剑摧，众将士捐躯啊我失名节。老母已惨死，虽想报国啊哪里是归宿！"李陵唱罢泪流满面，就此与苏武诀别。单于召集苏武及随从官员，除去先前已经投降的和死去的以外，随苏武回汉朝的一共有九个人。

苏武在始元六年春天回到京师。昭帝命令苏武供奉一份太牢祭品谒拜武帝陵庙，并任命苏武做了典属国，俸禄中二千石，赏赐钱二百万，公田二顷，住宅一所。常惠、徐圣、赵终根都被任命为中郎，各赐帛二百匹。其余六个人因为年老，让他们返回故乡，各赐钱十万，终生免除徭役。常惠后来官至右将军，封了通侯的爵位，《汉书》另外有他的传记。苏武被扣留在匈奴共十九年，出使匈奴时正是壮年，到返回汉朝的时候，胡须和头发已经全都白了。

苏武回国的第二年，上官桀、上官安父子与桑弘羊、燕王旦、盖主策划造反。苏武的儿子苏元与上官安同谋，被牵连处死。

当初上官桀父子与大将军霍光争权，上官桀屡次把霍光的过失逐条记录下来交给燕王，让燕王上书告发霍光。又说苏武在匈奴被扣留二十年不投降，回国后仅仅封了个典属国的官，霍光府中的长史杨敞没有什么功劳，却做了搜粟都尉，霍光太专权为所欲为了。到了燕王等人谋反被杀以后，朝廷追究参加谋反的人，因为苏武一向与上官桀、桑弘羊有老交情，燕王曾多次为苏武功高赏薄向皇帝申诉，儿子苏元又参加过谋反，廷尉上奏昭帝请求逮捕苏武。霍光扣下了廷尉的奏章，只免了苏武的官。

过了几年，昭帝去世了，苏武因为是昭帝时的老臣，参与了谋划立宣帝的事，赐爵号关内侯，拥有三百户的封地。过了很久，卫将军张安世向皇帝推荐，说苏武很熟悉过去的典章制度，出使匈奴不玷辱皇帝的命令，先帝以此特为遗言。宣帝听了张安世的话，立即命令苏武在宦者署等候宣召。苏武多次被皇帝召见，又加了右曹典属国的官衔。因为苏武是有名望的持节老臣，皇帝命令他每逢初一、十五上朝，专管朔望谒见之礼，称他祭酒，对他很优待尊宠。

苏武得到的赏赐财物，全部送给兄弟及故交，家里没有多余的钱财。皇后的父亲平恩侯、皇帝的舅舅平昌侯、乐昌侯、车骑将军韩增、丞相魏相、御史大夫丙吉都很敬重苏武的为人。苏武年纪老了，儿子以前因为参加谋反被处死，皇帝很怜悯他，问左右大臣："苏武在匈奴那么久，可有儿子吗?"苏武通过平恩侯向皇帝陈述说："当初从匈奴回国时，匈奴妻子刚刚生了一个儿子名叫通国，有音信来，希望通过使者送金帛赎回他。"皇帝允许了苏武的请求。后来通国随使者回到汉朝，皇上封他做了郎官。又封苏武弟弟的儿子为右曹。苏武活到八十多岁，在神爵二年病逝。

张 骞 传

汉武帝时，由于国力强盛，改变以往的消极和亲政策，开始对匈奴发起攻势。为了联络西迁的大月氏，相约共同夹击匈奴，张骞于建元二年(前139)奉命出使。他穿过河西走廊、天山南路，翻越葱岭，经大宛、康居，到达位于阿姆河上中游的大月氏和大夏。行程数万里，历时十三年，其间途经匈奴时两次被扣留，共达十一年之久，然而张骞坚贞不屈，终于回到汉朝。元狩四年(前119)，张骞再次出使。他率领庞大的使团，携带价值数千万的财物，跋涉万里，抵达位于伊犁河流域和伊塞克湖一带的乌孙，然后又分别派出副使前往大宛、康居、月氏、大夏等国。张骞两次出使，加强了中原与西域各族的联系，发展了汉朝与中亚各国人民的友好关系，促进了我国与西方的经济文化交流。

张骞，汉中人也①，建元中为郎②。时匈奴降者言匈奴破月氏王③，以其头为饮器，月氏遁而怨匈奴，无与共击之。汉方欲事灭胡④，闻此言，欲通使，道必更匈奴中⑤，乃募能使者。骞以郎应募，使月氏，与堂邑氏奴甘父俱出陇西⑥。径匈奴⑦，匈奴得之，传诣单于⑧。单于曰："月氏在吾北，汉何以得往使？吾欲使越，汉肯听我乎？"留骞十余岁，予妻，有子，然骞持汉节不失⑨。

【注释】

① 汉中：今陕西汉中东。② 郎：帝王的侍从官。③ 月氏(zhī)：也作"月支"。古代西域国名。秦汉之际居敦煌与祁连间。汉文帝时被匈奴击败，大部分人西迁至今新疆伊犁河上游，占据塞种故地，称大月氏；少数没有西迁的人进入祁连山，称小月氏。④ 胡：古代对北方和西方各族的泛称。这里指匈奴。⑤ 更(gēng)：经过。⑥ 堂邑氏奴甘父：堂邑氏的奴仆，名甘父。⑦ 径：取道，路过。⑧ 诣(yì)：到。⑨ 节：古代使臣持的表明身份的旄节。

居匈奴西，骞因与其属亡乡月氏①，西走数十日至大宛②。大宛闻汉之饶财，欲通不得，见骞，喜，问欲何之。骞曰："为汉使月氏而为匈奴所闭道，今亡，唯王使人道送我③。诚得至，反汉，汉之赂遗王财物不可胜言④。"大宛以为然，遣骞，为发译道，抵康居⑤。康居传致大月氏。大月氏王已为胡所杀，立其夫人为王。既臣大夏而君之⑥，地肥饶，少寇，志安乐，又自以远远汉⑦，殊无报胡之心。骞从月氏至大夏，竟不能得月氏要领⑧。

【注释】

① 乡(xiàng):通“嚮(向)”。方向,朝着。② 大宛(yuān):古西域国名,西南与大月氏为邻,盛产名马。③ 道:通“导”。引导。④ 遗(wèi):赠与。⑤ 康居:古西域国名。东临乌孙、大宛,南接大月氏,西与奄蔡交界。⑥ 大夏:中亚细亚古国名。在今阿富汗北部一带,西汉时为大月氏所灭。⑦ 远汉:疏远汉朝。⑧ 要领:喻事物的重点或关键。

留岁余,还,并南山[①],欲从羌中归[②],复为匈奴所得。留岁余,单于死,国内乱,骞与胡妻及堂邑父俱亡归汉[③]。拜骞太中大夫[④],堂邑父为奉使君[⑤]。

骞为人强力,宽大信人,蛮夷爱之[⑥]。堂邑父胡人,善射,穷急射禽兽给食。初,骞行时百余人,去十三岁,唯二人得还。骞身所至者,大宛、大月氏、大夏、康居,而传闻其旁大国五六,具为天子言其地形,所有。语皆在《西域传》。

【注释】

① 并(bàng):通“傍”。挨着,靠近。② 羌(qiāng):我国古代西部民族名。部落众多,主要分布在甘肃、青海、四川一带。③ 堂邑父:堂邑氏的姓与甘父的名的合称。④ 太中大夫:官名。掌管议论。⑤ 奉使君:堂邑父的封号。⑥ 蛮夷:对西域各国各族的泛称,含侮蔑意。

骞曰："臣在大夏时，见邛竹杖、蜀布①，问安得此，大夏国人曰：'吾贾人往市之身毒国②。身毒国在大夏东南可数千里。其俗土著③，与大夏同，而卑湿暑热。其民乘象以战。其国临大水焉。'以骞度之④，大夏去汉万二千里⑤，居西南。今身毒又居大夏东南数千里，有蜀物，此其去蜀不远矣。今使大夏，从羌中，险，羌人恶之；少北，则为匈奴所得；从蜀，宜径⑥，又无寇。"天子既闻大宛及大夏、安息之属皆大国⑦，多奇物，土著，颇与中国同俗，而兵弱，贵汉财物；其北则大月氏、康居之属，兵强，可以赂遗设利朝也⑧。诚得而以义属之⑨，则广地万里，重九译，致殊俗，威德遍于四海。天子欣欣以骞言为然。乃令因蜀犍为发间使⑩，四道并出：出駹，出莋，出徙、邛，出僰⑪，皆各行一二千里。其北方闭氐、莋⑫，南方闭嶲、昆明⑬。昆明之属无君长，善寇盗，辄杀略汉使，终莫得通。然闻其西可千余里，有乘象国，名滇越⑭，而蜀贾间出物者或至焉，于是汉以求大夏道始通滇国。初，汉欲通西南夷，费多，罢之。及骞言可以通大夏，乃复事西南夷⑮。

【注释】

① 邛(qióng)：汉代西南少数民族名。一说即邛来山，在成都平原西。② 身(yuán)毒：古印度的音译。③ 土著：定居，有城郭，不逐水草而迁徙。④ 度(duó)：忖度，推测。⑤ 去：距离。⑥ 宜径：宜，当。径，直。⑦ 安息：亚洲西部古国名。地处伊朗高原。⑧ 赂(lù)：财物。⑨ 诚：如果，果真。⑩ 因：表所经，相当于"由"、"经"、"通过"。⑪ 駹

(máng)、莋(zuó)、徙、邛、僰(bó):我国古代西南少数民族名。⑫ 氐:古族名。分布在今陕西、甘肃、四川等地。⑬ 嶲(xī)、昆明:我国西南古族名。⑭ 滇越:西南古国名、族名。⑮ 事:从事,以……为事。

骞以校尉从大将军击匈奴,知水草处,军得以不乏,乃封骞为博望侯[1]。是岁元朔六年也。后二年,骞为卫尉,与李广俱出右北平击匈奴[2]。匈奴围李将军,军失亡多,而骞后期当斩,赎为庶人[3]。是岁骠骑将军破匈奴西边,杀数万人,至祁连山。其秋,浑邪王率众降汉,而金城、河西并南山至盐泽[4],空无匈奴。匈奴时有候者到,而希矣。后二年,汉击走单于于幕北[5]。

【注释】

① 博望侯:侯爵名。取其能广博瞻望的意思。② 右北平:郡名。地在今河北省东北部。③ 庶人:平民。④ 金城:古县名。在今甘肃兰州市西北。河西:古地区名,指今甘肃、青海两省黄河以西地区。⑤ 幕:通"漠"。沙漠。

天子数问骞大夏之属。骞既失侯,因曰:"臣居匈奴中,闻乌孙王号昆莫[1]。昆莫父难兜靡本与大月氏俱在祁连、敦煌间,小国也。大月氏攻杀难兜靡,夺其地,人民亡走匈奴。子昆莫新生,傅父布就翎侯抱亡置草中[2],为求食,还,见狼乳之,又乌衔肉翔其旁,以为神，遂持归匈奴，单于爱养之。及壮，以其父民众与昆莫，使将兵，数有功。时，月氏已为匈奴所破，西击塞王③。塞王南走远徙，月氏居其地。昆莫既健，自请单于报父怨，遂西攻破大月氏。大月氏复西走，徙大夏地。昆莫略其众，因留居，兵稍强，会单于死，不肯复朝事匈奴。匈奴遣兵击之，不胜，益以为神而远之。今单于新困于汉，而昆莫地空。蛮夷恋故地，又贪汉物，诚以此时厚赂乌孙④，招以东居故地，汉遣公主为夫人，结昆弟⑤，其势宜听，则是断匈奴右臂也。既连乌孙，自其西大夏之属皆可招来而为外臣。”天子以为然，拜骞为中郎将，将三百人，马各二匹，牛羊以万数，赍金币帛直数千钜万⑥，多持节副使，道可便遣之旁国。骞既至乌孙，致赐谕指⑦，未能得其决。语在《西域传》。骞即分遣副使使大宛、康居、月氏、大夏。乌孙发译道送骞，与乌孙使数十人，马数十匹，报谢，因令窥汉，知其广大。

【注释】

① 乌孙：古族名。② 布就翎侯：布就，人名。翎（xī）侯，官名。③ 塞：古族名。④ 赂：赠送财物。⑤ 昆弟：兄弟。⑥ 赍（jī）：带着。⑦ 谕指：谕，晓告。指，通“旨”，意旨。

骞还，拜为大行①。岁余，骞卒。后岁余，其所遣副使通大夏之属者皆颇与其人俱来，于是西北国始通于汉矣。然骞凿空②，诸后使往者皆称博望侯，以为质于外国[3]，外国由是信之。其后，乌孙竟与汉结婚。

初，天子发书《易》[4]，曰“神马当从西北来”。得乌孙马好，名曰“天马”。及得宛汗血马[5]，益壮，更名乌孙马曰“西极马”，宛马曰“天马”云。而汉始筑令居以西[6]，初置酒泉郡，以通西北国。因益发使抵安息、奄蔡、犛靬、条支[7]、身毒国[8]。而天子好宛马，使者相望于道，一辈大者数百，人少者百余人，所赍操[9]，大放博望侯时[10]。其后益习而衰少焉[11]。汉率一岁中使者多者十余，少者五六辈，远者八九岁，近者数岁而反。

是时，汉既灭越[12]，蜀所通西南夷皆震，请吏。置牂柯、越巂、益州、沈黎、文山郡[13]，欲地接以前通大夏。乃遣使岁十余辈，出此初郡，皆复闭昆明，为所杀，夺币物。于是汉发兵击昆明，斩首数万。后复遣使，竟不得通。语在《西南夷传》。

自骞开外国道以尊贵，其吏士争上书言外国奇怪利害，求使。天子为其绝远，非人所乐，听其言，予节，募吏民无问所从来，为备众遣之，以广其道。来还不能无侵盗币物，及使失指，天子为其习之，辄覆按致重罪[14]，以激怒令赎，复求使。使端无穷[15]，而轻犯法。其吏卒亦辄复盛推外国所有，言大者予节，言小者为副，故妄言无行之徒皆争相效。其使皆私县官赍物[16]，欲贱市以私其利。外国亦厌汉使人人有言轻重，度汉兵远，不能至，而禁其食物，以苦汉使。汉使之绝，责怨，至相攻击。楼兰、姑师小国[17]，当空道[18]，攻劫汉使王恢等尤甚。而匈奴奇兵又时时遮击之[19]。使者争言外国利害，皆有城邑，兵弱易击。于是天子遣从票侯破奴将属国骑及郡兵数万以击胡[20]，胡皆去。明年，击破姑师，虏楼兰王。酒泉列亭鄣至玉门矣[21]。

【注释】

① 大行：官名。掌管接待宾客。② 凿（záo）：开通，打通。③ 质：诚信。④《易》：古代讲卜筮的书。⑤ 汗血马：一种骏马，据说汗从前肩出，色如血，因此得名。⑥ 令居：古县名，在今甘肃永登西北。⑦ 奄蔡、犛（lí）靬（jiān）、条支：西域古国名。⑧ 身毒国：古代对今印度国名的音译。⑨ 操：持。⑩ 放（fǎng）：依照。⑪ 衰（cuī）：递减。⑫ 越：即南越，也作"南粤"。古代南方越人的一支。秦末建南越国。公元111年汉灭南越，设置南海、苍梧、郁林、合浦、交趾、九真、日南、珠厓、儋耳等九郡。⑬ 牂（zāng）柯、越嶲、益州、沈（chén）黎、文山：皆汉置郡名，在今西南地区。⑭ 覆按：反复审查。⑮ 端：事。⑯ 县官：朝廷。⑰ 楼兰、姑师：楼兰，古西域国名，在今新疆罗布泊西。姑师，古西域国名。⑱ 空：同"孔"。孔道，即大道。⑲ 遮：阻拦。⑳ 破奴：即赵破奴，汉将。㉑ 亭鄣：古时在边防地带修筑的堡垒。

而大宛诸国发使随汉使来，观汉广大，以大鸟卵及犛靬眩人献于汉[1]，天子大说[2]。而汉使穷河源[3]，其山多玉石，采来，天子案古图书[4]，名河所出山曰昆仑云。

是时，上方数巡狩海上[5]，乃悉从外国客[6]，大都多人则过之，散财帛赏赐，厚具饶给之，以览视汉富厚焉。大角氐[7]，出奇戏诸怪物，多聚观者，行赏赐，酒池肉林[8]，令外国客遍观各仓库府臧之积[9]，欲以见汉广大[10]，倾骇之。及加其眩者之工[11]，而角氐奇戏岁增变，其益兴，自此始。而外国使更来更去。大宛以西皆自恃远，尚骄恣，未可诎[12]，以礼羁縻而使也[13]。

【注释】

① 眩(huàn)：通“幻”。眩人，即魔术艺人。② 说(yuè)：通“悦”。喜悦。③ 穷：寻求到尽头。④ 图书：“河图洛书”的省称。古代以讲符命占验为主要内容的书。⑤ 巡狩：皇帝视察各地。⑥ 从：率，带领。⑦ 大角氐：古时的一种竞技表演，略同于现代的摔跤，后泛称各种乐舞杂戏。⑧ 酒池肉林：形容酒肉极多，筵席奢华。⑨ 臧：同“藏”。储藏。⑩ 见：同“现”。显现，显示。⑪ 工：技巧。⑫ 诎(qū)：屈服。⑬ 羁縻：笼络。

汉使往既多，其少从率进孰于天子[1]，言大宛有善马在贰师城[2]，匿不肯示汉使。天子既好宛马，闻之甘心，使壮士车令等持千金及金马以请宛王贰师城善马。宛国饶汉物[3]，相与谋曰：“汉去我远，而盐水中数有败，出其北有胡寇，出其南乏水草，又且往往而绝邑[4]，乏食者多。汉使数百人为辈来，常乏食，死者过半，是安能致大军乎？且贰师马，宛宝马也。”遂不肯予汉使。汉使怒，妄言[5]，椎金马而去[6]。宛中贵人怒曰[⑦]："汉使至轻我！"遣汉使去，令其东边郁成王遮攻，杀汉使，取其财物。天子大怒。诸尝使宛姚定汉等言："宛兵弱，诚以汉兵不过三千人，强弩射之，即破宛矣。"天子以尝使浞野侯攻楼兰[⑧]，以七百骑先至，虏其王，以定汉等言为然，而欲侯宠姬李氏[⑨]，乃以李广利为将军，伐宛。

骞孙猛，字子游，有俊才，元帝时为光禄大夫[⑩]，使匈奴，给事中[⑪]，为石显所谮[⑫]，自杀。

——节选自《张骞李广利传》

【注释】

① 少从：随从出使的年轻人。② 贰师城：大宛城名。故址在今吉尔吉斯斯坦西南部马尔哈马特。③ 饶：丰富，富有。④ 绝邑：没有城邑。⑤ 妄言：詈骂。⑥ 椎（chuí）：捶击。⑦ 中贵人：指宛王左右的重臣。⑧ 浞野侯：汉将赵破奴的封爵。⑨ 李氏：武帝宠妃李夫人，李广利之妹。⑩ 光禄大夫：官名。掌顾问应对。⑪ 给事中：官名。为列侯、将军等的加官，常在皇帝左右侍从，备顾问应对等事。⑫ 谮（zèn）：说坏话诬陷人。

【翻译】

张骞是汉中人，武帝建元年间在朝廷做郎官。当时，匈奴投降汉朝的人说，匈奴打败了月氏王，拿他的头骨做饮器，月氏遁逃远走，因此怨恨匈奴，但无人援助他们共同攻击匈奴。汉朝正打算消灭匈奴，听到这个消息，就想派使臣与月氏联系。由于使者来往的道路必须经过匈奴地面,途中可能有危险,便招募能胜任出使的人。张骞以郎官的资格应募,出使月氏,与堂邑氏的家奴甘父一道从陇西出发。经过匈奴时,匈奴截获他们,把他们押送到单于那里。单于说:"月氏在我北边,汉朝怎么能够前往通使呢?比如我要派人出使南越,你们汉朝肯让我随便通过吗?"于是把张骞扣留了十多年。匈奴单于给张骞择配妻室,张骞有了儿子,但他始终持着汉使的旄节,不肯投降。

张骞的住地在匈奴西部,于是他和随从人员乘机朝月氏方向逃走,他们往西走了几十天便到了大宛。大宛早就听说汉朝财物富饶,想通使而不可得,见到张骞,十分高兴,便问他们要去什么地方。张骞说:"我们为汉朝出使月氏,可是匈奴不许我们通过。现在我们逃了出来,希望大王派人引路,护送我们。如能到达月氏,等我们返回汉朝后,汉朝馈送给大王的财物是说不尽的。"大宛认为说得对,就遣送张骞出境,并派译员带路,到了康居,康居再把他们转送到大月氏。这时,大月氏王已被匈奴所杀,他的夫人被立为王。大月氏征服了大夏,做了大夏的君主,土地肥沃富饶,境内又少有盗寇,感到满足安乐,加之自以为地处偏远,无意与汉朝亲近,根本就没有报复匈奴的意思了。张骞从月氏来到大夏,却始终摸不透月氏的真实意图。

张骞在大夏居留了一年多,便启程返回。他们沿着南山行走,打算经由羌人聚居的地方归来,不料又被匈奴俘获。张骞在匈奴停留了一年多,遇上单于去世,国内动乱,便带着匈奴妻子和堂邑父一同逃归汉朝。天子授给张骞太中大夫的官职，封堂邑父为奉使君。

张骞为人坚强而有耐心，待人宽厚，守信用，西域人都爱戴他。堂邑父本是匈奴人，善于射猎，有时穷困窘迫，他就射猎禽兽来供给饮食。当初，张骞出发的时候原有一百多人，出使在外十三年，只有二人得以归来。

张骞亲身到过的国家，有大宛、大月氏、大夏和康居，而间接了解的还有与它们相接邻的五六个大国。张骞把这些国家的地形、物产一一向天子详细陈说了。关于这些事，都记载在《西域传》中。

张骞说："我在大夏时，见过邛山的竹杖和蜀郡的细布。我问当地人从哪里得来这些东西，大夏国人说：'是我们的商人从身毒国贩运来的。身毒国在大夏东南大约数千里的地方，它的风俗是民众定居，与大夏相同，只是地势低洼，潮湿而酷热。那里的居民都乘坐大象打仗，国家面临大海。'据我估计，大夏位于西南方，与我国相距一万二千里，而身毒又在大夏东南几千里处，并且有我蜀地的产物，可见身毒距蜀地不是很远。现在要出使大夏，若取道羌人地区，有危险，羌人厌恶我们的使臣经过。稍许偏北一点又会被匈奴扣留。只有从蜀地前往，道路当是直而且近，又没有盗寇，最为方便。"天子已得知了大宛及大夏、安息等国都是大国，出产许多稀奇物品，人民定居，习俗与中国很相似，然而兵力薄弱，珍视汉朝的财物。它们的北边是大月氏和康居等国，这些国家兵力强悍，可以多给予些财物利益，让它们前来朝贡。对于以上国家，若真能施以恩义，使它们归顺，汉朝就会扩展土地万里，不同语言不同习俗的各国就都会前来归附，这样，汉朝的威望和恩德就可以遍及四海了。天子以为张骞的话很有道理，非常高兴，于是下令派相机而行的使者经由蜀郡和犍为郡四路齐发：一路出駹，一路出莋，一路出徙、邛，一路出僰，要求各路使者都远行一二千里。出发不久，北边的一行就被氐人和莋人所阻挡，南边的一行在嶲人和昆明人地区也被阻遏。昆明和嶲当时都还没有君长，又好抢劫，他们杀了汉使，抢走了财物，这一条路始终不能打通。但听说昆明西边大约一千多里处有个名叫滇越的乘象之国，蜀地的商人私自前往做买卖的人有些到达过那个地方，汉朝为了探寻去大夏的通道，于是开始与滇国交通往来。起初，汉朝曾想交通西南夷，因耗费巨大，没有实行，直到张骞说从那里可以通往大夏，才又从事交通西南夷的活动。

张骞以校尉身份跟从大将军卫青出击匈奴，由于他熟悉匈奴地势，知道水草所在之处，大军能随时得到补给，不感到匮乏。天子于是封张骞为博望侯。这一年正是元朔六年。两年之后，张骞被任命为卫尉，与李广一同出右北平去攻打匈奴。李将军被匈奴围困，士卒伤亡和逃走的为数众多，而张骞没能按期赶来参战。依照法令本当斩首，因为前有大功，张骞赎罪贬为平民。就在那一年，骠骑将军霍去病在西部边境大败匈奴，杀死数万人，直追到祁连山下。当年秋天，匈奴浑邪王率领部属投降汉朝，至此，金城、河西一带，南山、盐泽之间，就不见匈奴的踪迹了。虽然匈奴仍不时派人来窥探，人数毕竟很少。又过了两年，汉朝大破匈奴，终于在沙漠以北赶走了单于。

天子多次问张骞关于大夏等国的情形。张骞已被免去侯爵，就说："我在匈奴时，听说乌孙王的称号叫昆莫，昆莫的父亲叫难兜靡。本来乌孙和大月氏都是祁连与敦煌之间的小国，大月氏攻击乌孙，杀死难兜靡，占夺了他们的土地，乌孙人就都逃往匈奴去了。那时候昆莫刚出生，昆莫的傅父布就翎侯抱着他逃走，把他放置在草地里，独自去为昆莫寻找食物。傅父归来，看见一头母狼在给昆莫喂奶，又见一只乌鸦嘴里叼着肉在他近旁飞翔，傅父以为孩子是神，立即抱着他去投奔匈奴。单于见孩子可爱，就将他收养下来。等到昆莫长大，单于就把昆莫父亲的民众交还给他，让他带兵出征，昆莫多次建立战功。那时，月氏已被匈奴打败，他们就向西去攻击塞王。塞王被迫南走，迁往远方，月氏于是占领了塞王的国土。昆莫长大健壮以后，就请求单于让他去攻打大月氏，以报杀父之仇。昆莫向西进军，大破大月氏。大月氏再次西迁，占据了大夏。昆莫臣服了大月氏的民众，就在那里屯驻下来。昆莫的兵力有所增强，又遇上单于去世，昆莫就不肯再听命于匈奴了。匈奴派兵打昆莫，不能取胜，更以为昆莫是神而远远地避开他。现在，单于刚被我汉朝的大军击败，昆莫原先的驻地空了出来。蛮夷之人都依恋旧地，又贪爱我汉朝的财物，如果能乘此时机拿厚礼馈送乌孙，劝说他们东归旧地，并许诺他们，汉朝愿意遣送公主为其夫人，与乌孙结为兄弟，乌孙一定乐于听从，这样，就切断了匈奴的右臂。我们一旦连合了乌孙，在乌孙西边的大夏等国也就可招来为汉朝的外臣了。”天子认为张骞的建议很好，就任命他为中郎将，率领三百人，各配两匹马，携带着价值数千万的黄金和缯帛，赶着数以万计的牛羊，还配置了多名持节的副使，在道路得便时，就可派遣他们出使旁的国家。张骞到了乌孙，就交付了朝廷的赏赐并把天子的意旨明白地告诉他们，可是却没能得到乌孙方面确切的答复。关于这件事的详情，记载在《西域传》中。张骞便向大宛、康居、月氏和大夏等国分别派出了副使。乌孙派遣译员和向导护送张骞回国，同时乌孙还派遣使者几十人相随同行，带有良马几十匹报谢汉朝，并要他们窥探汉朝的虚实。乌孙使者到达后才知道汉朝果然幅员广阔，物产丰富。

张骞回国后，被任命为专管接待宾客的大行。过了一年多，张骞就去世了。又过了一年，张骞派往大夏等国去的那些副使，都伴同有关国家的使者一起到来，于是西北各国才开始与汉朝通使和交往。然而张骞最先打通去西北的孔道，继此以后出使去西北各国的人，便都相沿称博望侯，以取信于外国，外国因此也很信任他们。后来，乌孙终于与汉朝结成了姻亲。

当初，天子打开《易》书占卜，占卜所得的话是"神马当从西北来"。后来果然得到乌孙的良马，就取名叫"天马"。等到获得大宛的汗血马，更为健壮，就将乌孙马改名为"西极马"，宛马名为"天马"。汉朝为了与西北诸国交通往来，开始在令居县以西修筑边塞，并开始设置酒泉郡。以后更多地派遣使者到达安息、奄蔡、犛靬、条支以及身毒等国。由于天子喜好宛马，被派去取马的使者络绎不绝，相望于道，多者一批数百人，少的也有百余人，他们携带的财物和操持的符节，大致仿效博望侯张骞时的规格。从这时以后对西域各国日益熟悉，派遣去出使的人员和携带的财物便逐渐减少。汉朝大约每年派出的使者，多者十几批，少者五六批；路远的需八九年才得以归来，路近的也需几年才能返回。

这时，汉朝已经征服了南越，经由蜀郡交通往来的西南夷各国都大为震惊，他们请求汉朝派官员去统辖。于是，汉朝在西南设置牂柯、越嶲、益州、沈黎、文山等郡，想使地界相接，一直向前通往大夏。于是在一年之内就十多次派遣使者从这些新设置的郡出发，可是，这些使者又都在昆明遭到阻隔，使者们在昆明一带被杀害，财物被抢夺。汉朝发兵攻打昆明，杀死数万人。以后再派使者前往，但终究不能通过。这件事记载在《西南夷传》中。

自从张骞因为开辟通往外国的道路而获得尊贵的地位，那些官吏和军士都争着上书，称说外国稀奇怪异的物产及通使往来的利害，请求派他们出使。天子以为出使到那些国家去，路途十分遥远，不是人们乐意前往的，因此同意他们的请求，授予符节，并招募官吏和民众作为他们的随行。对于应募的人不论他从什么地方来都录用，还为他们配备人众，遣送他们出使，以求广开交通西域的道路。等他们归来时，不可能不发现他们有侵盗携带财物、出使违背天子的旨意等事。天子以为他们熟习出使诸事宜，便按问审查判以重罪，以此来激怒他们，使他们再一次请求出使以赎罪。需要派人出使的事由层出不穷，而出使的人也不把犯法不轨当作一回事。那些官吏和士卒也一再夸称外国所有的特产，夸口大的被授予使节，夸口小的任命为副使。这样，那些轻妄夸饰、品行不端的人都争相仿效。使官们都把朝廷交付携带的财物视为私有，并打算低价卖出，将得到的财利装入私囊。外国也厌恶汉朝的使节各人称述国内的情形轻重不一，不确实，又计算汉兵距离西域甚远，不能到来，便禁止供给他们食物，以使汉朝的使节们困苦。汉朝使节食物匮乏，断绝了供应来源，便责怪怨恨，以至互相攻击。楼兰和姑师这些小国，正处在交通西域的孔道上，他们攻击劫掠汉使王恢等人的人畜财物尤其厉害。而匈奴派出的奇兵又常常拦击使节们。使节们竞相陈说征讨西域则利，不征讨则为祸害，并且还说，那些国家都建有城邑，兵力薄弱，易于攻破。于是，天子派遣从票侯赵破奴率领附属国的骑兵及郡兵几万人以攻击不愿通好的胡人，这些胡人都逃遁而去。一年之后，打败了姑师，俘虏了楼兰王。于是从酒泉筑亭障一直延伸至玉门一带。

大宛等国派使者随同汉使来到内地，看见汉朝地域广大，他们将大鸟蛋及犛靬的魔术艺术献给汉朝，天子非常高兴。汉使的足迹深入到了黄河的源头，那里的山上玉石很多，便采掘带回献给天子。天子查考了古代的图书，便把黄河发源的山称为昆仑山。

那时，皇帝正多次到沿海一带巡游，便让全部外国使客等随从而行，凡是大都会人口众多的就从那里经过，并散发钱财绢帛以赏赐民众，拿丰厚的馔食充足地供给他们，以显示汉朝的财物丰厚富饶，使外国使客得以观览。大设角力杂技，演出奇戏，展出珍禽怪兽，使众多的人聚观；摆出的酒很多，肉也很多，让外国客到处观看各仓库府藏的屯积，想以此显示汉朝的广大，使他们感到惊骇。及至增加了那些魔术师的技艺，因而角力杂技等奇戏年年增添和变换节目，这类百戏杂耍日益兴盛，就是从这时开始的。外国使者此来彼往，前后不绝。然而大宛以西的国家都自恃遥远，仍旧对汉朝骄慢无礼，不能用礼义加以笼络使他们屈服而通使。

汉朝派往西域的使者已经很多了，那些随从前去的年轻人就都纷纷把在西域熟知习见的事物向天子进言陈述，他们说大宛有一种良马养畜在贰师城中，被藏匿起来不让汉使看见。天子本就喜好大宛的马，听到这个消息，更加心悦神往，于是派遣壮士车令等人携带千金及金马前往大宛，以请求宛王允许换取贰师城的良马。宛国多有汉地的财物，他们便商量说："汉朝离我们很远，以前他们道经盐水中苦恶的地方，常有死亡损伤的；出盐水以北有胡寇的扰掠；从盐水以南走又缺乏水草，且沿途又是没有城邑的地区，缺乏食物的人很多。汉朝的使者几百人一批结队而来，常常缺乏粮食，死去的人超过半数，这样又岂能派大军前来？况且贰师马是我国的宝马，怎能轻易给人？"大宛竟不肯把马给汉朝使者，汉使大怒，以轻妄的话大骂，椎碎了金马而离开大宛。大宛国中的贵臣愤怒地说："汉使也太轻视我宛国了！"于是遣送汉使离去，又指令宛国东部边境的郁成王拦截袭击汉使，杀死了汉使，抢走了汉使的财物。天子得知后大怒。曾经出使过大宛的姚定汉等人建议说："大宛兵力薄弱，只须派出不超过三千人的汉兵，用强弩射击宛兵，就能攻破大宛。"天子派曾经出使西域的浞野侯赵破奴攻打楼兰，他以七百骑兵先攻进楼兰，俘虏了楼兰王，他认为姚定汉等人的建议可行。为了让曾经受宠爱的已故李夫人的兄弟有机会得到封侯，天子就任命李广利为将军，讨伐大宛。

张骞的孙子名猛，字子游，有卓越的才能，元帝时任光禄大夫，出使过匈奴，做过给事中，后来被石显诬陷而自杀。

东方朔传

东方朔是汉武帝的弄臣。西汉文学家，善辞赋。性情诙谐滑稽，敢于直言政治得失，但终不得重用。曾作散文赋《答客难》，抒泄不能施展才智的苦闷。

本篇节选了《东方朔传》前半部分。文中以生动的事实，刻划了东方朔直言不讳、诙谐不羁的性格。其中“拔剑割肉”、“射覆”等故事，叙事生动，言语诙谐，富于喜剧色彩。

东方朔字曼倩，平原厌次人也①。武帝初即位，征天下举方正贤良文学材力之士②，待以不次之位③，四方士多上书言得失，自衒鬻者以千数④，其不足采者辄报闻罢。朔初来，上书曰：“臣朔少失父母，长养兄嫂。年十三学书，三冬文史足用。十五学击剑。十六学《诗》《书》⑤，诵二十二万言。十九学孙吴兵法⑥，战阵之具，钲鼓之教⑦，亦诵二十二万言。凡臣朔固已诵四十四万言。又常服子路之言。臣朔年二十二，长九尺三寸，目若悬珠，齿若编贝，勇若孟贲⑧，捷若庆忌⑨，廉若鲍叔⑩，信若尾生⑪。若此，可以为天子大臣矣。臣朔昧死再拜以闻。”

【注释】

①平原：郡名。包括今山东省平原、陵县、禹城、齐河、临邑、商河、惠民、阳信等地。厌次：县名。在今山东省惠民县东。②方正贤良文学：汉代举用人才的科目。③不次：不拘于常格。④自衒鬻(xuàn yù)：卖弄自己的才能。⑤《诗》：《诗经》。《书》：《尚书》。⑥孙：孙武。春秋时齐国人，著名军事家。著有《孙子》十三篇。吴：吴起。战国时魏国人，军事家。⑦钲(zhēng)鼓之教：指军事教练。古代行军时敲钲表示停止，击鼓表示行动。此处以钲鼓代替军事。⑧孟贲：战国时卫人（一说齐人）。勇士，传说可活拔牛角。⑨庆忌：春秋时吴王僚的儿子。行动敏捷灵活。传说能走追奔兽，手接飞鸟，驰马追不上，箭射不中。⑩鲍叔：鲍叔牙，春秋时齐国大夫。古代廉士。传说他与管仲合作经商，分盈利，总是多分与管仲。⑪尾生：传说中古代守信用之士。曾约一女子桥下相会，女子没来，潮水上涨，他为了不失信约，抱住桥柱子被淹死。

朔文辞不逊，高自称誉，上伟之，令待诏公车[①]，奉禄薄，未得省见。

久之，朔绐驺朱儒[②]，曰：“上以若曹无益于县官[③]，耕田力作固不及人，临众处官不能治民，从军系虏不任兵事，无益于国用，徒索衣食，今欲尽杀若曹。”朱儒大恐，啼泣。朔教曰：“上即过，叩头请罪。”居有顷，闻上过，朱儒皆号泣顿首。上问："何为？"对曰："东方朔言上欲尽诛臣等。"上知朔多端，召问朔："何恐朱儒为？"对曰："臣朔生亦言，死亦言。朱儒长三尺余，奉一囊粟，钱二百四十。臣朔长九尺余，亦奉一囊粟，钱二百四十。朱儒饱欲死，臣朔饥欲死。臣言可用，幸异其礼；不可用，罢之，无令但索长安米。"上大笑，因使待诏金马门④，稍得亲近。

【注释】

① 公车：汉代官署名。卫尉下属机构。臣民上书被征召都由公车署接待。② 绐（dài）：哄骗。驺（zōu）：看马圈的人。朱儒：同"侏儒"。矮子。此为供宫中取乐兼做杂事的伶人。③ 若曹：你们这些人。若，你。曹，辈。县官：指朝廷，或指皇帝。④ 金马门：汉代未央宫前有铜马，因称为金马门。武帝使学士待诏于此，充任顾问。

上尝使诸数家射覆①，置守宫盂下②，射之，皆不能中。朔自赞曰③："臣尝受《易》④，请射之。"乃别蓍布卦而对曰⑤："臣以为龙又无角，谓之为蛇又有足⑥，跂跂脉脉善缘壁⑦，是非守宫即蜥蜴。"上曰："善。"赐帛十匹。复使射他物，连中，辄赐帛。

【注释】

① 数家：指研究占候、卜筮、星宿的人。射覆：把东西遮盖在盆下，让人猜是什么。② 守宫：壁虎。③ 自赞：自我

介绍。④《易》：古代讲卜筮的书。⑤ 蓍（shī）：草名。古代用蓍草占卜。⑥ 虵："蛇"的俗字。⑦ 跂跂（qí）：虫爬行的样子。脈脈（mò）：脈，通"脈"。看的样子。

时有幸倡郭舍人[①]，滑稽不穷[②]，常侍左右，曰："朔狂，幸中耳，非至数也[③]。臣愿令朔复射，朔中之，臣榜百[④]，不能中，臣赐帛。"乃覆树上寄生[⑤]，令朔射之。朔曰："是窭数也[⑥]。"舍人曰："果知朔不能中也。"朔曰："生肉为脍[⑦]，干肉为脯[⑧]；著树为寄生，盆下为窭数。"上令倡监榜舍人，舍人不胜痛，呼謈[⑨]。朔笑之曰："咄[⑩]！口无毛，声謷謷[⑪]，尻益高[⑫]。"舍人恚曰："朔擅诋欺天子从官，当弃市[⑬]。"上问朔："何故诋之？"对曰："臣非敢诋之，乃与为隐耳[⑭]。"上曰："隐云何？"朔曰："夫口无毛者，狗窦也；声謷謷者，鸟哺鷇也[⑮]；尻益高者，鹤俛啄也[⑯]。"舍人不服，因曰："臣愿复问朔隐语，不知，亦当榜。"即妄为谐语曰："令壶龃，老柏涂，伊优亚，狋吽牙[⑰]。何谓也？"朔曰："令者，命也。壶者，所以盛也。龃者，齿不正也。老者，人所敬也。柏者，鬼之廷也[⑱]。涂者，渐洳径也[⑲]。伊优亚者，辞未定也。狋吽牙者，两犬争也。"舍人所问，朔应声辄对，变诈锋出，莫能穷者，左右大惊。上以朔为常侍郎，遂得爱幸。

【注释】

① 幸倡：得宠的宫廷艺人。② 滑稽（gǔ jī）：指能言善

辩，幽默风趣。③ 数：数术，也称术数。古代关于天文、历法、占卜的学问。④ 榜(péng)：通“搒”。鞭打。⑤ 寄生：芝菌之类。寄生在树上。⑥ 窭数(jù shǔ)：头上顶东西用的垫子。⑦ 脍(kuài)：细切的肉。⑧ 脯：肉干。⑨ 暑(bó)：痛极大声呼叫。⑩ 咄(duō)：叹词。表示呵叱或轻蔑。⑪ 謷(áo)謷：通“嗷嗷”。哀鸣声。⑫ 尻：臀部。⑬ 弃市：古代死刑的一种。在闹市执刑，并陈尸街头示众。⑭ 隐：隐语。类似现在的谜语。⑮ 彀(kòu)：须母鸟哺食的雏鸟。⑯ 俛(fǔ)：同“俯”。⑰ 狋吽(yín ōu)牙：犬相斗的叫声。⑱ 鬼之廷：墓地多种柏树，故谓鬼廷。⑲ 渐洳：浸湿。

久之，伏日，诏赐从官肉。大官丞日晏不来[①]，朔独拔剑割肉，谓其同官曰：“伏日当蚤归[②]，请受赐。”即怀肉去。大官奏之。朔入，上曰：“昨赐肉，不待诏，以剑割肉而去之，何也？”朔免冠谢。上曰：“先生起自责也。”朔再拜曰：“朔来[③]！朔来！受赐不待诏，何无礼也！拔剑割肉，壹何壮也！割之不多，又何廉也！归遗细君[④]，又何仁也！”上笑曰：“使先生自责，乃反自誉！”复赐酒一石[⑤]，肉百斤，归遗细君。

【注释】

① 大官丞：官名。掌管宫廷膳食。晏(yàn)：晚。② 蚤：通“早”。③ 来：语气词。④ 遗(wèi)：赠送。细君：古代诸侯的妻称小君，也称细君。后为妻子的通称。⑤ 石

(dàn)：容量单位。十斗为一石。

初，建元三年①，微行始出②，北至池阳③，西至黄山④，南猎长杨⑤，东游宜春⑥。微行常用饮酎已⑦。八九月中，与侍中常侍武骑及待诏陇西北地良家子能骑射者期诸殿门⑧，故有“期门”之号自此始⑨。微行以夜漏下十刻乃出⑩，常称平阳侯⑪。旦明，入山下驰射鹿豕狐兔，手格熊罴，驰骛禾稼稻秔之地⑫。民皆号呼骂詈⑬，相聚会，自言鄠杜令⑭。

【注释】

① 建元三年：公元前138年。② 微行：便装出行，不显露尊贵的身份。③ 池阳：汉宫名。在今陕西泾阳西北。④ 黄山：汉宫名。在今陕西兴平西南。⑤ 长杨：汉宫名。在今陕西省周至县东南。⑥ 宜春：汉宫名。在今陕西西安东南。⑦ 饮酎(zhòu)：宗庙里一种隆重祭祀。汉制，八月饮酎于宗庙。酎，醇酒。⑧ 陇西：郡名。今甘肃省东南部。北地：古代郡名。约当今宁夏、甘肃东北部。⑨ 期门：官名。执兵器，护卫皇帝出入。原为汉武帝微行时的侍从。⑩ 夜漏：古代夜间用铜壶漏水，计算时刻。⑪ 平阳侯：曹寿。娶汉武帝姊为妻，很受尊宠。⑫ 秔(jīng)：同“粳”。⑬ 詈(lì)：骂。⑭ 鄠杜：鄠县、杜陵。鄠县，属右扶风。在今陕西省境内。

令往，欲谒平阳侯，诸骑欲击鞭之。令大怒，使吏呵止，猎者数骑见留，乃示以乘舆物①，久之乃得去。时夜出夕还，后赍五日粮②，会朝长信宫③，上大驩乐之④。是后，南山下乃知微行数出也，然尚迫于太后，未敢远出。丞相御史知指⑤，乃使右辅都尉徼循长杨以东⑥，右内史发小民共待会所⑦。后乃私置更衣，从宣曲以南十二所，中休更衣，投宿诸宫，长杨、五柞、倍阳、宣曲尤幸⑧。于是上以为道远劳苦，又为百姓所患，乃使太中大夫吾丘寿王与待诏能用算者二人⑨，举籍阿城以南⑩，盩厔以东⑪，宜春以西，提封顷亩，及其贾直⑫，欲除以为上林苑，属之南山⑬。又诏中尉、左右内史表属县草田，欲以偿鄠杜之民。吾丘寿王奏事，上大说称善⑭。时朔在傍，进谏曰：

【注释】

① 示：给人看。② 赍：装备，携带。③ 长信宫：汉宫名。太后所居。皇帝每五天一次朝谒太后。④ 驩：通“欢”。⑤ 指：通“旨”。⑥ 右辅都尉：官名。西汉以京兆、冯翊、扶风为三辅，元鼎四年(前 113)置三辅都尉。徼循：巡逻。⑦ 右内史：官名。掌治京师。景帝二年分置左右内史，武帝太初元年更名右内史为京兆尹，左内史为左冯翊。⑧ 五柞、倍阳、宣曲：皆汉行宫名。幸：特指皇帝到某处去。⑨ 太中大夫：官名。掌议论。吾丘寿王：武帝时为侍中，后来官至光禄大夫。⑩ 阿城：秦阿房宫旧址。在今西安西。⑪ 盩厔(zhōu zhì)：县名。今作“周至”。⑫ 直：通“值”，价值。⑬ 属(zhǔ 主)：连接。⑭ 说：通“悦”。

臣闻谦逊静悫①，天表之应，应之以福；骄溢靡丽，天表之应，应之以异。今陛下累郎台②，恐其不高也；弋猎之处，恐其不广也。如天不为变，则三辅之地尽可以为苑，何必盩厔、鄠杜乎！奢侈越制，天为之变，上林虽小，臣尚以为大也。

夫南山③，天下之阻也，南有江淮，北有河渭，其地从汧陇以东④，商雒以西⑤，厥壤肥饶。汉兴，去三河之地⑥，止霸产以西⑦，都泾渭之南，此所谓天下陆海之地⑧，秦之所以虏西戎兼山东者也⑨。其山出玉石，金、银、铜、铁，豫章、檀、柘，异类之物，不可胜原，此百工所取给，万民所卬足也⑩。又有秔稻梨栗桑麻竹箭之饶，土宜姜芋，水多蛙鱼，贫者得以人给家足，无饥寒之忧。故酆镐之间号为土膏⑪，其贾亩一金。今规以为苑，绝陂池水泽之利，而取民膏腴之地，上乏国家之用，下夺农桑之业，弃成功，就败事，损耗五谷，是其不可一也。且盛荆棘之林，而长养麋鹿，广狐兔之苑，大虎狼之虚⑫，又坏人冢墓，发人室庐，令幼弱怀土而思，耆老泣涕而悲，是其不可二也。斥而营之⑬，垣而囿之，骑驰东西，车骛南北，又有深沟大渠，夫一日之乐不足以危无堤之舆⑭，是其不可三也。故务苑囿之大，不恤农时，非所以强国富人也。

【注释】

① 悫(què)：诚实，谨慎。② 郎：通“廊”。堂下四周的厢房。③ 南山：终南山。在今陕西省西安市以南。④ 汧(qiān)：汧水。渭河支流。陇：陇山。⑤ 商：商县。

今陕西省商洛市商州区。雒(luò):上洛县。大致在今陕西省商洛市区域。⑥ 三河:地名。西汉以河内、河南、河东三郡为三河。即今河南省洛阳市黄河南北一带。因地处中原,汉以前多建都此地。⑦ 霸:灞水,关中八川之一。产:浐水,关中八川之一。⑧ 陆海之地:关中山川物资富饶,故称陆海。⑨ 西戎:西部边境少数民族的总称。山东:秦汉时称崤山、华山以东为山东。即关东,指战国时秦以外六国。⑩ 卬(yǎng):仰仗,依靠。⑪ 酆(fēng):地名。在今陕西省户县东。镐:镐京。地名。在今陕西省西安西南。⑫ 虚:通"墟"。⑬ 斥:丈量。⑭ 无堤(dī):无限度。

夫殷作九市之宫而诸侯畔[①],灵王起章华之台而楚民散[②],秦兴阿房之殿而天下乱。粪土愚臣,忘生触死,逆盛意,犯隆指,罪当万死,不胜大愿,愿陈《泰阶六符》[③],以观天变,不可不省。

是日因奏《泰阶》之事,上乃拜朔为太中大夫给事中,赐黄金百斤。然遂起上林苑,如寿王所奏云。

久之,隆虑公主子昭平君[④],尚帝女夷安公主[⑤],隆虑主病困,以金千斤钱千万为昭平君豫赎死罪,上许之。隆虑主卒,昭平君日骄,醉杀主傅[⑥],狱系内官[⑦]。以公主子,廷尉上请请论。左右人人为言:"前又入赎,陛下许之。"上曰:"吾弟老有是一子[⑧],死以属我[⑨]。"于是为之垂涕叹息,良久曰:"法令者,先帝所造也,用弟故而诬先帝之法,吾何面目入高庙乎!又下负万民。"乃可其奏,哀不能自止,左右尽悲。朔前上寿，曰："臣闻圣王为政，赏不避仇雠，诛不择骨肉。《书》曰：'不偏不党，王道荡荡⑩。'此二者，五帝所重⑪，三王所难也⑫。陛下行之，是以四海之内元元之民各得其所，天下幸甚！臣朔奉觞，昧死再拜上万岁寿。"上乃起，入省中⑬，夕时召让朔⑭，曰："传曰'时然后言，人不厌其言'⑮。今先生上寿，时乎？"朔免冠顿首曰："臣闻乐太甚则阳溢，哀太甚则阴损，阴阳变则心气动，心气动则精神散，精神散而邪气及。销忧者莫若酒，臣朔所以上寿者，明陛下正而不阿，因以止哀也。愚不知忌讳，当死。"先是，朔尝醉入殿中，小遗殿上，劾不敬。有诏免为庶人，待诏宦者署⑯，因此对复为中郎，赐帛百匹。

【注释】

① 九市之宫：殷纣王造宫室七十三所，大宫百里，在宫中设九市。畔：通"叛"。② 章华之台：战国时楚灵王所建。在今湖北省监利县西北。③ 泰阶：星名。即三台，每台二星，共六星。六符：六星的应验。古人以为天星与人事相应和，天星有变异，必主人事变化。传说黄帝著有《泰阶六符经》。④ 隆虑（lú）：县名。属河内郡。今河南省林州市。⑤ 尚：特指娶公主为妻。⑥ 傅：保姆。⑦ 内官：官署名。⑧ 弟：女弟，妹妹。⑨ 属：通"嘱"。⑩ 不偏不党，王道荡荡：语出《尚书·洪范》。⑪ 五帝：传说中的五位古代帝王。一说为伏羲、神农、黄帝、尧、舜。⑫ 三王：夏禹、商汤、周文王。⑬ 省中：汉代称宫中为禁中，到元帝时，因皇后父名禁，避讳改称省中。⑭ 让：责备。⑮ 时然后言，人不厌其

言：语出《论语・宪问》。⑯ 宦者署：宦者令的衙署，靠近皇宫。

初，帝姑馆陶公主号窦太主①，堂邑侯陈午尚之。午死，主寡居，年五十余矣，近幸董偃。始偃与母以卖珠为事，偃年十三，随母出入主家。左右言其姣好，主召见，曰："吾为母养之。"因留第中，教书计相马御射，颇读传记。至年十八而冠，出则执辔，入则侍内。为人温柔爱人，以主故，诸公接之，名称城中，号曰"董君"。主因推令散财交士，令中府曰②："董君所发，一日金满百斤，钱满百万，帛满千匹，乃白之。"安陵爰叔者，爰盎之兄子也③，与偃善，谓偃曰："足下私侍汉主，挟不测之罪，将欲安处乎？"偃惧曰："忧之久矣，不知所以。"爰叔曰："顾城庙远无宿宫④，又有萩竹籍田⑤，足下何不白主献长门园⑥？此上所欲也。如是，上知计出于足下也，则安枕而卧，长无惨怛之忧。久之不然，上且请之，于足下何如？"偃顿首曰："敬奉教。"入言之主，主立奏书献之。上大说⑦，更名窦太主园为长门宫。主大喜，使偃以黄金百斤为爰叔寿。

【注释】

① 窦太主：汉武帝的姑母，窦太后的女儿。汉制，皇帝的女儿称公主；皇帝的姐妹称长公主；皇帝的姑母称太主。② 中府：官名。掌管金帛的官。③ 爰盎：字丝，汉文帝时为中郎将。④ 顾成庙：文帝的祠庙。⑤ 萩：同"楸"，树

名。籍田：皇帝每年举行亲耕仪式的田地。⑥ 长门园：窦太主有长门园，献给汉武帝改名长门宫。长门，在长安城东南。⑦ 说：通“悦”。

叔因是为董君画求见上之策，令主称疾不朝。上往临疾，问所欲，主辞谢曰：“妾幸蒙陛下厚恩，先帝遗德，奉朝请之礼，备臣妾之仪，列为公主，赏赐邑入，隆天重地，死无以塞责。一日卒有不胜洒扫之职[①]，先狗马填沟壑，窃有所恨，不胜大愿，愿陛下时忘万事，养精游神，从中掖庭回舆，枉路临妾山林[②]，得献觞上寿，娱乐左右。如是而死，何恨之有！”上曰：“主何忧，幸得愈。恐群臣从官多，大为主费。”上还。有顷，主疾愈，起谒，上以钱千万从主饮。后数日，上临山林，主自执宰敝膝[③]，道入登阶就坐[④]。坐未定，上曰：“愿谒主人翁。”主乃下殿，去簪珥，徒跣顿首谢曰：“妾无状，负陛下，身当伏诛。陛下不致之法，顿首死罪。”有诏谢。主簪履起，之东箱自引董君[⑤]，董君绿帻傅韝[⑥]，随主前，伏殿下。主乃赞：“馆陶公主胞人臣偃昧死再拜谒。”因叩头谢，上为之起。有诏赐衣冠上。偃起，走就衣冠。主自奉食进觞。当是时，董君见尊不名，称为“主人翁”，饮大驩乐。主乃请赐将军列侯从官金钱杂缯各有数。于是董君贵宠，天下莫不闻。郡国狗马蹴鞠剑客辐凑董氏[⑦]。常从游戏北宫，驰逐平乐[⑧]，观鸡鞠之会[⑨]，角狗马之足[⑩]，上大欢乐之。于是上为窦太主置酒宣室[⑪]，使谒者引内董君。

【注释】

①卒:通"猝",突然。②山林:此代指窦太主府第。③执宰敝膝:穿上厨子的围裙。④道(dǎo):引导,引路。⑤箱:通"厢",厢房。⑥绿帻:古代侍役戴的帽子。傅耩(gōu):戴着套袖。耩,皮革制的套袖。⑦蹴(cù)鞠:古时一种踢球游戏。辐凑:辐,车轮的辐条,三十根辐条与车轮中心的圆木(毂)相接,比喻聚集,如车辐集中于毂。⑧平乐:观名。在上林苑中。⑨鸡鞠:斗鸡和踢球的游戏。⑩角:较量。⑪宣室:未央宫前殿的正室。

是时,朔陛戟殿下,辟戟而前曰:"董偃有斩罪三,安得入乎?"上曰:"何谓也?"朔曰:"偃以人臣私侍公主,其罪一也。败男女之化,而乱婚姻之礼,伤王制,其罪二也。陛下富于春秋[1],方积思于《六经》[2],留神于王事,驰骛于唐虞[3],折节于三代[4],偃不遵经劝学,反以靡丽为右,奢侈为务,尽狗马之乐,极耳目之欲,行邪枉之道,径淫辟之路[5],是乃国家之大贼,人主之大蜮[6]。偃为淫首,其罪三也。昔伯姬燔而诸侯惮[7],奈何乎陛下?"上默然不应,良久曰:"吾业已设饮,后而自改。"朔曰:"不可。夫宣室者,先帝之正处也,非法度之政不得入焉。故淫乱之渐,其变为篡,是以竖貂为淫而易牙作患[8],庆父死而鲁国全[9],管蔡诛而周室安[10]。"上曰:"善。"有诏止,更置酒北宫,引董君从东司马门。东司马门更名东交门。赐朔黄金三十斤。董偃之宠由是日衰,至年三十而终。后

数岁，窦太主卒，与董君会葬于霸陵。是后，公主贵人多逾礼制，自董偃始。

【注释】

①春秋：指年龄。富于春秋，犹言年富力强，来日方长。②《六经》：指《诗经》、《尚书》、《易经》、《春秋经》、《仪礼》、《乐记》六部经典。③唐：陶唐氏。传说中远古部落名，尧为部落酋长。虞：有虞氏。传说中远古部落名，舜为部落酋长。相传唐、虞时代为太平盛世。④三代：夏、商、周称为三代。⑤淫辟（pì）：即淫僻，放纵邪恶。辟，通“僻”。⑥蜮（yù）：传说使人发病的动物。以喻阴险小人。⑦伯姬：宋恭姬。春秋时鲁国人。宫中失火，因为守礼，被烧死。燔（fán）：烧。⑧竖貂、易牙：都是春秋时齐桓公的内监，很得宠信，桓公病，他们阴谋作乱。⑨庆父：春秋时鲁桓公的儿子，庄公的弟弟。庄公死后，庆父杀了庄公的儿子闵公作乱，失败后逃莒国。僖公即位后，以重金请莒国送回庆父。途中庆父自杀，僖公正式继位。⑩管蔡：管叔鲜、蔡叔度。都是周武王的弟弟。成王年幼，周公摄政，管、蔡联合纣的儿子武庚作乱，后来武庚、管叔被杀，蔡叔被囚禁。

时天下侈靡趋末[①]，百姓多离农亩。上从容问朔：“吾欲化民，岂有道乎？”朔对曰：“尧、舜、禹、汤、文、武、成、康上古之事，经历数千载，尚难言也，臣不敢陈。愿近述孝文皇帝之时，当世耆老皆闻见之。贵

为天子，富有四海，身衣弋绨②，足履革舄③，以韦带剑④，莞蒲为席⑤，兵木无刃，衣缊无文⑥，集上书囊以为殿帷⑦；以道德为丽，以仁义为准。于是天下望风成俗，昭然化之。今陛下以城中为小，图起建章⑧，左凤阙⑨，右神明⑩，号称千门万户；木土衣绮绣，狗马被缋罽⑪；宫人簪瑇瑁，垂珠玑；设戏车⑫，教驰逐，饰文采，藂珍怪⑬；撞万石之钟，击雷霆之鼓，作俳优，舞郑女。上为淫侈如此，而欲使民独不奢侈失农，事之难者也。陛下诚能用臣朔之计，推甲乙之帐燔之于四通之衢，却走马示不复用，则尧舜之隆宜可与比治矣。《易》曰：'正其本，万事理；失之豪厘，差之千里。'愿陛下留意察之⑭。"

朔虽诙笑，然时观察颜色，直言切谏，上常用之。自公卿在位，朔皆敖弄⑮，无所为屈。

——节选自《东方朔传》

【注释】

① 趋末：从事工商业。末，古书中常以本指农业，末指工商业。② 弋绨：黑色的粗织厚帛。③ 革舄(xì)：生皮做的鞋。④ 韦带：古代贫贱人系的无饰物的皮带。⑤ 莞蒲：皆草名。可制席。⑥ 衣缊：旧乱絮铺成的衣服。⑦ 上书囊：封奏章用的青布袋。⑧ 建章：汉宫名。在未央宫西，长安城外。⑨ 凤阙：建章宫的门观。⑩ 神明：建章宫的台名。祭祀神仙的地方。⑪ 缋罽(huì jì)五彩的毛毯。缋，通"绘"。⑫ 戏车：表演杂技的车。⑬ 藂：同"丛"。⑭ 正

其本，万事理；失之豪厘，差之千里：今本《易经》无此语。《大戴礼记·保傅》引："《易》曰：'正其本，万物理；失之毫厘，差之千里，故君子慎失也。'"豪，通"毫"。⑮ 敖：通"傲"，轻视。

【翻译】

东方朔字曼倩，是平原郡厌次县人。武帝登位不久，征请全国各地推举方正、贤良文学等有才能的人士，以破格授给的职位任用他们，各地的士人纷纷上书谈论国家政治的得失，炫耀卖弄自己才能的人数以千计。其中不值得录用的就通知他们，上书已经看了，可以回家去。东方朔初到长安，就上书给汉武帝说："我东方朔从小失去了父母，由哥哥嫂嫂抚养大。十三岁开始读书，三年学会了文书和记事，十五岁学击剑。十六岁学习《诗经》、《尚书》，背诵了二十二万字。十九岁学习孙吴兵法，有关战阵的陈述、作战时队伍进退的节制等篇章，也背诵了二十二万字。我统共已经背诵了四十四万字的书，还牢记了子路的一些格言。我今年二十二岁，身高九尺三寸，眼睛像挂起的珍珠那样明亮，牙齿像编串起来的贝壳那样整齐洁白，像孟贲一样勇敢，像庆忌一样敏捷，像鲍叔那样廉洁无私，像尾生那样恪守信约。像这样的人，可以做天子的大臣了。我东方朔冒死再拜向皇帝禀告。"

东方朔上书的文辞不谦逊，赞扬美化抬高自己，武帝却认为他奇伟，命令他在公车署待诏，但俸禄微薄，没能得到武帝的接纳进见。

过了很久，有一次东方朔哄骗宫中看马圈的侏儒，说：

"皇上认为你们这些人对朝廷毫无益处。耕田劳作当然赶不上别人,居于民众之上作官任职又不能治理民事,参军杀敌不能胜任用兵作战之事,对国家没有益处,白白地耗尽衣食,如今皇上想把你们全杀掉。"侏儒听说后十分恐惧,哭哭啼啼。于是东方朔教唆他们说:"皇帝就要从这里经过,你们叩头请罪。"过了不久,听说皇帝路过,侏儒都跪在地上,一边哭着一边磕头。皇上问:"你们为什么这样?"侏儒回答说:"东方朔说皇上想要把我们全都诛杀。"皇上知道东方朔花招多,召见并责问东方朔:"你为什么恐吓那些侏儒呢?"东方朔回答说:"我活也要说,死也要说。侏儒高刚过三尺,俸禄是一袋粟,钱是二百四十。我东方朔身长九尺多,俸禄也是一袋粟,钱也是二百四十。侏儒饱得要死,我东方朔饿得要死。我的话如果可采用,希望用不同的礼节待我,不可采用,请让我回家,不要让我白吃长安米。"武帝听了大笑起来,因此让东方朔在金马门待诏,渐渐地得到皇帝的亲近。

武帝曾经让一些擅长占卜的人射覆,把壁虎扣在盆子下面,让他们猜是什么,都没猜中。东方朔自我介绍说:"我曾经学过《易经》,请允许我猜猜是什么。"于是他把蓍草摆成各种卦局,然后回答说:"我以为,说他是龙又没有角,说它是蛇又长有脚,跂跂而行脉脉视,善爬壁,这物不是壁虎就是蜥蜴。"武帝说:"猜得对!"赏给他十匹帛。又让他猜别的东西,接连都猜中了,每次都赏给他帛。

当时,宫中有个受宠幸的伶官叫郭舍人,滑稽至极,时常在武帝左右侍从,他说:"东方朔太狂妄,不过是侥幸猜中罢了,并不是有实在的数术。我希望让他再猜,东方朔猜中了，鞭打我一百下，不能猜中，就赏给我帛。”于是把树上长的寄生扣在盆子下面，让东方朔猜。东方朔说：“是窭薮。”郭舍人说：“果然知道他不能猜中。”东方朔说：“鲜肉叫脍，干肉叫脯，附着在树上叫寄生，在盆子下面就叫窭薮。”皇帝命令乐工监督鞭打郭舍人，郭舍人忍不住痛，大声呼叫。东方朔讥笑他说：“咄，嘴上无毛，叫声嗷嗷，屁股越来越高。”郭舍人怨恨地说：“东方朔竟敢随意诋毁欺辱天子的侍从官，应该判他弃市的死罪。”武帝责问东方朔说：“你为什么诋毁他？”东方朔回答说：“我不敢诋毁他，只是与他说了个谜语。”武帝说：“说了个什么谜语？”东方朔说：“所说的嘴上无毛，就是狗洞；叫声嗷嗷，是母鸟给雏鸟喂食时的鸣叫；屁股撅得越来越高，那是鹤低头啄食的样子。”郭舍人不服气，于是说：“我希望也问东方朔一个谜语，如果不知道，也应该鞭打。”随即胡乱编了个谐音的谜语说：“令壶龃，老柏涂，伊优亚，狋吽牙。说的是什么？”东方朔说：“令，就是命令。壶，是用来盛水的。龃，是牙齿长得不正。老，是人所尊敬的老人。柏，是鬼的厅府。涂，就是潮湿的路。伊优亚，是说话含糊不清。狋吽牙，是两只狗打架。”郭舍人问的谜语，东方朔应声对答，变化奇巧锋芒毕出。没有哪个谜语能够难住他的，在场的人都十分惊讶。于是皇上任命东方朔为常侍郎，竟得到了亲近和宠用。

过了很久，在一个三伏天，武帝命令把肉赏给侍从官员。天晚了大官丞还不来分肉，东方朔独自拔出剑割了块肉，然后对他的同僚们说：“三伏天应当早点儿回家，请允许我接受皇上的赏赐。”随即把肉包好携带着离去。大官丞把这件事上奏给皇帝，东方朔上朝时，武帝说："昨天赐肉，你不等诏令下来，就用剑割了肉离开，为什么？"东方朔脱下帽子谢罪。武帝说："先生站起来责备自己吧。"东方朔再拜说："东方朔呀！东方朔呀！你受皇帝的赏赐不等诏令下，是多么无礼！拔剑割肉，举动是多么豪壮！割的肉不多，又是多么廉洁！回家把肉送给妻子吃，又是多么仁爱啊！"武帝笑了起来，说："让先生责备自己，竟反而称赞起自己来了！"又赏给他一石酒，一百斤肉，让他回家送给妻子。

当初，在建元三年，武帝开始便装出行，从长安出发，往北到了池阳，往西到了黄山宫，往南到了长杨，往东到了宜春宫，四处游玩射猎。皇帝便装出行往往在每年新酒酿成宗庙饮酎完毕的时候。八、九月间，随从的侍中、常侍、武骑常侍，以及待诏的陇西和北地能骑善射的良家子弟期候于殿门，因此这个时候开始有了"期门"的称号。皇帝微服出行在夜漏下了十刻便出发，常常假称是平阳侯。天亮时，进入终南山下，或追射鹿猪狐兔，或徒手搏击熊罴，奔驰在庄稼地里。农民都大声呼喊叫骂，聚在一起，自发向鄠杜县令告发，县令前往射猎的地方，要求谒见平阳侯，那些骑手要鞭打县令，县令大怒，使吏员呵斥制止，射猎的有几个骑手被扣留，他们便以皇帝的御物出示，纠缠了好大一会儿才得离去。当时皇帝深夜出宫，第二天傍晚返回。后来就携带上五天的食品，到第五天，该到长信宫谒见太后时方才返回，皇帝对于这种便服出游射猎感到十分欢乐。从这以后，终南山下老百姓才知道是皇帝经常便装出来射猎，但武帝毕竟还是迫于太后的威严，不敢远行。丞相御史了解皇帝的心思，就派右辅都尉在长阳以东巡逻，又命令右内史调遣平民，在皇帝射猎的地方，供使用。后来又私下为皇帝设置了更衣处，并配备宫人，从宣曲宫以南，共设了十二所更衣处，专供皇帝白天休息更衣，夜晚则到各行宫住宿。当时武帝多临驾长杨宫、五柞宫、倍阳宫、宣曲宫。汉武帝觉得这样路远劳苦，又被老百姓所厌恨，于是命令太中大夫吾丘寿王与两个会算术的待诏官员，将阿房宫以南，周至县以东，宜春宫以西的地区，总计其中农田的顷亩数，及折合价值多少，统行计算登录，编成簿册，打算在这里建成上林苑，使它与终南山相接。武帝又诏令中尉，左右内史标划出属县的荒地，想以此抵偿给鄠杜的农民。吾丘寿王向皇帝奏上了所做的事，皇上很高兴，称赞他做得好。当时东方朔在旁边，他向皇帝规劝说：

“我听说，为人谦逊清静谨慎，天会显示报应，用福泽来报应他；为人骄纵奢华，天会显示报应，用灾祸来报应他。如今陛下修建台观廊屋，唯恐其不高，射猎的地方，唯恐其不广。如果天不降灾难，那么三辅地区都可以当作您弋猎的苑囿，何必局限于周至、鄠、杜这个范围呢？奢侈超越了礼制，天就要为此而降下灾难，上林苑虽小，我还认为它太大了。

终南山是天下险要的地方，南有长江、淮河，北有黄河、渭水。这块地方，起自汧水、陇坻以东，直至商县与上洛县以西，土壤肥沃，物产富饶。汉朝建立的时候，离开三河郡，居留在灞水、浐水以西，定都在泾水、渭水以南的长安，这一带被称为天下陆海之地，秦国正是靠着它降服西戎吞并山东六国的。这一带山上出产玉石、金、银、铜、铁等矿产，又出产豫章、檀香、柘树等珍贵木材，异类的奇物，不可究尽它的原本，这里有工匠取之不尽的原料，是老百姓赖以致富的宝地。这里又有秔稻、梨树、栗子树、桑、麻、竹箭的丰饶，土壤适宜种植姜和芋头，江河盛产蛙、鱼。穷人靠这些丰衣足食，没有受饥寒之苦的忧虑。所以鄠县、镐京之间号称沃土膏壤，这里的地价每亩值一斤黄金。如今把它圈为苑囿，断绝了陂池水泽的利益，而又占取了农民肥沃的土地，对上而言使国家的财用匮乏，对下而言剥夺了百姓赖以谋生的农桑之业。丢弃成功，趋就失败，削减了粮食收入，这是不可修上林苑的第一个原因。况且，使荆棘之林日滋繁茂，以生长养育麋鹿，使狐兔活动的园地增广，使虎狼栖息的丘墟扩大，又毁坏人家的坟墓，拆除人家居室屋庐，使幼弱的人怀念乡土而愁思，耆年老人涕泣而悲哀，这是不可修建上林苑的第二个原因。开拓土地而营造上林，筑垣墙圈围上林，马骑驰骋于东西，车驾纵奔于南北，又有深沟大渠，一日田猎的欢乐没有尽兴却危及天子无限的富贵，这是不可修上林苑的第三个原因。因此，一味追求苑囿的广大，不体恤农时，不是强国富民的作法。

殷纣王修建九市之宫，因而诸侯反叛，楚灵王筑起章华台，因而楚民离散，秦朝兴建阿房宫殿，因而天下大乱。我是像粪土一样的愚昧臣子，忘生命而触犯死罪，背逆皇上隆盛的旨意，罪该万死，不能了却一片心愿，我愿陈述《泰阶六符经》，用它来观察天的变异，这是不可不明察的。”

这天东方朔因为上奏《泰阶六符经》的事，武帝封东方朔做了太中大夫、给事中，并赏赐黄金一百斤。然而武帝却仍然按照吾丘寿王奏明的计划，修建了上林苑。

过了很久，隆虑公主的儿子昭平君，娶了汉武帝的女儿夷安公主。隆虑公主病危时，用黄金千斤、钱一千万替昭平君预先赎免死罪，武帝允许了她。隆虑公主死后，昭平君日益骄纵，有一次喝醉了酒，杀死了夷安公主的保姆，被收进监狱囚禁在内官。因为他是公主的儿子，不能轻易判罪，廷尉向武帝请示，请求给昭平君定罪。皇帝的左右大臣纷纷替昭平君说好话："以前隆虑公主以重金为他赎过死罪，陛下允许了这件赎罪的事。"武帝说："我妹妹年纪大了，才生了这么个儿子，临死把他托付给我。"于是为昭平君的事流泪叹气，过了好大一会儿才说："法令，是先帝制定的，因为同情妹妹的缘故，而违背先帝的法令，我还有什么脸面进高帝的祠庙呢！再说也对不起老百姓。"于是批准了廷尉的奏请，为此武帝哀痛不止，左右的人也都十分悲伤。东方朔却走上前向皇上祝贺说："我听说，圣明的君王治理政事，行赏不撇开仇人，诛杀不管是不是亲骨肉。《尚书》上说：'不要偏私不要袒护，先王的道路才能坦荡无阻。'这两句话，是五帝所推重的，也是三王难以做到的。陛下这样做了，因此四海之内平民百姓各得其所，是国家的大幸。我东方朔敬献一杯酒，冒死再拜，祝皇上万岁。"武帝竟起身，回后宫去了，傍晚召见东方朔，责备他说："古书上说：'应该说话的时候才说话，别人就不讨厌他的话。'今天先生为我上寿，是时候吗？"东方朔摘下帽子叩头说："我听说，高兴过度就阳气过盛，悲哀过度就阴气亏损，阴阳变异就会心气激动，心气激动就使精神散乱，精神散乱邪气就趁虚而入。消愁解忧没有比酒更有效的了。我给陛下上寿的缘由，是明扬陛下刚正无私，所以才用酒为您止哀。我愚昧不知道忌讳，该死。”在这以前，东方朔曾因喝醉了酒进入殿中，在殿上小便，被弹劾犯了大不敬的罪，皇帝下令把他贬为平民，在宦官署待诏，因为这次与皇帝的对话，重新被任命为中郎，赏赐帛一百匹。

当初，武帝的姑母馆陶公主称为窦太主，堂邑侯陈午娶了她。陈午死后，太主寡居，五十多岁了，却宠幸一个叫董偃的年轻人。本来董偃与母亲以卖珠为生计，那时董偃十三岁，跟随母亲经常出入窦太主家。窦太主的侍从都夸董偃长得俊美，于是窦太主召见了董偃母子，对董偃母亲说：“我替你抚养这个孩子吧。”因而把他留在府中，教他写字、算术、相马、驾车、射猎等功课，董偃读了一些书。到十八岁时行了加冠礼，董偃已经成年，太主出门他驾车，太主回府他在身边伺奉。董偃性情温柔爱护别人，因为窦太主喜爱他的缘故，一些有地位的人也都接待他，在长安城中出了名，都称呼他“董君”。窦太主为了推荐他，让他用钱财与士人结交，并且命令中府说：“‘董君’支取出去的财物，每天金达到一百斤，钱达到一百万，帛达到一千匹，才告诉我。”安陵人爰叔，是爰盎哥哥的儿子，与董偃很要好，他对董偃说：“你私下里伺奉窦太主，暗藏着难以预料的大祸，你将怎样自处呢？”董偃恐惧地说：“我担心这件事已经很久了，不知用什么办法解决。”爰叔说：“顾成庙离长安远又没有供皇上居住的宿宫，再说那里有一片竹林和楸树林，可供皇帝游玩，又有皇帝的籍田，你为什么不禀告太主，把长门园献给皇帝呢？这正是皇帝想要的地方。这样做，皇帝知道是由你出的主意，那你就可以安睡无忧，永远没有恐惧忧伤的愁苦。如果长久不这样做，皇帝要长门园，你怎么办呢?”董偃点头说:“遵从您的教诲。”于是，董偃入府把这个主意告诉了太主，太主立即上书，把长门园献给武帝。武帝很高兴，把窦太主的长门园改名长门宫。太主也很高兴，让董偃用一百斤黄金给爰叔祝寿。

爰叔因此替董偃谋划求见皇帝的计策，让太主假装有病不能朝见皇帝。武帝亲自到窦太主府上探视疾病，问太主需要什么，太主辞谢说:“我幸运地得到皇帝的厚恩、先帝的遗德，使我能参加奉朝请的大典，行君臣之礼，置身公主的行列，享受封地的收入，这恩德天高地厚，我即使是死也无法弥补自己的愧疚。如果有一天我猝然不能尽侍奉陛下的职事，我这臣妾贱躯死去，私下有遗憾的是，不能了却我报答陛下的一片心愿，希望陛下有时也能忘掉朝中的事务，调养精神，从中掖庭返回宫中时，多弯点儿路光临我的宅第，使我有机会敬献一杯酒给陛下祝寿，娱乐在您身边。能这样，即使是死了，还有什么遗恨呢!”武帝说:“太主担忧什么? 希望你早日康复。我只是担心跟随我的群臣侍从太多，让你太破费了。”武帝返回宫去。不久，太主病好了，上朝谒见皇帝，武帝以钱一千万办酒宴同太主饮宴。过了几天，武帝来到太主府第，太主穿上厨子用的围裙，亲自引路而入，登上台阶请武帝在大厅就坐。武帝还没坐定，就说:“希望见见主人翁。”太主急忙下殿，除去簪子耳环，赤着脚磕头请罪说:“我没有脸面见人，辜负了陛下，犯下死罪。陛下不加罪于我，我磕头请罪。”武帝下诏令免太主的罪。太主戴上簪子穿上鞋站起来，前往东厢房领董偃出来。董偃戴着绿帻，穿着套袖，一副仆役的打扮，随着太主走到殿前，俯伏在殿下。太主这才介绍说："馆陶公主的厨子董偃冒死罪拜见皇帝。"董偃叩头请罪，皇帝让他起来。命令赐给他衣帽上殿。董偃起身，忙去换衣服就座。太主亲自给皇帝敬酒献食。在这时，董偃虽被尊重但没有称号，只是称呼为主人翁，席上君臣开怀痛饮，欢乐异常。于是太主奉献了许多黄金、钱、杂色丝帛，请武帝赏赐给将军、列侯、侍从官。从此董偃更加显贵尊宠，国内没有不知道他的。各郡国那些赛狗的，跑马的，踢球的，弄剑的，纷纷聚集到董偃那里。董偃经常陪同武帝在北宫游戏，到上林苑平乐观射猎、观看踢球、斗鸡、赛狗、跑马，武帝对于这样的游乐十分高兴。于是皇上在宣室设酒宴招待窦太主，让谒者引董偃进宫。

这时候，东方朔正持戟站在殿阶下，他放下戟走向前对武帝说："董偃有三条该杀的罪，怎么能放他进宫呢？"武帝说："是什么罪？"东方朔说："董偃身为皇帝的臣民，私下伺候公主，这是第一条罪。败坏男女之间的风化，扰乱婚姻大礼，破坏朝廷制度，这是第二条罪。陛下年富力强，正应该用心于《六经》，留心于国家的政事，追随唐、虞盛世，敬仰夏、商、周三代的贤君。董偃不遵从经典不劝勉学习，反而崇尚华丽，追求奢侈，极尽狗马声色之乐，走的是淫佚邪恶的歪道。这个人正是国家的大贼，迷惑皇上的阴险小人。董偃是淫逸邪恶的祸首，这是他的第三条罪状。从前，宋恭姬遇了火灾，为了恪守礼制等待保姆而被烧死，从而受到诸侯的敬佩，陛下看怎么办？"武帝沉默不回答，好大一会儿才说："我已经摆下了酒宴，以后改正就是啦。"东方朔说："不合适。宣室是先帝的正殿，不是商讨国家大事不得入内。因为淫乱开了头，就会演变成篡位的大祸，所以古时竖貂行为淫乱而与易牙相谋作乱，庆父死了鲁国才得保全，杀了管叔、蔡叔周王室才得安宁。"武帝说："好吧。"于是命令不在宣室设宴，把酒宴改设在北宫，引董偃从东司马门进宫。把东司马门改名为东交门。赏赐给东方朔黄金三十斤。从此，董偃享受的尊宠一天不如一天，活到三十岁就死了。又过了几年，窦太主也去世了，与董偃合葬在霸陵。这以后，公主贵人多有越礼的行为，就是从董偃开始的。

当时天下风气奢华，争相从事工商业，老百姓也纷纷离开农田。有一天武帝随便问东方朔："我想教化老百姓，是否有什么办法？"东方朔回答说："尧、舜、禹、汤、文王、武王、成王、康王这都是上古的事，已经经历了几千年，还难说得明白，臣不敢陈述。我愿意就近说说孝文帝时候的事，这是当今还在世的老人都知道的情形。文帝贵为天子，拥有四海之内的财富。但是，文帝身上穿着黑粗布做的衣服，脚上穿着生皮做的鞋，用没有饰物的皮带挂着剑，铺着莞蒲编的草席，兵器像木制的那样没有利刃，穿的旧絮棉衣不带文彩。用装奏章的青布袋缝成宫殿帷幕。文帝以道德高尚为美，以仁义为准绳，所以天下老百姓都仰望他的风范，蔚然成为淳厚的时俗，彰明昭著地教化了天下的民众。如今陛下嫌长安城内地方小，在城外建起建章宫，左边修了凤阙，右边修了神明台，号称千门万户；宫内土木裹着锦绣丝绸，狗马披着五彩毛毯；宫人头上簪着玳瑁，身上佩挂珠玑；设置杂耍车，倡导驰逐游猎之乐，追求装饰的文彩艳丽，收聚珍奇怪异之物；宫内撞响百万斤的大钟，敲击如雷霆巨响的大鼓，乐人演戏，郑女起舞。皇上这样奢侈无度，而竟想要老百姓不奢侈，不弃农从商，这是难以做到的事。陛下果真能采用我东方朔的意见，撤去许许多多华丽的帷帐，在四通八达的大街上烧掉，放弃那些善于奔驰的良马表示不再骑用，那就只有尧舜盛世才能与陛下的功业相媲美了。《易经》上说：'理正事物的本源，万事才有条理；开始失误毫厘，结果相差千里。'望陛下用心察省上面所说的事。"

东方朔虽然诙谐调笑，然而他时常观察皇帝的脸色情绪，适时地直言极谏，武帝常常采用他的意见。从公卿到在位的群臣，东方朔都轻视嘲弄，没有什么人是他肯屈从的。

杨 恽 传

杨恽是西汉昭帝时丞相杨敞的儿子，司马迁的外孙。宣帝时被封为平通侯，官至诸吏光禄勋。

杨恽为人轻财好义，才能过人，为官廉洁无私。但是因为自矜其才，而又刻薄不容人，多结怨于朝廷，因此被诬告废官，贬为庶人。后来退居乡间，治理产业，由于在给朋友孙会宗的回信中抒泄了对现实的不满，对礼教的抨击，从而触怒朝廷，被处以腰斩，妻、子流放酒泉。

忠弟恽①，字子幼，以忠任为郎，补常侍骑②。恽母，司马迁女也。恽始读外祖《太史公记》③，颇为《春秋》④。以材能称。好交英俊诸儒，名显朝廷，擢为左曹⑤。霍氏谋反，恽先闻知，因侍中金安上以闻，召见言状。霍氏伏诛，恽等五人皆封⑥，恽为平通侯，迁中郎将。

郎官故事⑦，令郎出钱市财用，给文书，乃得出，名曰“山郎”⑧。移病尽一日，辄偿一沐⑨，或至岁余不得沐。其豪富郎，日出游戏，或行钱得善部。货赂流行，传相放效⑩。恽为中郎将，罢山郎，移长度大司农[11]，以给财用。其疾病休谒洗沐[12]，皆以法令从事。郎、谒者有罪过[13]，辄奏免，荐举其高弟有行能者[14]，至郡守九卿。郎官化之，莫不自厉，绝请谒货赂之端，令行禁止，宫殿之内翕然同声[15]。由是擢为诸吏光禄勋，亲近用事。

【注释】

① 忠：杨忠。昭帝时丞相杨敞的长子。杨恽（yùn）之兄。② 常侍骑：郎的加官。③《太史公记》：司马迁的《史记》，原名《太史公书》，汉代或称《太史公记》、《太史公传》，东汉桓帝时始称《史记》。④《春秋》：我国第一部编年体的史书。⑤ 擢（zhuó）：提拔，提升。左曹：官名。加官。汉代有左、右曹，办理尚书事务。⑥ 恽等五人：此指告发霍氏谋反有功的五个人。张章、董忠、杨恽、金安上、史高。⑦ 故事：旧例。⑧ 山郎：西汉中期郎官俗称。当时，郎官衙署，由郎官自己出钱，供文书费用，才可以出任加官。山，是财用物资产生的地方，当时称山郎，是取自己供给财用的意思。⑨ 一沐：西汉官吏五天一休假。一沐，一个休假日。⑩ 放（fǎng）效：放，通“仿”。仿效。⑪ 长度：长年支付计划。此指一年支付计划。⑫ 休谒：探亲假。⑬ 谒者：官名。郎中令的属官，掌管接待宾客。⑭ 高弟：即高第。弟，通“第”，名次。⑮ 翕（xī）然：一致的样子。

初，恽受父财五百万，及身封侯，皆以分宗族。后母无子[1]，财亦数百万，死皆予恽[2]，恽尽复分后母昆弟。再受訾千余万[3]，皆以分施。其轻财好义如此。

恽居殿中，廉洁无私，郎官称公平。然恽伐其行治[4]，又性刻害[5]，好发人阴伏[6]，同位有忤己者[7]，必欲害之，以其能高人。由是多怨于朝廷，与太仆戴长乐相失，卒以是败。

【注释】

① 后母：继母。② 予：通“与”，给与。③ 訾（zī）：通“资”，资财。④ 伐：夸耀。⑤ 刻害：刻薄不容人。⑥ 阴伏：阴私。⑦ 忤（wǔ）：触犯。

长乐者，宣帝在民间时与相知，及即位，拔擢亲近。长乐尝使行事肄宗庙[1]，还谓掾史曰[2]：“我亲面见受诏，副帝肄秺侯御[3]。”人有上书告长乐非所宜言，事下廷尉。长乐疑恽教人告之，亦上书告恽罪：“高昌侯车犇入北掖门[4]，恽语富平侯张延寿曰：‘闻前曾有犇车抵殿门，门关折，马死，而昭帝崩。今复如此，天时，非人力也。’左冯翊韩延寿有罪下狱，恽上书讼延寿。郎中丘常谓恽曰：‘闻君侯讼韩冯翊，当得活乎？’恽曰：‘事何容易！胫胫者未必全也[5]。我不能自保，真人所谓鼠不容穴衔窭数者也[6]。’又中书谒者令宣持单于使者语，视诸将军、中朝二千石[7]。恽曰：‘冒顿单于得汉美食好物，谓之殠恶[8]，单于不来明甚。’恽上观西阁上画人，指桀纣画谓乐昌侯王武曰：‘天子过此，一二问其过，可以得师矣。’画人有尧舜禹汤，不称而举桀纣。

恽闻匈奴降者道单于见杀，恽曰：‘得不肖君，大臣为画善计不用，自令身无处所⑨。若秦时但任小臣，诛杀忠良，竟以灭亡；令亲任大臣，即至今耳。古与今如一丘之貉。’恽妄引亡国以诽谤当世，无人臣礼。又语长乐曰：‘正月以来，天阴不雨，此《春秋》所记，夏侯君所言⑩。行必不至河东矣⑪。’以主上为戏语，尤悖逆绝理。”

【注释】

① 行事：此指兼执行天子的事务。肄（yì）：演习。② 掾史：分曹治事的属吏。③ 秺侯：金赏。④ 高昌侯：董忠。犇：古“奔”字。北掖门：宫中旁门。⑤ 胫胫：固执，此指正直。胫，通“硁”。⑥ 真人：正人。窭（jù）数：头上顶东西用的垫子。⑦ 视：通“示”。中朝：汉代朝官有中朝、外朝之分。大司马，左、右、前、后将军，侍中常侍散骑诸吏都为中朝。⑧ 殠（chòu）：腐气。⑨ 身无处所：指被杀。⑩ 夏侯君所言：夏侯君指夏侯胜。夏侯胜曾谏诤昌邑王：“天久阴不雨，臣下必有谋上者。”⑪ 河东：郡名。在今陕西省西部。西汉后土祠在河东郡汾阳（今陕西省万荣县），皇帝每年都去祭祀。

事下廷尉。廷尉定国考问①，左验明白②，奏“恽不服罪，而召户将尊③，欲令戒饬富平侯延寿④，曰‘太仆定有死罪数事，朝暮人也⑤。恽幸与富平侯婚姻，今独三人坐语，侯言“时不闻恽语”，自与太仆相触也’。

尊日‘不可’”。恽怒，持大刀，曰：“蒙富平侯力，得族罪！毋泄浑语，令太仆闻之乱余事。恽幸得列九卿诸吏，宿卫近臣，上所信任，与闻政事⑥，不竭忠爱，尽臣子义，而妄怨望，称引为袄恶言⑦，大逆不道，请逮捕治。”上不忍加诛，有诏皆免恽、长乐为庶人。

恽既失爵位，家居治产业，起室宅，以财自娱。岁余，其友人安定太守西河孙会宗⑧，知略士也⑨，与恽书谏戒之，为言大臣废退，当阖门惶惧，为可怜之意，不当治产业，通宾客，有称誉。恽宰相子，少显朝廷，一朝以晻昧语言见废⑩，内怀不服，报会宗书曰：

【注释】

① 定国：于定国。② 左：通“佐”。佐证。③ 户将：官名。管官内门户警卫。④ 戒饬：警告。饬，同“敕”。富平侯：张延寿。⑤ 朝暮人：指早晚将死的人。⑥ 与：通“予”。参加。⑦ 袄：通“妖”。⑧ 安定：郡名。在今甘肃省东北部。治所在高平（即今宁夏回族自治区固原市）。⑨ 知（zhì）：通“智”。⑩ 晻：通“暗”。

恽材朽行秽，文质无所底，幸赖先人余业得备宿卫，遭遇时变以获爵位①，终非其任，卒与祸会。足下哀其愚，蒙赐书，教督以所不及，殷勤甚厚。然窃恨足下不深惟其终始②，而猥随俗之毁誉也③。言鄙陋之愚心，若逆指而文过④，默而息乎，恐违孔氏“各言尔志”之义⑤，故敢略陈其愚，唯君子察焉！

恽家方隆盛时，乘朱轮者十人[⑥]，位在列卿[⑦]，爵为通侯[⑧]，总领从官，与闻政事，曾不能以此时有所建明，以宣德化，又不能与群僚同心并力，陪辅朝廷之遗忘，已负窃位素餐之责久矣[⑨]。怀禄贪势，不能自退，遭遇变故，横被口语，身幽北阙，妻子满狱。当此之时，自以夷灭不足以塞责，岂意得全首领，复奉先人之丘墓乎？伏惟圣主之恩，不可胜量。君子游道，乐以忘忧；小人全躯，说以忘罪[⑩]。窃自思念，过已大矣，行已亏矣，长为农夫以没世矣。是故身率妻子，戮力耕桑，灌园治产，以给公上[⑪]，不意当复用此为讥议也。

【注释】

① 时变：指霍光子孙谋反事。② 惟：考虑。③ 猥(wěi)：苟且。④ 逆指：逆旨。指，通“旨”。文过：掩饰过错。⑤ 各言尔志：语出《论语·公冶长》。⑥ 朱轮：即朱轮车。汉制，官俸二千石以上的官吏方可乘坐朱轮车。⑦ 列卿：指九卿之列。⑧ 通侯：即“彻侯”。爵位名。汉代爵分二十级，以通侯为尊。⑨ 素餐：不劳而食。素，空，有名无实。⑩ 说(yuè)：喜悦。⑪ 公上：公家，此指朝廷。

夫人情所不能止者，圣人弗禁，故君父至尊亲[①]，送其终也，有时而既[②]。臣之得罪，已三年矣。田家作苦，岁时伏腊[③]，亨羊炰羔[④]，斗酒自劳。家本秦也，能为秦声。妇，赵女也，雅善鼓瑟[⑤]。奴婢歌者数人，酒后耳热，仰天拊缶[⑥]，而呼乌乌[⑦]。其诗曰：“田彼南山，芜秽不治，种一顷豆，落而为萁[8]。人生行乐耳，须富贵何时！”是日也，拂衣而喜，奋袖低卬[9]，顿足起舞，诚淫荒无度，不知其不可也。恽幸有余禄，方籴贱贩贵，逐什一之利，此贾竖之事，污辱之处，恽亲行之。下流之人，众毁所归，不寒而栗[10]。虽雅知恽者，犹随风而靡，尚何称誉之有！董生不云乎[11]？“明明求仁义？常恐不能化民者，卿大夫意也；明明求财利，常恐困乏者，庶人之事也[12]。”故“道不同，不相为谋[13]”。今子尚安得以卿大夫之制而责仆哉！

【注释】

① 君父至尊亲：君为至尊，父为至亲。② 既：终了，完了。③ 伏腊：伏指夏至后的第三个庚日；腊指冬至后的第三个戌日。古时以伏日、腊日为节日，举行祭祀活动。④ 亨(pēng)：通“烹”。烧煮。炰(páo)：同“炮”。烧烤。⑤ 雅：很。⑥ 缶：瓦制的打击乐器。⑦ 乌乌：唱歌中的一种和声。⑧“田彼”四句：田，作动词用。种植庄稼。治，此指清理。萁(jí)，豆秆。杨恽用诗歌讽喻现实。《汉书》张晏注：“山高在阳，人君之象也。芜秽不治，言朝廷之荒乱也。一顷百亩，以喻百官也。言豆者，贞实之物，常在囷仓，零落在野，喻已见放弃也。箕曲而不直，言朝臣皆谄谀也。”⑨ 卬(áng)：高。⑩ 栗：通“慄”。⑪ 董生：指董仲舒。⑫ 引文出自董仲舒《对贤良策》。明明：《汉书·董仲舒传》引作“皇皇”。皇皇，通“惶惶”，匆匆忙忙。⑬“道不同，不相为谋”：语出《论语·卫灵公》。

夫西河魏土①，文侯所兴②，有段干木、田子方之遗风③，漂然皆有节概④，知去就之分⑤。顷者，足下离旧土，临安定，安定山谷之间，昆戎旧壤⑥，子弟贪鄙，岂习俗之移人哉？于今乃睹子之志矣。方当盛汉之隆，愿勉旃⑦，毋多谈。

又恽兄子安平侯谭为典属国，谓恽曰："西河太守建平杜侯⑧，前以罪过出，今征为御史大夫。侯罪薄，又有功，且复用。"恽曰："有功何益？县官不足为尽力。"恽素与盖宽饶、韩延寿善，谭即曰："县官实然，盖司隶、韩冯翊皆尽力吏也，俱坐事诛。"会有日食变，驺马猥佐成上书告恽⑨："骄奢不悔过，日食之咎，此人所致。"章下廷尉案验，得所予会宗书，宣帝见而恶之。廷尉当恽大逆无道⑩，要斩⑪。妻子徙酒泉郡⑫。谭坐不谏正恽，与相应，有怨望语，免为庶人。召拜成为郎，诸在位与恽厚善者，未央卫尉韦玄成、京兆尹张敞及孙会宗等，皆免官。

——节选自《公孙刘田王杨蔡陈郑传》

【注释】

① 西河：古代地区名。指战国时魏地。今陕西省东部黄河西岸地区。与孙会宗西河郡并非一地，两地并提以此讽喻孙会宗。② 文侯：魏文侯名斯，战国诸侯。他任用李悝为相，吴起为将，西门豹为邺令，使魏国成为当时的诸侯强国。③ 段干木：战国时魏国学者。田子方：战国时魏人，与段干木齐名，魏文侯的老师。④ 漂然：高远的样子。

⑤ 去：此指辞官。就：此指做官。⑥ 昆戎：古代我国西北部少数民族部落。也称“昆夷”、“混夷”。⑦ 旃(zhān)：“之焉”的合音。⑧ 杜侯：杜延年。⑨ 猥(wěi)：卑贱，指地位低下。佐：小官吏。成：人名。⑩ 当：判处。⑪ 要斩：同“腰斩”。⑫ 酒泉郡：郡名。在今甘肃省。

【翻译】

杨忠的弟弟杨恽，字子幼，凭靠杨忠的官位被任命为郎官，补任常侍骑。杨恽的母亲，是司马迁的女儿。杨恽最先读外祖父写的《史记》，对《春秋》也很熟悉。因为有才能受到人们的称赞。他喜欢结交那些才智出众的儒生，在朝廷里也很有名望，被提拔为左曹。霍氏阴谋反叛，杨恽先听说了，他又通过侍中金安上告知皇帝，于是杨恽被召见向皇帝禀报了霍氏谋反的事。霍氏家族伏法被杀，杨恽等五人因为告发有功封了爵位，杨恽封为平通侯，升任中郎将。

郎中的旧例，是要郎官私人出钱支付财务用度，供给文书，才得到出任加官的机会，所以又名“山郎”。郎官告病假满一天，就要用一个休假日来抵偿，有的郎官长达一年得不到休假。那些豪门富家出身的郎官，整日游玩作乐，有的用钱财行贿，就可以到好的部门任职。因此贿赂之风盛行，争相仿效。杨恽担任中郎将，免除了“山郎”的旧例，把郎官衙署一年的支付计划移交大司农，由大司农供给财务用度。郎官的病假、探亲假、沐休假，都依照法令办事。郎官、谒者当中犯有罪过的，立即奏明罢免，而推举郎官中品第高德才兼备的加官，有的提升到郡守九卿。郎官因此受到感化,个个激励自己奋发努力,断绝了求情送礼的弊端,有令就行,有禁就止,宫殿内协力同心。因此又提拔杨恽做了诸吏光禄勋,作为皇帝的亲信大臣办理政事。

当初,杨恽接受了父亲的钱财五百万,到了自己被封为平通侯,就把这些钱财全都分给同宗族的人。他的继母没有儿子,也有几百万财产,死后也都留给了杨恽,他又都分给了继母的兄弟。杨恽两次继承资财总共一千多万,全分给了别人。他就是这样轻财好义。

杨恽在宫廷做官,廉洁无私,郎官都称赞他公正。然而杨恽常夸耀自己的品德和办事能力,又加上生性刻薄不容人,喜欢揭发别人的阴私,同事中有触犯自己的,一定想法损害他,倚仗自己才能而高傲凌人。因此在朝廷得罪了很多人,与太仆戴长乐不和,最终因为这件事毁了自己。

戴长乐是宣帝在民间时结交的知己,宣帝当了皇帝,提拔他为亲信大臣。有一次戴长乐在演习宗庙祭祀礼仪时,代理执行天子的事务,回来后他对掾史说:"我受到皇帝的召见并接受诏令,代替皇帝演习礼仪,秺侯金赏给我驾车。"有人上书告发戴长乐言语失当,朝廷把他交付廷尉审讯。戴长乐怀疑是杨恽唆使别人告发了自己,也上书控告杨恽的罪行,说:"有一次高昌侯董忠驱车奔入北掖门,杨恽对富平侯张延寿说:'听说以前有急奔的车撞到殿门上,门闩被折断,马撞死了,不久昭帝去世。今天又出现了这种事,是天命,不是人为的。'左冯翊韩延寿有罪下了狱,杨恽上书为他申诉。郎中丘常对杨恽说:'听说您为韩冯翊申诉冤屈,能保全他的性命吗?'杨恽说:'事情哪有那么容易！正直的人未必能够保全自己呀。我自己都不能保全，正象人所说的老鼠因为口衔比洞穴口还要大的窭数所以进不了洞。'又有一次，中书谒者令宣把单于使者的话翻译成文字，拿给将军们和朝中二千石以上的官吏看。杨恽说：'冒顿单于得到汉朝赏给的美食好物，却说成是腐臭的食物不好的东西，单于不来朝见不是很明白了吗。'杨恽观看西阁上画的人物，指着桀、纣的画像对乐昌侯王武说：'皇帝经过这里，多问问桀纣犯有什么过错，可以得到鉴诫。'画中人物有尧、舜、禹、汤等贤君，杨恽不称扬，却把桀、纣抬出来。还有一次，杨恽听到匈奴投降的人说单于被杀了，就说：'竟有这么一位不贤明的君主，大臣为他定的好计策不用，却自取灭亡。正像秦朝只任用奸邪小臣，而杀害忠良，终究因为这个原因灭亡，如果能够亲近任用有才德的大臣，秦朝可以一直延续到今天。古代和现在的坏人都是同类。'杨恽乱引亡国的例子来诽谤当今朝廷，失去了人臣的礼节。他还对我戴长乐说过：'从正月以来，天气久阴不下雨，这种现象只有《春秋》记载过，夏侯胜谏诤昌邑王时说过。皇帝必定不能再去河东后土祠祭祀了。'杨恽拿皇帝开玩笑，尤其大逆不道。"

杨恽的案件交给廷尉审理。廷尉于定国审讯调查，又有证明人佐证，案情清楚。上奏皇帝说："杨恽不认罪，反而召去户将尊，让他警告富平侯张延寿，说：'太仆戴长乐有几件事可以定为死罪，已经是早晚就要被处死的人了。我有幸与富平侯是姻亲，如今只有我们三个人一起谈论的话，只要富平侯说"当时没听见杨恽说过这话"，自然就与太仆所揭发的相矛盾了。'户将尊说：'不能这样做。'杨恽大发脾气，手拿大刀，说：‘如果富平侯证明了太仆揭发的话是真的，我就会得到灭族的罪名！不准你泄露我说的话，让太仆知道了这些话，更增加我的其他罪状。’杨恽侥幸列为九卿任诸吏光禄勋的官职，是朝廷的侍卫近臣，皇帝的亲信，参预国家政事。但是他不但不竭尽忠爱之心，尽臣子的义务，反而放肆地发泄心中的不满，散播妖言恶语，大逆不道，请求逮捕判罪。”皇帝不忍心判他死罪，下了一道诏令，把杨恽和戴长乐都免官贬为平民。

杨恽失去了爵位，在家里经营产业，兴建房屋，靠着钱财自寻欢乐。过了一年多，他的朋友安定郡太守西河人孙会宗，一个有智慧有谋略的人，写信劝告杨恽，说大臣被免官退居以后，应该闭门思过，表现出诚惶诚恐值得哀怜的样子，不应该治办产业，联络宾客，接受称赞。杨恽是丞相的儿子，年轻时就在朝廷显露了头角，一旦因为一些真假不明的言语被废弃罢官，心内不服，他给孙会宗写了一封回信。信中说：

我才能很低，行为卑下，学问和修养都没有什么根基，侥幸靠着父亲留下的功业，充数做了宫廷的宿卫官，又遇到霍氏谋反，因为告发有功被封了侯爵，但是我毕竟不能胜任，终于遭到灾祸。你哀怜我愚昧，承蒙你来信，教导我所认识不到的道理，情意殷勤深厚。但是我私下里埋怨你不深入考虑事情的来龙去脉，而随便相信一般人的诽谤。讲出我鄙陋的想法吧，好像违背了你的意思，掩饰了自己的过错；沉默不说吧，又恐违背了孔子说的“各人说说自己的志向”的意思，所以才敢大概地向你陈述我的看法，请你考虑。

我家正当显赫的时候，乘坐朱轮车的人有十个，官位在九卿之列，爵位在列侯之中，统领侍从官，参预国家政事，但我竟不能在这个时候有所建树，用来宣扬皇帝的仁德教化，又不能与众位同僚同心合力，辅佐朝廷弥补缺失，受到窃取官位白吃饭的指责已经很久了。我贪俸禄图权势，不能自动引退，于是遇到变故，横遭别人的毁谤，被囚禁在宫殿北边的观楼里，妻子儿女被关在监狱中。在这个时候，自己认为灭族也不能抵偿罪责，哪里想到还能保全脑袋，继续奉祀祖先的坟墓呢？我想到圣主的恩惠，真是不可计量。君子奉行道义，快乐得忘记了忧愁，小人保全性命，高兴得忘记了罪过。我暗中想过，我的罪过已经很大了，品德已经欠缺了，只能永远做个农民以了此一生。因此我带领妻子儿女，合力耕田种桑，灌溉果园，经营产业，向朝廷交纳赋税，没想到又因此而受到指责非议。

人情不能避免的事情，连圣人也不加以禁止。所以，君主是最尊贵的人，父亲是最亲的人，为他们送终服丧，也有结束的时候。我获罪已经有三年了。我们种田人劳作辛苦，每年到了伏日、腊日，煮羊肉烤羊羔，斟上一杯酒自己慰劳自己。我的老家本在秦地，我会唱秦地的歌。我的妻子是赵地的女子，很会弹瑟。奴婢中也有几个会唱歌的，酒后耳朵发热，抬头望天，用手击缶，口中发出乌乌的歌声。歌辞唱道："南山那边种庄稼，不锄不理草成堆。种下豆子一顷地，豆荚落光剩豆萁。人生在世要行乐，等待富贵到何时！"在这样的日子里，我高兴得抖着衣服，挥动衣袖，跺脚起舞，实在是放纵得没有限度，我不知道这样做为什么不行。我幸亏还有剩下来的俸禄，才在粮食价格低时买进来，贵时卖出去，追求十分之一的利润。这是生意人做的事情，蒙耻受辱的事，我也亲自做了。地位卑下的人，是众人诽谤的对象，想起这些，我常常不寒而栗。虽然是很了解我的人，也都跟着别人的议论而诋毁我，哪里还会有人称扬我呢？董仲舒不是说过吗："勤勤敏敏地求仁求义，常常担心不能用仁义感化百姓，这是卿大夫所想的事。勤勤敏敏地求财求利，常常担心生活困穷，这是老百姓的事。"所以孔子说："主张不同，就不要互相商量。"现在你怎么还能用卿大夫的制度来责备我呢！

西河是战国时魏地，魏文侯兴起的地方，那里有段干木、田子方留下的风范，他们二位都有高尚的节操和度量，懂得什么时候该辞官不做，什么时候该出任官职。近来你离开家乡西河，到了安定郡，安定郡位于山谷之间，是昆夷的故土，那里的人贪婪卑鄙，难道是当地的习俗改变了你的品性吗？到了今天我才看清了你的志向。如今兴旺的汉朝处于鼎盛时期，希望你努力功业吧，不用多与我谈论了。

又杨恽哥哥杨忠的儿子安平侯杨谭在朝中做典属国，他对杨恽说："西河郡太守建平人杜延年，以前因为犯了罪被罢官，如今被征召做了御史大夫。您罪过轻，又立过功，还会被再任用的。"杨恽说："有功有什么用，皇帝不值得我为他尽力。"杨恽平素与盖宽饶、韩延寿要好，于是杨谭说："天子确实是这样，盖司隶、韩冯翊都是为朝廷尽力的官吏，都因为一点事就被杀了。"这时候正遇上有日食出现，一个名叫成的，管车马的下等小官，上书控告杨恽"骄奢不悔改，日食的灾祸，是他所引来的"。皇帝把这个奏章交给廷尉审讯验查，审讯中搜得杨恽写给孙会宗的信，宣帝看了信，很憎恶杨恽。廷尉判杨恽犯了大逆不道的罪，处以腰斩。杨恽的妻子儿女被放逐到酒泉郡。杨谭由于不规劝杨恽悔改，反而与他互相应和，有怨恨的言论，免官为平民。皇帝下令任命成做了郎官，那些在位的与杨恽交情深厚的人，像未央宫卫尉韦玄成、京兆尹张敞以及孙会宗等人，也都被罢了官。

霍光传

霍光是西汉政治家。汉武帝死后，霍光辅佐昭帝、宣帝，执政二十年。霍光执政期间，采取了“轻徭薄赋，与民休息”等一系列措施，对当时经济繁荣，社会安定起了积极作用。班固在《汉书·霍光传》中，以“百姓充实，四夷宾服”高度评价了霍光的功绩。

本篇选译了《霍光传》的前一部分。文中记述了武帝托孤、霍光辅佐幼主、诛灭政敌上官桀、废昌邑王、立宣帝等事迹，展示了具有非凡才能和非常手段的政治家霍光的风采。

霍光字子孟，票骑将军去病弟也①。父中孺②，河东平阳人也③，以县吏给事平阳侯家④，与侍者卫少儿私通而生去病。中孺吏毕归家，娶妇生光，因绝不相闻。久之，少儿女弟子夫得幸于武帝，立为皇后，去病以皇后姊子贵幸。既壮大，乃自知父为霍中孺，未及求问。会为票骑将军击匈奴，道出河东，河东太守郊迎，负弩矢先驱⑤，至平阳传舍⑥，遣吏迎霍中孺。中孺趋入拜谒⑦，将军迎拜，因跪曰：“去病不早自知为大人遗体也。”中孺扶服叩头[8]，曰：“老臣得托命将军，此天力也。”去病大为中孺买田宅奴婢而去。还，复过焉，乃将光西至长安[9]，时年十余岁，任光为郎，稍迁诸曹侍中[10]。去病死后，光为奉车都尉光禄大夫[11]，出则奉车，入侍左右，出入禁闼二十余年[12]，小心谨慎，未尝有过，甚见亲信。

【注释】

① 票骑：汉代将军的称号。同“骠骑”。去病：霍去病。西汉名将，事迹见《汉书·霍去病传》。② 中(zhòng)孺：即霍仲孺。③ 河东：郡名。在今山西省境内黄河以东地区。平阳：县名。在今山西临汾南。④ 给(jǐ)事：供职，服役。⑤ 先驱：在前面领路。⑥ 传(zhuàn)舍：古代供来往行人休止的处所。⑦ 趋：小步快走，表示尊敬。⑧ 扶(pú)服：同“匍匐”。伏在地上。⑨ 将：携带，带着。⑩ 诸曹侍中：负责掌管尚书各部门的侍中。曹，此指尚书令下设的部门。侍中，为加官。加侍中的官可出入宫廷，成为皇帝亲信。⑪ 奉车都尉：官名，掌管皇帝出行时的车驾。光禄大夫：官名。无固定职守，相当于顾问。⑫ 禁闼(tà)：宫禁之中。即皇帝居住的地方。

征和二年[1]，卫太子为江充所败[2]，而燕王旦、广陵王胥皆多过失[3]。是时上年老，宠姬钩弋赵倢伃有男[4]，上心欲以为嗣，命大臣辅之。察群臣唯光任大重，可属社稷[5]。上乃使黄门画者画周公负成王朝诸侯以赐光⑥。后元二年春⑦，上游五柞宫⑧，病笃，光涕泣问曰："如有不讳⑨，谁当嗣者？"上曰："君未谕前画意邪？立少子，君行周公之事。"光顿首让曰："臣不如金日磾⑩。"日磾亦曰："臣外国人，不如光。"上以光为大司马大将军⑪，日磾为车骑将军⑫，及太仆上官桀为左将军⑬，搜粟都尉桑弘羊为御史大夫⑭，皆拜卧内床下，受遗诏辅少主。明日，武帝崩，太子袭尊号，是为孝昭皇帝。帝年八岁，政事壹决于光。

【注释】

① 征和二年：公元前91年。② 卫太子为江充所败：此指武帝征和二年的巫蛊事件。卫太子，名据。汉武帝次子。江充与卫太子有仇，诬告卫太子用邪术害武帝致病。卫太子发兵讨伐江充，兵败被迫自杀。③ 燕王旦：汉武帝三子。广陵王胥：汉武帝四子。④ 钩弋赵倢伃：昭帝的母亲。钩弋，宫名，钩弋夫人所居。倢伃（jié yú），也作婕妤。汉代女官名。⑤ 属（zhǔ）：同"嘱"。嘱托，托付。⑥ 黄门画者：宫廷画工。⑦ 后元二年：公元前87年。⑧ 五柞宫：汉离宫名。在今陕西省周至县东南。⑨ 不讳：死的婉词。⑩ 金日磾（mì dī）：西汉大将。本为匈奴休屠王太子，休屠王不降被杀，金日磾母子沦落汉宫养马，后被武帝重用，赐姓金。⑪ 大司马：官名。是加在大将军职衔上的加衔。⑫ 车骑将军：将军的名号。⑬ 太仆：官名。掌管皇帝的车马及牧畜事务。九卿之一。⑭ 御史大夫：官名。主管监察、执法，兼管重要文书图籍。

先是①，后元年②，侍中仆射莽何罗与弟重合侯通谋为逆③，时光与金日磾、上官桀等共诛之，功未录④。武帝病，封玺书曰⑤："帝崩发书以从事。"遗诏封金日磾为秺侯，上官桀为安阳侯，光为博陆侯，皆以前捕反者功封。时卫尉王莽子男忽侍中⑥，扬语曰："帝崩，忽常在左右，安得遗诏封三子事！群儿自相贵耳。"光闻之，切让王莽⑦，莽酖杀忽⑧。

光为人沈静详审，长财七尺三寸⑨，白皙疏眉目⑩，美须髯⑪。每出入下殿门，止进有常处，郎仆射窃识视之⑫，不失尺寸，其资性端正如此。初辅幼主，政自己出，天下想闻其风采。殿中尝有怪，一夜群臣相惊，光召尚符玺郎⑬，郎不肯授光。光欲夺之，郎按剑曰："臣头可得，玺不可得也！"光甚谊之⑭。明日，诏增此郎秩二等。众庶莫不多光⑮。

【注释】

① 先是：当初。② 后元年：即后元元年。公元前88年。③ 侍中仆射（yè）：侍中的首长。莽（mǎ）何罗：即马何罗。④ 录：酬偿。⑤ 玺书：加盖皇帝大印的诏书。⑥ 卫尉：官名。掌管宫门警卫。王莽：字稚升，天水人。与西汉末年篡位的王莽是两个人。⑦ 切让：狠狠地责备。⑧ 酖：用鸩鸟的羽毛泡成的毒酒。⑨ 财：通"才"，仅仅。七尺三寸：汉制。约合今1.68米。⑩ 皙（xī）：今写作"皙"，皮肤白。⑪ 须：颏下胡子。髯（rán）：两颊上的络腮胡子。⑫ 郎仆射（yè）：郎官的首长。识（zhì）：记住，标记。⑬ 尚符玺郎：官名。掌管皇帝玺印。⑭ 谊之：肯定他做得对。谊，适宜，

合理。⑮ 多：称赞。

光与左将军桀结婚相亲[①]，光长女为桀子安妻。有女年与帝相配，桀因帝姊鄂邑盖主内安女后宫为倢伃[②]，数月立为皇后。父安为票骑将军，封桑乐侯。光时休沐出[③]，桀辄入代光决事。桀父子既尊盛，而德长公主[④]。公主内行不修[⑤]，近幸河间丁外人[⑥]。桀、安欲为外人求封，幸依国家故事以列侯尚公主者[⑦]，光不许。又为外人求光禄大夫，欲令得召见，又不许。长主大以是怨光。而桀、安数为外人求官爵弗能得，亦惭。自先帝时，桀已为九卿，位在光右[⑧]。及父子并为将军，有椒房中宫之重[⑨]，皇后亲安女，光乃其外祖，而顾专制朝事[⑩]，繇是与光争权[⑪]。

【注释】

① 结婚：结为姻亲。② 内（nà）：同“纳”。③ 休沐：汉制，大臣每五天休假一天，供休息沐浴，称为休沐日。④ 德：此作动词用。感恩，感激。⑤ 内行不修：私生活不检点。⑥ 河间：今属河北省。⑦ 尚：特指娶公主为妻。⑧ 右：上。⑨ 椒房：皇后居住的宫殿。中宫：代指皇后。⑩ 顾：反，反而。⑪ 繇（yóu）：用同“由”。

燕王旦自以昭帝兄，常怀怨望。及御史大夫桑弘羊建造酒榷盐铁[①]，为国兴利，伐其功[②]，欲为子弟得官，亦怨恨光。于是盖主、上官桀、安及弘羊皆与燕王旦通谋，诈令人为燕王上书，言："光出都肄郎、羽林[3]，道上称跸[4]，太官先置[5]。"又引："苏武前使匈奴，拘留二十年不降，还乃为典属国，而大将军长史敞亡功为搜粟都尉[6]。又擅调益莫府校尉[7]。光专权自恣，疑有非常。臣旦愿归符玺，入宿卫，察奸臣变。"候司光出沐日奏之[8]。桀欲从中下其事，桑弘羊当与诸大臣共执退光。书奏，帝不肯下。

【注释】

① 酒榷(què)：酒类专卖。盐铁：此指盐铁专卖。② 伐：夸耀。③ 羽林：护卫皇帝的羽林军。④ 跸(bì)：禁止通行。⑤ 太官：官名。掌管皇帝膳食。⑥ 长史敞：指霍光府中长史杨敞。长史，官名。西汉时，丞相府、将军府等各有长史。⑦ 益：增加。莫(mù)府：大将军府。同"幕府"。⑧ 司：同"伺"。探察。

明旦，光闻之，止画室中不入[1]。上问："大将军安在？"左将军桀对曰："以燕王告其罪，故不敢入。"有诏召大将军。光入，免冠顿首谢，上曰："将军冠。朕知是书诈也，将军亡罪[2]。"光曰："陛下何以知之？"上曰："将军之广明[3]，都郎属耳[4]。调校尉以来未能十日，燕王何以得之？且将军为非，不须校尉。"是时帝年十四，尚书左右皆惊[5]，而上书者果亡，捕之甚急。桀等惧，白上小事不足遂[6]，上不听。

后桀党与有谮光者[⑦]，上辄怒曰："大将军忠臣，先帝所属以辅朕身[⑧]，敢有毁者[⑨]，坐之。"自是桀等不敢复言，乃谋令长公主置酒请光，伏兵格杀之[⑩]，因废帝，迎立燕王为天子。事发觉，光尽诛桀、安、弘羊、外人宗族。燕王、盖主皆自杀。光威震海内。昭帝既冠[⑪]，遂委任光[⑫]，讫十三年，百姓充实，四夷宾服[⑬]。

【注释】

① 画室：殿前西阁室，壁上绘有图画。② 亡（wú）：通"无"。③ 之：往。广明：亭驿名。在长安城东，东都门外。④ 属（zhǔ）：近，近日。⑤ 尚书：官名。掌殿内文书、奏章等事务。⑥ 遂：追究到底。⑦ 谮（zèn）：诬陷。⑧ 属（zhǔ）：通"嘱"。托付，嘱托。⑨ 毁：诽谤。⑩ 格杀：击杀。⑪ 冠：冠礼。古代男子二十岁行成人礼，结发戴冠，表示成年。昭帝行冠礼在元凤四年（前 77），十八岁。⑫ 遂：竟，始终。⑬ 宾服：归服。也即"臣服"。

元平元年[①]，昭帝崩，亡嗣[②]。武帝六男独有广陵王胥在，群臣议所立，咸持广陵王[③]。王本以行失道，先帝所不用。光内不自安[④]。郎有上书言："周太王废太伯立王季[⑤]，文王舍伯邑考立武王[⑥]，唯在所宜，虽废长立少可也。广陵王不可以承宗庙。"言合光意。光以其书视丞相敞等[⑦]，擢郎为九江太守[⑧]，即日承皇太后诏，遣行大鸿胪事少府乐成、宗正德、光禄大夫吉、中郎将利汉迎昌邑王贺[⑨]。

【注释】

① 元平元年：公元前74年。② 亡：通“无”。③ 咸持：都主张。④ 内：心中。⑤ 周太王：周文王的祖父。太伯：周太王长子。王季：周太王少子，文王的父亲。⑥ 伯邑考：周文王的长子。武王：周文王的次子。⑦ 视：通“示”。⑧ 擢：提升。九江：辖区约今安徽省淮河以南、瓦埠湖流域以东、巢湖以北地区。⑨ 大鸿胪：官名。掌管接待宾客等事务。宗正：官名。掌管王室亲族的事务。

贺者，武帝孙，昌邑哀王子也①。既至，即位，行淫乱。光忧懑②，独以问所亲故吏大司农田延年③。延年曰：“将军为国柱石，审此人不可，何不建白太后，更选贤而立之？”光曰：“今欲如是，于古尝有此否？”延年曰：“伊尹相殷④，废太甲以安宗庙⑤，后世称其忠。将军若能行此，亦汉之伊尹也。”光乃引延年给事中⑥，阴与车骑将军张安世图计，遂召丞相、御史、将军、列侯、中二千石、大夫、博士会议未央宫。光曰：“昌邑王行昏乱，恐危社稷，如何？”群臣皆惊鄂失色⑦，莫敢发言，但唯唯而已⑧。田延年前，离席按剑，曰：“先帝属将军以幼孤，寄将军以天下，以将军忠贤能安刘氏也。今群下鼎沸，社稷将倾，且汉之传谥常为孝者⑨，以长有天下，令宗庙血食也⑩。如令汉家绝祀，将军虽死，何面目见先帝于地下乎？今日之议，不得旋踵⑪。群臣后应者，臣请剑斩之。”光谢曰：“九卿责光是也⑫。天下匈匈不安⑬，光当受难。”于是议者皆叩头，曰：“万姓之命在于将军，唯大将军令。”

【注释】

① 昌邑哀王：昭帝的哥哥刘髆(bó)。② 懑(mèn)：烦闷。③ 大司农：官名。掌管租税、盐铁、钱谷等事务的财政长官。④ 伊尹：商代汤的贤相。⑤ 太甲：商汤的长孙。继位后无道，被伊尹放逐到桐宫。后来悔过自新，复位。⑥ 引：引荐。给事中：官名。供职殿中，备顾问应对，讨论政事。⑦ 鄂(è)：同“愕”。⑧ 唯唯：应答声。表示顺从别人的意见。⑨ 谥(shì)：古代帝王、贵族、大臣死后的封号为谥号。⑩ 血食：受享祭。古代杀牲取血祭祀，故称血食。⑩ 旋踵：转动脚跟，比喻迅速不迟疑。⑪ 九卿：此代指田延年。年任大司农，九卿之一。⑬ 匈匈：同“汹汹”。象声词。纷扰不安。

光即与群臣俱见白太后，具陈昌邑王不可以承宗庙状①。皇太后乃车驾幸未央承明殿②，诏诸禁门毋内昌邑群臣③。王入朝太后还，乘辇欲归温室④，中黄门宦者各持门扇⑤，王入，门闭，昌邑群臣不得入。王曰：“何为？”大将军跪曰：“有皇太后诏，毋内昌邑群臣。”王曰：“徐之，何乃惊人如是！”光使尽驱出昌邑群臣，置金马门外。车骑将军安世将羽林骑收缚二百余人，皆送廷尉诏狱⑥。令故昭帝侍中中臣侍守王⑦。光敕左右⑧：“谨宿卫，卒有物故自裁⑨，令我负天下，有杀主名。”王尚未自知当废，谓左右：“我故群臣从官安得罪，而大将军尽系之乎。”顷之，有太后诏召王。王闻召，意恐，乃曰：“我安得罪而召我哉！”太后被珠襦⑩，盛服坐武帐中⑪，侍御数百人皆持兵，期门武士陛戟⑫，陈列殿下。群臣以次上殿，召昌邑王伏前听诏。光与群臣连名奏王，尚书令读奏。……

【注释】

① 具：详细。② 承明殿：殿名。在未央宫内。③ 禁门：宫门。④ 温室：温室殿，在未央宫内。⑤ 中黄门宦者：在后宫服役的宦官。⑥ 诏狱：奉皇帝令关押犯人的特种监狱。⑦ 中臣侍：应作“中常侍”。侍从皇帝的加官。⑧ 敕(chì)：告诫。⑨ 卒(cù)：通“猝”。突然。物故：死亡。自裁：自杀。⑩ 珠襦(rú)：用珍珠串成的短上衣。⑪ 武帐：皇帝升殿时用的帷帐，内陈列兵器，以示威严。⑫ 期门：官名。负责护卫皇帝出入。

皇太后诏曰：“可。”光令王起拜受诏，王曰：“闻天子有争臣七人，虽无道不失天下①。”光曰：“皇太后诏废，安得天子！”乃即持其手②，解脱其玺组③，奉上太后，扶王下殿，出金马门，群臣随送。王西面拜，曰：“愚戆不任汉事。”起就乘舆副车。大将军光送至昌邑邸，光谢曰：“王行自绝于天，臣等驽怯，不能杀身报德。臣宁负王，不敢负社稷。愿王自爱，臣长不复见左右。”光涕泣而去。群臣奏言：“古者废放之人屏于远方④，不及以政，请徙王贺汉中房陵县⑤。”太后诏归贺昌邑，赐汤沐邑二千户⑥。昌邑群臣坐亡辅导之谊，陷王于恶，光悉诛杀二百余人。出死，号呼市中曰："当断不断，反受其乱。"

【注释】

① 此二句出自《孝经·谏争章》。原为："昔者天子有争臣七人，虽无道，不失其天下。"争（zhèng），通"诤"。谏诤，直言规劝。② 即：近前。③ 玺组：即玺绶。皇帝印玺上佩有四彩组绶，称为玺绶。此处代指玉玺。④ 屏（bǐng）：退避。⑤ 汉中房陵县：今湖北省房县。⑥ 汤沐邑：天子赐给诸侯的京都附近的封邑，邑中收入供沐浴之用，也即备朝见的封地。

光坐庭中，会丞相以下议定所立。广陵王已前不用，及燕刺王反诛，其子不在议中。近亲唯有卫太子孙，号皇曾孙，在民间，咸称述焉。光遂复与丞相敞等上奏曰："《礼》曰①：'人道亲亲故尊祖，尊祖故敬宗。'大宗亡嗣②，择支子孙贤者为嗣。孝武皇帝曾孙病已，武帝时有诏掖庭养视③，至今年十八，师受《诗》、《论语》、《孝经》④，躬行节俭，慈仁爱人，可以嗣孝昭皇帝后，奉承祖宗庙，子万姓。臣昧死以闻。"皇太后诏曰："可。"光遣宗正刘德至曾孙家尚冠里⑤，洗沐赐御衣，太仆以軨猎车迎曾孙⑥，就斋宗正府⑦，入未央宫见皇太后，封为阳武侯⑧。已而光奉上皇帝玺绶，谒于高庙，是为孝宣皇帝。明年，下诏曰：

“夫褒有德，赏元功，古今通谊也，大司马大将军光宿卫忠正，宣德明恩，守节秉谊，以安宗庙。其以河北、东武阳益封光万七千户⑨。”与故所食凡二万户。赏赐前后黄金七千斤，钱六千万，杂缯三万匹⑩，奴婢百七十人，马二千匹，甲第一区⑪。

【注释】

①《礼》曰：所引语出《礼记·大传》。② 大宗：指嫡亲长房。古代贵族都由长子继承爵位，代代相传。③ 掖庭：官署名。④ 师受：从师受业。⑤ 尚冠里：长安里名。在长安城南。⑥ 軨(líng)猎车：一种轻便猎车。⑦ 斋：斋戒。古时参加大典前的一种仪式。整洁身心，表示谦诚。⑧ 封为阳武侯：古代不立庶民为皇帝，因此先封曾皇孙为阳武侯。阳武，县名。在今河南省内。⑨ 河北：县名。在今山西省芮城县东北。东武阳：县名。在今山东莘县朝城镇。⑩ 杂缯：杂色丝绸。⑪ 甲第：指贵族住宅。

自昭帝时，光子禹及兄孙云皆中郎将，云弟山奉车都尉侍中，领胡越兵①。光两女婿为东西宫卫尉②，昆弟诸婿外孙皆奉朝请③，为诸曹大夫，骑都尉，给事中。党亲连体，根据于朝廷。光自后元秉持万机④，及上即位，乃归政。上谦让不受，诸事皆先关白光⑤，然后奏御天子。光每朝见，上虚己敛容，礼下之已甚。

光秉政前后二十年，地节二年春病笃⑥，车驾自临问光病⑦，上为之涕泣。光上书谢恩曰：“愿分国邑三千户，以封兄孙奉车都尉山为列侯，奉兄票骑将军去病祀。”事下丞相御史，即日拜光子禹为右将军。

【注释】

① 胡越兵：指外族归附的军队。胡，指北方少数民族。越，指南方少数民族。② 光两女婿：霍光女婿范明友为未央宫卫尉；邓广汉为长乐宫卫尉。③ 奉朝请：汉代对一些退职大臣、将军、皇室、外戚，给以奉朝请名义，使参加朝会，受到皇帝的朝见。④ 秉持：把持，掌握。⑤ 关白：关，通过。白，通知，告知。⑥ 地节二年：公元前 68 年。宣帝继位第六年。⑦ 车驾：此处代指皇帝。

光薨①，上及皇太后亲临光丧。太中大夫任宣与侍御史五人持节护丧事②。中二千石治莫府冢上③。赐金钱、缯絮④，绣被百领，衣五十箧，璧珠玑玉衣⑤，梓宫、便房、黄肠题凑各一具⑥，枞木外臧椁十五具⑦。东园温明⑧，皆如乘舆制度⑨。载光尸柩以辒辌车⑩，黄屋左纛⑪，发材官轻车北军五校士军陈至茂陵⑫，以送其葬。谥曰宣成侯。发三河卒穿复土⑬，起冢祠堂，置园邑三百家⑭，长丞奉守如旧法⑮。

——节选自《霍光金日磾传》

【注释】

① 薨(hōng)：古代侯王死叫薨。② 太中大夫：官名。

掌议论应对等。侍御史：官名。设在御史大夫之下，行监察等职，或奉使出外执行特定任务。③ 中二千石：汉代二千石的官秩分为三等，最高一等为中二千石。莫府：即幕府。此指在坟边设置的临时办事机构。④ 缯絮：用绸丝、丝绵制成的衣服。⑤ 玉衣：玉制葬服。用金丝连缀玉片而成。也叫玉匣。⑥ 梓宫：帝后用的梓木棺材。便房：用楩木做成的椁。便(pián)，通“楩”。黄肠题凑：用黄心柏木叠累而成，像四面有檐的屋子，置于棺上。木的头部向内，故称题凑。⑦ 外臧：外臧椁，厨厩之属。臧，通“藏”。⑧ 东园：官署名。专门制作供丧葬用的器物，属少府。温明：“温明”下脱“秘器”二字(依王先谦说)。形如方漆桶，一面开着，把镜子放在里面，悬在尸上，大敛时放入棺内。因藏棺内，故称秘器。⑨ 乘舆：代指皇帝。⑩ 辒辌(wēn liáng)车：一种供人卧息的车，旁有窗，可供开闭以调节温凉，故名辒辌车，后用作葬车。⑪ 黄屋：帝王车盖。以黄绸盖裹。左纛(dào)：皇帝车上饰有羽毛的大旗，设在车衡左方。⑫ 材官、轻车、北军：汉代三个军事部门。五校：五营。校，古代军事编制。⑬ 三河：指河东郡、河内郡、河南郡。⑭ 园：陵园。指霍光陵墓。⑮ 长丞：守护陵园的官吏。

【翻译】

霍光字子孟，是票骑将军霍去病的弟弟。他的父亲霍仲孺，河东郡平阳县人，在县衙里做小官，被派到平阳侯家中当差，与平阳侯家的侍女卫少儿私通，生了霍去病。霍仲孺当差期满回家，娶妻生了霍光，于是与卫少儿断绝往来，互相不通音信。过了很久，卫少儿的妹妹子夫得到武帝的宠爱，立为皇后，霍去病因为是皇后姐姐的儿子也很受宠爱。霍去病成年以后，才知道自己的父亲是霍仲孺，只是还没来得及寻访探问。正巧被任命为票骑将军出击匈奴，路过河东郡。河东郡太守到郊界上迎接，亲自替霍去病背着弓和箭，在前面引路，到了平阳县客舍，霍去病便派差吏去接霍仲孺。霍仲孺小跑着进去拜见，霍去病连忙迎上去回拜，于是跪下说："去病早先不知道自己是大人的亲骨肉。"霍仲孺伏在地上叩头，说："我这个老头子能把后半生托付给将军，这是老天爷的力量啊。"霍去病替父亲买了许多田地房屋和奴婢，然后离去。霍去病出征匈奴回来，又路过平阳，就带着霍光西行到长安，这时霍光十几岁，汉武帝任命他做了郎官，慢慢地提升为侍中，负责掌管尚书下设的各部事务。霍去病死后，霍光做了奉车都尉兼任光禄大夫，皇帝出行时侍奉车驾，回宫就侍奉在身边。出入宫廷二十多年，小心谨慎，没有什么过失，很得皇帝的信任。

征和二年，卫太子刘据受到江充的诬陷，被迫自杀，而燕王刘旦、广陵王刘胥都有很多过失。这时候武帝年老了，宠姬钩弋夫人赵倢伃有一个儿子，武帝心里想立他为继承人，让一位大臣辅佐他。细察众大臣当中只有霍光能担当重任，可以把国家大事托付给他。于是武帝就命令宫廷画工画了一幅周公怀抱着成王受诸侯朝见的画赐给霍光。后元二年春天，武帝到五柞宫游玩，病情沉重了，霍光流着眼泪问道："陛下如有不幸，谁应当是皇帝的继承人呢?"武帝说："先生没明白前次送你那幅画的意思吗？立我的小儿子，先生像周公那样辅佐幼主。"霍光叩头辞让说："我比不上金日磾。"金日磾也辞让说："我是外国人，比不上霍光。"于是，武帝任命霍光为大司马大将军，金日磾为车骑将军，太仆上官桀为左将军，搜粟都尉桑弘羊为御史大夫，他们都在武帝卧室床前下拜受封，接受遗诏辅佐少主。第二天，武帝去世，太子刘弗陵继承皇帝的称号，他就是孝昭皇帝。昭帝年仅八岁，国家政事一概由霍光决定。

当初，后元元年，侍中仆射莽何罗与他的弟弟重合侯马通阴谋反叛，霍光、金日磾、上官桀等人共同杀了他们，没有论功封赏。武帝病重时，写了一封玺书封好说："我死后打开玺书，依照上面指示行事。"这封遗诏封金日磾为秺侯，上官桀为安阳侯，霍光为博陆侯，都是因为以前捕杀反叛者有功加封的。当时卫尉王莽的儿子王忽随侍在宫中，他扬言说："皇帝临终时，我常在旁边，哪里有遗诏封这三个人的事情！不过是这帮家伙互相抬高罢了。"霍光听到这话后，狠狠地责备王莽，逼得王莽用毒酒杀死了儿子王忽。

霍光为人稳重谨慎，身高才七尺三寸，面色白净，眉清目秀，胡须很美。他每次出入宫门下殿阶，停走都有一定的位置，郎仆射暗中记下仔细察看，每次都不差分寸，他的天性就是这样严谨一丝不苟。霍光开始辅佐昭帝时，政令都由他亲自颁布，天下吏民都仰慕他的政治风采。有一天夜里，殿中曾经发生怪异，众大臣惊恐不安，霍光召见尚符玺郎，要收回玉玺，尚符玺郎不肯交给霍光。霍光便要夺取玉玺，尚符玺郎手按着剑说："我的头你可以拿去，玉玺你绝对得不到！"霍光认为他做得很对。第二天，下令把这个郎官的俸禄提升了两级。老百姓听说后没有不称赞霍光的。

霍光与左将军上官桀结为儿女亲家,关系亲密,霍光的大女儿做了上官桀儿子上官安的妻子。生了个女儿与昭帝年龄相当,上官桀通过昭帝姐姐鄂邑盖主的关系,把孙女纳入后宫做了倢伃,过了几个月就立为皇后。上官安因此做了票骑将军,封为桑乐侯。每逢霍光休假出宫的时候,上官桀就入宫代替霍光处理政事。上官桀父子已经得到了显贵的地位,因此很感激盖主的恩德。盖主私生活不检点,与河间丁外人相爱。上官桀父子想替丁外人求封爵位,希望依照娶公主者封为列侯的国家旧例,也封丁外人为列侯,霍光不允许。又请求封丁外人为光禄大夫,想让他有机会被皇帝召见,霍光又没允许。盖主因为这件事很怨恨霍光。上官桀父子多次为丁外人求封官爵都没有达到目的,也感到羞愧。武帝在世时,上官桀就已经做到九卿,地位原在霍光之上。到后来父子二人都做了将军,又有皇后在宫中的显贵地位,皇后是上官安的亲女儿,霍光不过是皇后的外祖父,但是却独揽了朝政,由此上官桀与霍光争起权来了。

燕王刘旦自以为是昭帝的哥哥,却不能继承皇位,心里常怀有怨恨。还有御史大夫桑弘羊因为创立了酒类专卖、盐铁官营的制度,为国家开辟了财源,就夸耀自己的功劳,想为子弟谋官做,达不到目的,也怨恨霍光。于是盖主、上官桀、上官安及桑弘羊都与燕王旦串通谋划,派人假冒燕王刘旦的使臣给皇帝上奏书,奏书上说:“霍光出外总领郎官、羽林军演习时,沿途超越本分地下令禁止通行,又派皇帝的膳食官先到目的地准备饮食。”又说：“从前苏武出使匈奴，被匈奴扣留二十年不投降，回国后才做了个典属国，而大将军幕府的长史杨敞，没有什么功劳却做了搜粟都尉。霍光还擅自选调增加大将军府的校尉。霍光独揽大权为所欲为，我怀疑他图谋不轨。我刘旦愿意把信符玺印交还朝廷，回京进宫护卫皇帝，监视奸臣反叛的行迹。”上官桀等到霍光出宫休假的日子，把奏章呈送给皇帝。上官桀打算乘机把这事交给下面主管部门处理，桑弘羊则与其他大臣一起逼迫霍光辞职。奏章呈上后，昭帝不肯批交下来。

第二天早晨，霍光听说了这件事，就停留在西阁画室里不上殿。昭帝问：“大将军在哪里？”左将军上官桀回答说：“因为燕王告发了他的罪行，所以不敢进殿。”昭帝下令召见大将军。霍光进殿，脱去帽子叩头谢罪，昭帝说：“将军把帽子戴上，我知道这封奏书是假的，将军没有罪。”霍光说：“陛下怎么知道是假的？”昭帝说：“你去广明总领郎官演习，是近日的事。你选调校尉以来也还不到十天，燕王怎么可能知道这事？况且你要作乱，并不需要增加校尉。”这时昭帝才十四岁，判断事情这样明智，尚书和左右朝臣都很惊讶，而那个上书的人果然逃跑了，皇帝下令紧急追捕逃犯。上官桀等人害怕了，对昭帝说这是小事不值得追究，昭帝不听信他们的话。

后来上官桀的同党凡是有谗言诬陷霍光的，昭帝便发怒说：“大将军是忠臣，是先帝托付辅佐我的人，再有敢诽谤大将军的就治罪。”从此上官桀等人不敢再说什么了，就谋划让盖主设酒席宴请霍光，埋伏下兵士击杀他，再趁机废掉昭帝,迎接燕王刘旦回京做皇帝。这个阴谋被发觉后,霍光把上官桀、上官安、桑弘羊、丁外人及他们的宗族全部杀了。燕王刘旦、盖主也都自杀。从此霍光威震天下。昭帝行过冠礼已到成年,但是还是把政事委托霍光,直到昭帝去世共十三年,百姓富裕,四方各国归服汉朝。

元平元年,昭帝去世。昭帝没有儿子,武帝六个儿子当时只有广陵王刘胥还在,大臣们在商议立谁当皇帝的时候,都主张立广陵王。广陵王原先因为品行不端正,不为武帝重用。因此霍光内心忧虑不安。有位郎官上书说:"古时候,周太王废掉长子太伯立少子王季,周文王舍弃长子伯邑考不立而立次子武王,只要是最合宜做皇帝的人,虽说是废长立少也是可以的。广陵王不可以继承皇位。"这番话正合霍光的心意。霍光把这份奏章给丞相杨敞等人看,并提升这位郎官做了九江郡太守。当天霍光奉了皇太后的命令,派代理大鸿胪职务的少府史乐成、宗正刘德、光禄大夫丙吉、中郎将利汉等人,迎接昌邑王刘贺进京。

刘贺是武帝的孙子,昌邑哀王的儿子。到了京师继承了皇位,行为放纵无道。霍光心里忧愁烦闷,这日独自与亲信的旧部下大司农田延年商量。田延年说:"将军是国家的栋梁,既然察觉此人做皇帝不合适,为什么不向太后建议,另选贤明的人立为皇帝呢?"霍光说:"现在我打算这样做,在古代曾经有过这样的先例吗?"田延年说:"伊尹做殷王朝丞相时,为了国家的安定废掉了太甲,后世称赞他的忠诚。将军如果能这样做,也就是汉朝的伊尹了。"霍光于是推荐田延年做了给事中,又私下里与车骑将军张安世进行谋划,然后召集丞相、御史、将军、列侯、中二千石、大夫、博士等在未央宫共同商议大事。霍光说:“昌邑王行为昏庸无道,恐怕会危害国家,大家看怎么办?”众大臣都很惊愕,心中疑虑,个个面无血色,没有人敢发言,只是唯唯诺诺地答应着罢了。田延年向前一步离开座位,手按着剑说:“当年先帝把幼主托付给将军,把国家重任交付给将军,是因为将军忠诚贤明能保住刘氏江山。如今百姓动荡不安,国家眼看着有倾覆的危险,况且汉朝世代相传,帝王谥号都用一个‘孝’字,就是希望子孙永远保有天下,使宗庙永享祭祀。如果汉朝灭亡了,将军即使是死了,九泉之下还有什么面目见先帝呢?今天商议的事情,要迅速决断不可迟疑。大臣们有迟疑不表态的,请允许我用剑斩了他。”霍光谢罪说:“大司农对我的责备完全正确,如今国内纷扰不安,我理当受到责难。”于是参加商议的人都叩头,说:“天下百姓的生死安危全取决于将军了,我们听将军的命令。”

霍光随即与众大臣一同上朝禀告太后,详细地陈述了昌邑王刘贺不能胜任皇位的情况。于是皇太后乘车驾到了未央宫承明殿,命令各宫门不准放昌邑王大臣们进宫。昌邑王进宫朝拜太后回来,乘车子打算回温室殿,中黄门宦官各把持门扇,昌邑王刚进宫门,宫门紧跟着就关闭了,使昌邑王的众大臣无法进宫。昌邑王说:“为什么关门?”霍光跪下说:“有皇太后的命令,不准昌邑王的群臣进宫。”昌邑王说:“慢一点嘛,为什么弄得这样惊人!”霍光派人把昌邑王的群臣全赶出去,赶到金马门外。车骑将军张安世率领禁卫军羽林骑兵逮捕了昌邑王手下二百多人,都送交廷尉关进诏狱里。霍光派原先昭帝的侍中、中常侍看守昌邑王。并告诫他们说:“要小心看守,如果昌邑王突然死亡或自杀了,那样就使我对不起天下人,要担当杀君的恶名。”昌邑王这时还不知道自己要被废掉,对看守他的人说:“我带来的那些大臣、侍从犯了什么罪,大将军竟把他们都逮捕了?”过了一会儿,传来太后召见昌邑王的命令。昌邑王听说太后召见,心里害怕,这才说:“我犯了什么罪太后召见我?”太后披着珍珠缀饰的短袄,身穿华贵的礼服端坐在武帐中,守卫在左右的数百名侍从都手持武器,期门武士也都拿着戟,排列在殿阶下守护。众大臣按品级依次上殿,命令昌邑王伏在太后面前听诏令。霍光与众大臣联名参奏昌邑王,尚书令宣读奏章。……

皇太后下诏说:“准奏。”霍光让昌邑王起来跪拜接受诏令,昌邑王说:“我听说,天子有七个谏诤的大臣,即使是无道也不至于失去天下。”霍光说:“皇太后已经下令废掉了你,那还是什么天子!”于是走向前抓起昌邑王的手,解下玺印,呈献给太后,然后扶着昌邑王下殿,走出金马门,群臣随着陪送。昌邑王面朝西拜别,说:“我愚昧不能胜任朝廷大事!”起身坐上皇帝的副车。霍光送到昌邑王府,谢罪说:“王的行为自绝于上天,臣等怯懦无能,不能用死报答您!我宁可对不起您,不敢对不起国家。希望您善自珍重,今后我再也不能侍从在您的左右了。”霍光流着眼泪离去。众大臣上奏说:“古时候被废掉放逐的人要退避到远方,不再参予政事,请求把昌邑王流放到汉中房陵县。”太后命令刘贺依旧回到昌邑旧封地,又赐给他汤沐邑二千户。昌邑王旧臣们因为没有尽到辅导君王的职责,使昌邑王陷于邪恶,霍光把他们二百多人全杀了。这些人从监狱出来押赴刑场时，在街上哭喊着说："应当杀霍光时不当机立断，反而遭到他的残杀。"

霍光坐在庭堂中，会集丞相以下的官员商议立谁做皇帝。当时，广陵王早已不被信用，还有燕刺王刘旦因谋反自杀，他的儿子也不在考虑之中。皇帝的近亲中，只有卫太子的孙子，号皇曾孙的，现在民间，老百姓都称赞他。于是霍光又与丞相杨敞等上奏皇太后说："《礼记》上说：'为人的道理，人总是亲爱自己的父母，所以才尊敬自己的祖先；因为尊敬自己的祖先，所以也应该敬重同宗的人。'嫡亲长房没有后代，可以选择同族近支子孙中贤能的人做继承人。武帝的曾孙名叫病已，武帝在世时命令掖庭抚养照顾，至今已经十八岁了，从师学习《诗经》、《论语》、《孝经》，为人俭朴，仁慈爱人，可以做昭帝的继承人，祭祀宗庙，统治万民。臣等敢冒死罪禀告太后。"皇太后下令说："准奏。"霍光派宗正刘德到尚冠里的曾皇孙家，让他洗了澡又赐给他御衣，再由太仆用轻便小车迎接到宗正府斋戒，然后进未央宫拜见皇太后，被封为阳武侯。过了不久，霍光向曾皇孙奉上皇帝玉玺，拜谒了高祖陵庙，这就是汉宣帝。第二年，宣帝下诏令说："表扬有德的人，赏赐立大功的人，这是古今共同的道理。大司马大将军霍光多年宿卫后宫，忠心耿耿，正直无私，宣扬表彰皇家恩德，谨守节操，主持正义，使汉朝江山得到安定。把河北、东武阳两县的一万七千户加封给霍光。"与原来的封邑合起来共二万户。前后共赏赐黄金七千斤，钱六千万，杂色丝绸三万匹，奴婢一百七十人，豪华的宅第一所。

从昭帝在位时，霍光的儿子霍禹、霍光哥哥的孙子霍云都做中郎将，霍云的弟弟霍山任奉车都尉侍中，统领南北各民族归附的军队。霍光的两个女婿是东西两宫的卫尉，兄弟辈的女婿、外孙都享有奉朝请的资格，分别做了各部门的大夫、骑都尉、给事中等官。霍光亲戚族人在朝中连成一体，根深蒂固地盘踞在朝廷。霍光从后元年间开始把持朝政，直到宣帝继位，才把政权交给宣帝。宣帝谦让不肯接受，一切大事都先通过霍光，然后呈奏皇帝。霍光每次朝见宣帝，宣帝虚心庄重，对霍光十分谦恭有礼。

霍光执政前后共二十年，在地节二年春天病重，宣帝亲自登门探视，见霍光病情沉重，宣帝难过得流泪。霍光上书谢恩，说："希望把我的封地三千户，用来封哥哥的孙子车骑都尉霍山为列侯，以供奉哥哥票骑将军霍去病的享祀。"皇帝把这事交丞相、御史办理，当天封霍光的儿子霍禹为右将军。

霍光病逝，皇帝和皇太后亲临吊丧。太中大夫任宣和侍御史五人持节符护理丧事。中二千石的官在墓地设置临时办事机构。皇帝赏赐了金钱、丝绸絮绵、绣被一百领，衣服五十箱，金缕玉衣，梓木棺材、楩木外椁、黄肠题凑各一具，枞木外臧椁各十五具。东园温明秘器等随葬物品，都与皇帝葬礼一样。装载霍光棺柩的灵车，车上有黄缯做的车盖，左边车衡插上装饰了羽毛的大旗。调遣材官、轻车、北军五个营的军士列队直到茂陵，为霍光送葬。霍光谥号宣成侯。皇帝征调河东、河内、河南三郡的士卒为霍光掘土修墓，建造祠堂，并在祠堂附近设置了三百户人家作为守护陵墓的封邑，长丞按照旧例守护陵墓。

赵广汉传

赵广汉是西汉中期一位守法尽职的官吏。汉宣帝时任颍川太守，因政绩突出，迁京兆尹。赵广汉为官廉明，豪强慑伏，很受老百姓的颂扬。尤其善于调查研究，也即文中所说的善于“钩距”法。

尽管赵广汉精于政务，勤于职守，但终因执法不避权贵，犯了“摧辱大臣”的罪被腰斩。班固赞叹说：“广汉虽坐法诛，为京兆尹廉明，威制豪强，小民得职，百姓追思，歌之至今。”

•

赵广汉字子都，涿郡蠡吾人也①，故属河间②。少为郡吏、州从事③，以廉洁通敏下士为名。举茂材④，平准令⑤。察廉为阳翟令⑥。以治行尤异，迁京辅都尉⑦，守京兆尹⑧。会昭帝崩，而新丰杜建为京兆掾，护作平陵方上⑨。建素豪侠，宾客为奸利⑩，广汉闻之，先风告⑪。建不改，于是收案致法。中贵人豪长者为请无不至，终无所听。宗族宾客谋欲篡取⑫，广汉尽知其计议主名起居，使吏告曰：“若计如此，且并灭家。”令数吏将建弃市⑬，莫敢近者，京师称之。

【注释】

① 涿郡：汉代郡名。在今河北省。蠡(lǐ)吾：县名。在今河北省博野县西南。② 河间：地名。汉为河间国。今河北省境内。③ 州从事：官名。州刺史的佐官。④ 茂材：茂才。即秀才。汉代举用人才的科目。东汉时因避光武帝刘秀讳改称茂才。⑤ 平准令：官名。大司农属官。掌管转输物资，平衡物价。⑥ 廉：汉代选举人才的科目。由郡内选举孝、廉各一人，后合称孝廉。⑦ 京辅：即京畿。京都所在地及行政管辖区。都尉：官名。辅佐郡守，掌管郡内军事治安。⑧ 京兆尹：官名。京辅的行政长官。掌治长安、新丰等十二个县。相当于郡太守。⑨ 方上：墓穴。⑩ 宾客：指家内依附人员，相当于后世投靠豪门的人。⑪ 风(fěng)：通“讽”。用暗示的话规劝。⑫ 篡取：强取。⑬ 弃市：古代死刑。执行于闹市，且暴尸街头示众。

是时，昌邑王征即位，行淫乱，大将军霍光与群臣共废王，尊立宣帝。广汉以与议定策[1]，赐爵关内侯[2]。

迁颍川太守[3]。郡大姓原、褚宗族横恣，宾客犯为盗贼，前二千石莫能禽制[4]。广汉既至数月，诛原、褚首恶，郡中震栗[5]。

先是，颍川豪杰大姓相与为婚姻，吏俗朋党。广汉患之，厉使其中可用者受记[6]，出有案问，既得罪名，行法罚之。广汉故漏泄其语，令相怨咎[7]，又教吏为缿筩[8]，及得投书，削其主名，而托以为豪杰大姓子弟所言。其后强宗大族家家结为仇雠⑨，奸党散落，风俗大改。吏民相告讦，广汉得以为耳目，盗贼以故不发，发又辄得。壹切治理⑩，威名流闻，及匈奴降者言匈奴中皆闻广汉。

【注释】

① 与(yù)：参加。② 关内侯：爵名。居京畿食租税，故称关内侯。③ 颍川：郡名。今河南中部南部一带。④ 二千石：官俸每月二千石一级的官。代称太守。禽制：制服。禽，通"擒"。⑤ 栗(lì)：通"慄"。害怕。⑥ 厉：勉励；奖励。记：此指诉讼书之类的文记。⑦ 怨咎(jiù)：怨恨，责怪。⑧ 缿筩(xiàng tǒng)：接受信件的器具。相当于现在的信箱。缿，古代储钱器，由瓦或竹制成，小口，可入而不可出。筩，竹筒。⑨ 仇雠(chóu)：仇人。⑩ 壹切：一切。

本始二年①，汉发五将军击匈奴②，征广汉以太守将兵，属蒲类将军赵充国③。从军还，复用守京兆尹，满岁为真④。

广汉为二千石，以和颜接士，其尉荐待遇吏⑤，殷勤甚备。事推功善，归之于下，曰："某掾卿所为，非二千石所及。"行之发于至诚。吏见者皆输写心腹⑥，无所隐匿，咸愿为用，僵仆无所避。广汉聪明，皆知其能之所宜，尽力与否。其或负者⑦，辄先闻知，风谕不改⑧，乃收捕之，无所逃。按之罪立具，即时伏辜⑨。

【注释】

① 本始二年：汉宣帝年号。公元前 77 年。② 五将军：本始二年秋天，汉宣帝派遣五位将军统兵讨伐匈奴。他们是：御史大夫田广明为祁连将军，度辽将军范明友，前将军韩增，后将军赵充国为蒲类将军，云中太守田顺为虎牙将军。③ 蒲类将军：临出征时，为统帅别加的称号。④ 真：正式任命。⑤ 尉荐：安慰。⑥ 写（xiè）：宣泄，倾吐。⑦ 负者：指不尽力的人。⑧ 风（fěng）谕：同“讽谕”。⑨ 伏辜：服罪，认罪。

广汉为人强力①，天性精于吏职。见吏民，或夜不寝至旦。尤善为钩距②，以得事情。钩距者，设欲知马贾③，则先问狗，已问羊④，又问牛，然后及马，参伍其贾⑤，以类相准，则知马之贵贱不失实矣。唯广汉至精能行之，它人效者莫能及也。郡中盗贼，闾里轻侠，其根株窟穴所在，及吏受取请求铢两之奸，皆知之。长安少年数人会穷里空舍谋共劫人⑥，坐语未讫⑦，广汉使吏捕治具服⑧。富人苏回为郎，二人劫之。有顷，广汉将吏到家，自立庭下，使长安丞龚奢叩堂户晓贼⑨，曰：“京兆尹赵君谢两卿，无得杀质，此宿卫臣也。释质，束手，得善相遇，幸逢赦令，或时解脱。”二人惊愕，又素闻广汉名，即开户出，下堂叩头，广汉跪谢曰：“幸全活郎，甚厚！”送狱，敕吏谨遇，给酒肉⑩。至冬当出死，豫为调棺⑪，给敛葬具，告语之，皆曰：“死无所恨！”

【注释】

①强力：尽力，努力。②钩距：犹多方面地调查比较。③贾(jià)：价钱。④已：随后。⑤参(sān)伍：也作“参五”，错综比较验证。⑥穷里：偏僻的里巷。⑦讫(qì)：完毕。⑧具：通“俱”。⑨丞：官名。即县丞，县令的佐官。⑩给(jǐ)：供给。⑪豫：事先准备。

广汉尝记召湖都亭长①，湖都亭长西至界上，界上亭长戏曰：“至府，为我多谢问赵君。”亭长既至，广汉与语，问事毕，谓曰：“界上亭长寄声谢我②，何以不为致问？”亭长叩头服实有之。广汉因曰：“还为吾谢界上亭长，勉思职事，有以自效，京兆不忘卿厚意。”其发奸擿伏如神③，皆此类也。

广汉奏请，令长安游徼狱吏秩百石④，其后百石吏皆差自重⑤，不敢枉法妄系留人。京兆政清，吏民称之不容口。长老传以为自汉兴以来治京兆者莫能及。左冯翊、右扶风皆治长安中⑥，犯法者从迹喜过京兆界⑦，广汉兴叹曰：“乱吾治者，常二辅也！诚令广汉得兼治之，直差易耳。”

【注释】

①亭长：官名。西汉时，在乡村每十里间设亭，置亭长。掌管亭内治安。设在城内和城两边的称都亭。②寄声：口头传达问候。③擿(tì)伏：揭露隐秘的事。擿，揭露。④游徼：乡官名。掌管察捕盗贼。⑤差(chā)：比较地。

⑥ 左冯翊、右扶风：西汉时，关中分为三区，即京兆、左冯翊、右扶风。合称三辅。官署都设在长安城内。⑦ 从（zōng）迹：通“踪迹”。

初，大将军霍光秉政，广汉事光。及光薨后，广汉心知微指[①]，发长安吏自将，与俱至光子博陆侯禹第，直突入其门，廋索私屠酤[②]，椎破卢罂[③]，斧斩其门关而去。时光女为皇后，闻之，对帝涕泣。帝心善之，以召问广汉。广汉由是侵犯贵戚大臣。所居好用世吏子孙新进年少者[④]，专厉强壮蜂气[⑤]，见事风生，无所回避，率多果敢之计，莫为持难。广汉终以此败。

【注释】

① 微指：也作“微旨”。指隐微不明的意图。② 廋（sōu）：通“搜”。③ 卢：通“垆”。酒家安放盛酒器的土坛子。罂（yīng）：瓦缸，盛酒器。④ 进：指出来做官。⑤ 蜂（fēng）：通“锋”。锋利。

初，广汉客私酤酒长安市[①]，丞相吏逐去。客疑男子苏贤言之，以语广汉。广汉使长安丞按贤，尉史禹故劾贤为骑士屯霸上，不诣屯所，乏军兴[②]。贤父上书讼罪，告广汉，事下有司覆治[③]。禹坐要斩[④]，请逮捕广汉。有诏即讯，辞服，会赦，贬秩一等。广汉疑其邑子荣畜教令，后以它法论杀畜。人上书言之，事下丞相御史，案验甚急[5]。广汉使所亲信长安人为丞相府门卒，令微司丞相门内不法事[6]。地节三年七月中[7]，丞相傅婢有过[8]，自绞死。广汉闻之，疑丞相夫人妒杀之府舍。而丞相奉斋酎入庙祠[9]，广汉得此，使中郎赵奉寿风晓丞相，欲以胁之，毋令穷正己事。丞相不听，按验愈急。广汉欲告之，先问太史知星气者[10]，言今年当有戮死大臣，广汉即上书告丞相罪。制曰[11]："下京兆尹治。"广汉知事迫切，遂自将吏卒突入丞相府，召其夫人跪庭下受辞[12]，收奴婢十余人去，责以杀婢事。丞相魏相上书自陈："妻实不杀婢。广汉数犯罪法不伏辜，以诈巧迫胁臣相，幸臣相宽不奏。愿下明使者治广汉所验臣相家事。"事下廷尉治[13]，实丞相自以过谴笞傅婢，出至外弟乃死[14]，不如广汉言。司直萧望之劾奏[15]："广汉摧辱大臣，欲以劫持奉公，逆节伤化，不道。"宣帝恶之，下广汉廷尉狱。又坐贼杀不辜，鞠狱故不以实[16]，擅斥除骑士乏军兴数罪。天子可其奏。吏民守阙号泣者数万人，或言："臣生无益县官[17]，愿代赵京兆死，使得牧养小民。"广汉竟坐要斩。

广汉虽坐法诛，为京兆尹廉明，威制豪强，小民得职。百姓追思，歌之至今。

【注释】

①酤酒：卖酒。②乏军兴：违犯军队纪律的罪名。③有司：指官吏。古代设官分职，各有其司，故称有司。④要（yāo）斩：即腰斩。古代死刑。⑤案验：审问，调查。⑥微司：暗地里侦察。司，通"伺"。⑦地节三年：公元前

67年。⑧ 傅婢:亲近的侍女。⑨ 酎(zhòu):祭祀于天子的宗庙。⑩ 太史:官名。掌天文历法。⑪ 制:皇帝的命令。⑫ 受辞:受审问。⑬ 廷尉:官名。掌管刑狱。⑭ 弟:通“第”。⑮ 司直:官名。辅助丞相检举不法。⑯ 鞠狱:审讯囚犯。鞠,通“鞫”。审讯。⑰ 县官:指皇帝,或指朝廷。

——节选自《赵尹韩张两王传》

【翻译】

赵广汉字子都,涿郡蠡吾县人,这地方旧时属于河间。赵广汉年轻的时候担任过郡吏和州从事等官职,因为做官廉洁,为人聪明机智,礼贤下士而出了名。被选拔为茂才,当了平准令。后来,通过考核被推举为廉士出任阳翟县令。因为治理政务成绩突出,调任京畿都尉,并试任京兆尹。当时正逢昭帝去世,新丰县人杜建担任京兆属官,负责助理监作昭帝在平陵的墓穴。杜建一向强横放纵,家中宾客又乘修墓之机营私谋利,赵广汉听说这件事后,先婉言规劝他。杜建不改,于是赵广汉把他逮捕立案,准备以法惩办。朝中有地位的宦官及豪杰和长者都纷纷前来请求从宽处理杜建,赵广汉始终没听从他们的请求。杜建的族人和宾客谋划劫取杜建,赵广汉对他们中间主谋者的姓名和日常动向,了解得一清二楚,于是派差吏警告他说:“你们计划这样做,将一并杀灭全家。”赵广汉命令几个差吏押解杜建到闹市执行死刑,杜建的宗族宾客没有谁敢近前的。于是京师的人都称赞赵广汉。

这时,昌邑王被征召进京继承了皇位,昌邑王行为荒淫无道，大将军霍光与众大臣一起废掉了昌邑王，尊立宣帝。赵广汉因为参加讨论定策，被赐了关内侯的爵位。

赵广汉调任颍川太守。郡中有原、褚两个大姓宗族横行不法，为所欲为，他们家中的宾客偷盗抢劫，危害治安，前几任太守没有谁能捉拿并制服他们的。赵广汉到了颍川几个月，杀了原、褚两姓的首恶分子，郡中人都很震惊害怕。

在这以前，颍川豪强大姓互相结为姻亲，郡中吏民也拉帮结伙。赵广汉厌恨这些人，于是奖励其中可利用的人，让他们了解控告书的内容，并出庭审讯查问有关案犯，已经弄清罪状的，执行刑法处罚。赵广汉不故意泄露出告发人说的话，使他们互相怨恨责怪。又让差吏设置了控告信箱，收到控告信后，删去控告者的姓名，而假托控告内容是某豪强大姓子弟说出来的。从这以后，强宗大族家家结为仇人，奸党纷纷散伙，郡中风俗大变，官吏和老百姓也互相揭发阴私，赵广汉得到这些人做耳目，因此盗贼不敢作案，即使有作案的又很快被捉获。郡内处处安定而有秩序，赵广汉威名四方流传，投降汉朝的匈奴人说，连匈奴国内都知道赵广汉。

本始二年，汉朝派遣五位将军统兵抗击匈奴，征调赵广汉以太守的官职领兵，隶属在蒲类将军赵充国部下。赵广汉从征回来，又试任京兆尹，一年后正式任职。

赵广汉担任京兆尹，接待贤士，态度和蔼，对待下属，安抚慰劳和奖掖，殷勤周到。凡是有举功行赏的事，总是把功劳归于属下，他说："这些事是某属官所做的事，这不是郡守能做得到的。"他这样做完全是真诚的发自内心。

求见他的差吏都向他倾吐心里话，没有什么隐瞒的，都愿替他卖力，即使冒着生命危险也没有谁躲开。赵广汉为人聪明，了解每个差吏的能力适合做什么工作，工作是否尽力。其中有不尽力的人，总是先了解清楚，婉言规劝之后不改正的，才去逮捕他，没有谁逃掉。通过审问验查，立刻定罪，被讯问的人都当即服罪。

赵广汉为人努力能干，生性擅长作官。接见下属官吏和老百姓，有时整夜不睡直到天亮。赵广汉尤其善于钩距法，用这种方法弄清事实。所谓“钩距”法，譬如想知道马的价钱，却先问狗的价钱，随后问羊价，又问牛价，然后才问到马价，这样错综验证，按类比照，就知道马价的高低，不会有差错了。只有赵广汉最精通运用这种方法，别人仿效都比不上他。郡中盗贼，乡里行为不轨的人，他们的根子和巢穴在什么地方，以及差吏收取极小的贿赂，赵广汉都知道得一清二楚。有一次，长安城里几个年轻人，聚集在偏僻里巷的一间空屋里策划绑架人，坐在那里还没有商议完，赵广汉就派差吏把他们逮捕审讯，几个人全都认了罪。郡中富人苏回是个郎官，有两个人劫持了他。过了不一会儿，赵广汉就带领差吏来到罪犯家中，赵广汉站在院子里，让长安县丞龚奢敲堂屋门告知罪犯，说：“京兆尹赵君告诉二位，不准杀害人质，他是朝廷的侍卫官。你们释放人质，束手就擒，会得到优待，有幸遇到皇帝的恩赦令，也还是有机会免罪释放的。”那两个人很惊慌，又一向听说赵广汉的威名，就立即开门出来，到屋前阶下叩头请罪，赵广汉跪谢说：“幸亏你们保全了郎官的生命，承蒙厚意。”于是赵广汉把他们送到狱中，又嘱咐差役好好对待，供给他们酒肉饮食。到了这年冬天，这两个罪犯处以死刑，赵广汉事先为他们征调了棺材，供给敛葬的衣物，并事先告诉他们，这两个人都说："我们该死，没什么怨恨的！"

有一次赵广汉发文书召见湖都亭长，湖都亭长西行到界上，界上亭长开玩笑说："到了郡府，替我多多问候赵君。"湖都亭长到了郡府，赵广汉与他谈话，又问了一些事情，谈话完毕后，对他说："界上亭长让你传口信问候我，为什么不替他传达问候呢？"这个亭长忙点头表示佩服，承认确实有这回事。赵广汉便托咐说："回去路过界上，替我感谢界上亭长，让他努力多多考虑份内的政务，如果能够尽心尽力，我不会忘了他的厚意。"赵广汉揭发坏人坏事，揭露别人隐秘如神明，全都像这一样。

赵广汉替吏属请求加封，使长安游徼狱吏的俸禄加到一百石，这以后，那些被加封的官吏都比较自重，不敢违反法律拘留人。京兆地区政治清明，官吏和老百姓都赞不绝口。年长的人传颂说，从汉朝建立以来，治理京兆的官没有谁比得上赵广汉。左冯翊、右扶风官署都设在长安城里，犯法的逃跑喜欢路过京兆界。赵广汉感叹地说："扰乱我们安宁的，常常是这左冯翊、右扶风二辅！果真让我兼管这二辅，只不过是很容易的事罢了。"

当初，大将军霍光掌握朝中大权，赵广汉在霍光手下做官。到了霍光死后，赵广汉明白宣帝心中的意图，于是调遣长安差吏由他亲自带领，一起来到霍光的儿子博陆侯霍禹的府第，径直冲进他的府门，搜捕私自营业的屠户和酒贩子，并且用木槌打破酒坛酒缸，用斧子砍断门闩，扬长而去。当时霍光的女儿是皇后，听说这事后，在皇帝面前哭泣。昭帝心里喜欢赵广汉这样做，所以只是召见他询问了这件事，没有处罚。从此赵广汉常侵辱冒犯朝廷的贵族大臣。赵广汉喜欢任用旧官吏家的子孙，这些人都是新出来做官的年轻人，独断专行，性猛体壮，锋芒毕露，遇事冲动，无所顾忌，常常提出一些果断坚决的主张，因此没有人坚持与他们为难。赵广汉却终究因此毁败。

当初，赵广汉家中食客在长安市场私营酒业，被丞相手下差吏赶出长安城。食客怀疑是苏贤告发了这件事，把这个想法告诉了赵广汉。赵广汉让长安丞审问苏贤，尉史禹故意弹劾苏贤身为驻扎在霸上的骑士，不去霸上服役，犯了乏军兴的罪。苏贤的父亲上书申诉，控告赵广汉，案子交给主事的官吏审理。结果尉史禹判了腰斩罪，并请求逮捕赵广汉。皇帝下令就地审讯，赵广汉认罪，正巧遇到恩赦，只减了俸秩一级。赵广汉怀疑这件事是苏贤的同邑人荣畜唆使的，后来用别的罪名处死了荣畜。有人上书告发赵广汉，皇帝把这个案子交给丞相御史办理，追查得很紧。赵广汉让一个亲信的长安人做了丞相府的门卒，叫他暗中探察丞相府内违法的事。早在地节三年七月中，丞相的贴身侍女因犯了过错，自缢而死。赵广汉听说了这件事，怀疑是丞相夫人因为嫉妒在府舍中杀死了侍女。正巧遇上丞相因为要去帝王宗庙祭祀，而在家中斋戒，赵广汉得到这个机会，就让中郎赵奉寿暗示丞相关于杀死侍女的事，想以此来要胁他，使他不去追查自己的案子。丞相不听，追查得更紧了。赵广汉想控告丞相，事先询问懂得星象的太史，太史说今年将有大臣被杀。于是赵广汉控告丞相杀害侍女有罪。皇帝下令说："这事由京兆尹审理。"赵广汉知道事情紧迫，立即亲自带领吏卒突然冲入丞相府，召来丞相夫人，让她跪在院子里受审问，然后又带走了奴婢十多人，责问她们关于杀死侍女的事。丞相魏相上书陈述说："我妻子确实没有杀死侍女。赵广汉多次触犯刑法而不认罪，却用奸诈的手段胁迫我，目的是让我宽容不追查上报他的罪行。我请求把赵广汉审理的我家杀死侍女一案，交给清正的官吏审理。"于是案子交给廷尉审理。审讯的结果是，由于侍女有过错，受到丞相责问鞭打，被逐出相府，在外宅死的，与赵广汉说的不一样。司直萧望之上奏弹劾赵广汉，说："赵广汉凌辱大臣，企图劫持奉公守法的人，违逆节操，有伤风化，大逆不道。"于是宣帝厌恶赵广汉，把他押进廷尉监狱，又判赵广汉犯有以下罪状：戕杀无罪的人；审案故意不依据事实；擅自以乏军兴罪遣除骑士等。皇帝批准了这个奏章。有官吏和老百姓数万人守在宫门外哭喊着，有的人说："我活着对朝廷没什么用处，愿意代替赵京兆去死，让他能活着牧养老百姓。"赵广汉终究被判了腰斩的死罪。

赵广汉虽然被判罪处死，但是他做京兆尹，廉洁清明，用强力制服了豪强，使郡内的百姓各得其所，老百姓怀念他，直到今天还在颂扬他。

严延年传

少年时候就在丞相府学习过法律的严延年，敢于告发，得到宣帝的赏识，先后被任命为平陵县令和好畤县令。以后又升任涿郡太守，调任河南郡太守。为官期间，严延年用严刑峻法维持地方的表面平静，建立个人的威望。虽然他也打击豪强，但他生性残忍，往往凭个人憎恶，歪曲法令，制造冤狱，给人民带来灾难，使各阶层的人都生活在恐怖之中，由于他杀人无度，不仅百姓称他为“屠伯”，就连他自己的母亲也不禁为之寒心，并且预见到他必然覆灭的下场。

严延年字次卿，东海下邳人也①。其父为丞相掾②，延年少学法律丞相府，归为郡吏。以选除补御史掾③，举侍御史④。是时大将军霍光废昌邑王，尊立宣帝。宣帝初即位，延年劾奏光“擅废立，亡人臣礼，不道”。奏虽寝⑤，然朝廷肃焉敬惮。延年后复劾大司农田延年持兵干属车⑥，大司农自讼不干属车⑦。事下御史中丞⑧，谴责延年何以不移书宫殿门禁止大司农，而令得出入宫。于是覆劾延年阑内罪人⑨，法至死。延年亡命。会赦出，丞相御史府征书同日到，延年以御史书先至，诣御史府，复为掾。宣帝识之，拜为平陵令，坐杀不辜[⑩]，去官。后为丞相掾，复擢好畤令。神爵中，西羌反，强弩将军许延寿请延年为长史[⑪]，从军败西羌，还为涿郡太守。

【注释】

① 下邳(pī)：在今江苏睢宁西北。② 掾(yuàn)：属官的通称。③ 除：拜官任职。④ 侍御史：御史大夫的属官。职责是受理公卿奏事，举劾非法，督察郡县。⑤ 寝：停止进行，搁置。⑥ 大司农：官名。掌管国家的财政收支。⑦ 讼：争辩，辩解。⑧ 御史中丞：官名。御史大夫的副职。⑨ 阑：擅自进出。⑩ 辜：犯罪。⑪ 长(zhǎng)史：此处为将军的属官。

时郡比得不能太守，涿人毕野白等由是废乱。大姓西高氏、东高氏，自郡吏以下皆畏避之，莫敢与牾[①]，咸曰："宁负二千石[②]，无负豪大家。"宾客放为盗贼[③]，发，辄入高氏，吏不敢追。浸浸日多[④]，道路张弓拔刃，然后敢行，其乱如此。延年至，遣掾蠡吾赵绣桉高氏得其死罪[⑤]。绣见延年新将[⑥]，心内惧，即为两劾，欲先白其轻者，观延年意怒，乃出其重劾。延年已知其如此矣。赵掾至，果白其轻者，延年索怀中，得重劾，即收送狱。夜入，晨将至市论杀之[⑦]，先所桉者死，吏皆股弁[⑧]，更遣吏分考两高，究竟其奸，诛杀各数十人。

郡中震恐，道不拾遗。

三岁，迁河南太守，赐黄金二十斤。豪强胁息⑨，野无行盗，威震旁郡。其治务在摧折豪强，扶助贫弱。贫弱虽陷法，曲文以出之；其豪桀侵小民者，以文内之。众人所谓当死者，一朝出之；所谓当生者，诡杀之。吏民莫能测其意深浅，战栗不敢犯禁。桉其狱，皆文致不可得反。

【注释】

① 牾（wǔ）：同“忤”。违逆，抵触。② 二千石：汉代郡守的俸禄为二千石，因此，“二千石”就成了郡守的代称。③ 放：放纵。④ 浸：渐。⑤ 桉：同“案”。查考，查究。⑥ 新将：即新为郡将。称郡守为郡将，是因郡守也兼掌兵权。⑦ 论：定罪。⑧ 弁：颤抖。⑨ 胁息：胁，收敛。息，气息。

延年为人短小精悍，敏捷于事，虽子贡、冉有通艺于政事①，不能绝也。吏忠尽节者，厚遇之如骨肉，皆亲乡之，出身不顾，以是治下无隐情。然疾恶泰甚②，中伤者多，尤巧为狱文③，善史书④，所欲诛杀，奏成于手，中主簿亲近史不得闻知。奏可论死，奄忽如神⑤。冬月，传属县囚，会论府上，流血数里，河南号曰“屠伯”⑥。令行禁止，郡中正清⑦。

【注释】

① 子贡、冉有：孔子的学生，都曾做过官。冉有，即

"冉求"。② 泰甚：过甚。③ 巧：善于。④ 史书：指汉代通行的隶书。⑤ 奄忽：急速。⑥ 伯：魁首。⑦ 正：通"政"。政事。

是时张敞为京兆尹①，素与延年善。敞治虽严，然尚颇有纵舍，闻延年用刑刻急，乃以书谕之曰："昔韩卢之取菟也②，上观下获，不甚多杀。愿次卿少缓诛罚，思行此术。"延年报曰："河南天下咽喉，二周余斃③，莠盛苗秽④，何可不钼也⑤？"自矜伐其能，终不衰止。时黄霸在颍川以宽恕为治，郡中亦平，娄蒙丰年⑥，凤皇下，上贤焉，下诏称扬其行，加金爵之赏。延年素轻霸为人，及比郡为守⑦，褒赏反在己前，心内不服。河南界中又有蝗虫，府丞义出行蝗，还见延年，延年曰："此蝗岂凤皇食邪？"义又道司农中丞耿寿昌为常平仓⑧，利百姓，延年曰："丞相御史不知为也，当避位去。寿昌安得权此？"后左冯翊缺⑨，上欲征延年，符已发，为其名酷复止。延年疑少府梁丘贺毁之⑩，心恨。

【注释】

① 京兆尹：汉代管理京城地区的三个职官之一，职位相当于郡太守。② 韩卢之取菟：韩卢，战国时韩氏的良犬。菟，通"兔"。③ 斃：同"弊"。弊病，弊陋。④ 莠（yǒu）：恶草。常用来比喻坏人。⑤ 钼：同"锄"。⑥ 娄：同"屡"。⑦ 比：邻近。⑧ 常平仓：耿寿昌首创，在边郡筑粮仓，谷贱高价籴入，谷贵时低价粜出，以调节粮价，备荒赈灾。⑨ 左

冯(píng)翊(yì):汉代管理京城地区的三个职官之一。⑩ 少府:官名。掌管皇室的税收。

会琅邪太守以视事久病[1],满三月免,延年自知见废,谓丞曰:“此人尚能去官,我反不能去邪[2]?”又延年察狱史廉[3],有臧不入身[4],延年坐选举不实贬秩[5],笑曰:“后敢复有举人者矣!”丞义年老颇悖,素畏延年,恐见中伤。延年本尝与义俱为丞相史,实亲厚之,无意毁伤也,馈遗之甚厚[6]。义愈益恐,自筮得死卦,忽忽不乐,取告至长安[7],上书言延年罪名十事。已拜奏,因饮药自杀,以明不欺。事下御史丞按验,有此数事,以结延年[8],坐怨望非谤政治不道弃市[9]。

【注释】

① 视事:任职,治事。② 能:及,到。③ 廉:孝与廉本为汉代选拔官吏的两种科目名称,孝指孝子,廉指廉洁之士,后合并为一科,称“孝廉”。④ 臧:同“赃”。⑤ 秩:指官吏的职位和品级。⑥ 馈遗(kuì wèi):赠送,赠与。⑦ 取告:休假。⑧ 结:定罪。⑨ 怨望:怨恨。

初,延年母从东海来,欲从延年腊[1],到洛阳,适见报囚[2]。母大惊,便止都亭[3],不肯入府,延年出至都亭谒母,母闭阁不见[4]。延年免冠顿首阁下,良久,母乃见之,因数责延年:“幸得备郡守[5],专治千里,不闻仁爱教化，有以全安愚民，顾乘刑罚多刑杀人，欲以立威，岂为民父母意哉！”延年服罪，重顿首谢，因自为母御，归府舍。母毕正腊⑥，谓延年：“天道神明，人不可独杀。我不意当老见壮子被刑戮也⑦！行矣！去女东归⑧，扫除墓地耳。”遂去。归郡，见昆弟宗人，复为言之。后岁余，果败。东海莫不贤知其母。延年兄弟五人皆有吏材，至大官，东海号曰“万石严妪”⑨。次弟彭祖，至太子太傅，在《儒林传》。

——节选自《酷吏传》

【注释】

① 腊：古时每年在十二月举行一次祭祀活动，称腊祭，也叫“腊”。② 报囚：判决罪犯。③ 都亭：秦汉时在郡县城郭附近道旁修筑的亭舍，供旅客停宿。④ 阁(gé)：小门，旁门。⑤ 备：谦词。居官、备员的意思。⑥ 正腊：腊祭的那天叫“腊日”。汉代以冬至后第三个戌日为腊日，那天举行的祭祀叫“正腊”。⑦ 被刑戮(lù)：因犯法而受刑或被处死。⑧ 女：同“汝”。⑨ 万石严妪(yù)：一家之中有五个俸禄为二千石的大官，故称万石。妪，老妇。

【翻译】

严延年字次卿，是东海郡下邳县人。他的父亲是丞相的属官。延年年轻时便在丞相府学习法律，后来回到家乡，就在郡府作官。以后经过选拔，补任御史属官，又被推荐做了侍御史。这时，正赶上大将军霍光废掉昌邑王而拥立宣帝。宣帝即位不久,延年就上书弹劾霍光,说他“擅自废立国君,失去了为臣下的体统,犯了大逆不道之罪”。奏章虽被搁置起来,但朝廷为之震肃,大家对严延年又敬重又畏惧。此后,严延年又弹劾大司农田延年携带武器冒犯天子的副车,而大司农自己却辩白说没有这回事。案件交给御史中丞去查办,御史中丞申斥严延年,责问他为什么不写公文给宫殿门卫,阻止大司农入宫,而让大司农得以随意出入宫廷。这样,严延年反被检举为纵容罪人闯入宫禁,依照法律,当判死罪。于是,严延年出逃。不久遇上大赦,才重新露面。丞相府和御史府所发出的征用他的文书都在同一天送到,由于御史的文书先到,严延年便去御史府供职,又做了属官。宣帝还记得严延年弹劾霍光的事,就任命他为平陵县令。任职期间因杀了无罪的人而获罪,被免了官。后来严延年被任用为丞相的属官,接着又提拔为好畤县令。神爵年间,西羌反叛,强弩将军许延寿邀请严延年做长史,从军出征,打败了西羌。回朝后,严延年就被任命为涿郡太守。

那时,连连派往涿郡去的都是些无能太守,涿郡人毕野白等因此得以无视公法,扰乱乡里。而豪强大族西高氏和东高氏,就更猖狂,连郡府的官吏都畏避他们,不敢与他们顶撞,都说:“宁可得罪太守,不可得罪豪门。”这两家的门客在外放肆地偷盗抢劫,一旦闹出事来,他们就躲进主家,官吏也就不敢追捕。这样,日子一长,行人都要张弓拔刀才敢在路上行走,郡中的盗贼为乱,竟到如此程度。严延年到任后,即派遣郡府的属官蠡吾人赵绣去调查高家的罪行,核定他们犯有死罪。赵绣见严延年是新来的郡将,心里害怕，就起草了两份劾罪书，准备先禀告那轻的，若严延年发怒，就把那重的检举书拿出来。严延年先已知道了他的这种做法。赵绣来了，果然禀告那轻的。严延年在赵绣怀里搜出了那份重罪检举书，当即就把他送进了监狱。头一天夜里才入狱，第二天一大早就被押赴市中定罪斩首，死在他所查究的高氏的前头，吓得官吏们都两腿发抖。严延年再派人分头查考两个高家，彻底追查他们奸诈为盗的罪恶，在两家各诛杀了几十人。郡中民众大为震惊。从此境内路不拾遗。

过了三年，严延年调任河南太守，赏赐黄金二十斤。河南郡中的豪强顿时行为收敛，郊野僻远的地方也没有行劫的盗贼，严延年的声威震动了邻近几郡。严延年治理地方的宗旨是摧抑制服豪强，扶助贫弱。贫弱者即使犯法，也要回护掩饰使他们解脱；对那些欺侮百姓的豪强恶霸，他就加重案文辞语把他们抓进监狱。大家都认为一定会被处死的犯人，不定什么时候就被释放出狱，而那些被认为没有犯死罪的，严延年却又出乎常情地将他杀死。官吏和百姓都无法揣测严延年什么时候执法严厉，什么时候执法宽松，因此，大家都十分惶恐，生怕触法犯禁。至于严延年所处理的案件，核查起来，又都文案缜密，无可翻改。

严延年身材短小，精明强干，办事灵活迅速，虽然子贡、冉有精通政务，但也未必就能超过他。郡府的吏员忠诚奉公的，严延年待他们就优厚，如同自家人一样，都亲近并一心向着他们，居官办事，不顾个人得失，所以在他管辖的区域之内没有什么事情是他不知道的。然而严延年痛恨坏人坏事太过，被伤害的人很多，尤其是他长于写狱辞，又善于写官府文书，想要诛杀的人，就亲手写成奏折，连掌管文书的中主簿，以及最接近他的属吏，都无从得知。奏准判定一个人的死罪，迅速得就像神明一样。到了冬天行刑时，严延年命令所属各县把囚犯解送来郡，总集在郡府判处死刑，一时血流数里，河南郡的人因此称严延年为"屠伯"。在他管辖的境内，有令则行，有禁则止，一郡之内政治清明。

这时，张敞正作京兆尹，他与严延年一向友善。张敞治理地方虽然严峻，但还能对一些犯法的人从宽处理。他听说严延年使用刑律苛刻严酷，便去信劝告他说："古时候有名的良犬韩卢猎取野兔时，都先要看一看主人的示意，然后再去追逐捕获，不过多地捕杀。希望次卿你稍稍放松诛杀，考虑照韩犬的办法来行事。"延年回复说："河南地方是天下咽喉所在，东西两周国君留下的弊端甚多，恶草茂盛，禾苗稀疏，怎么可以不加铲除呢？"严延年夸耀自己的才能和功绩，始终不肯减少乃至停止诛杀。那时黄霸在颍川用宽容的办法来治理地方，郡内也很平静，而且接连出现丰年，凤凰从天而降。皇上赞赏黄霸的才德，下诏令表扬他的政绩，并赏赐他黄金和爵位。严延年一向鄙视黄霸的为人，想不到他在邻郡作了太守，所得的奖赏反而在自己之上，因此内心很不服气。正巧在河南境内又出现蝗虫，府丞义去视察灾情，回郡后去见严延年，严延年便说："这蝗虫难道就是凤凰的食物吗？"义又告诉说，司农中丞耿寿昌在边郡修筑常平仓，对百姓有利。严延年说："丞相和御史连这种办法都想不出，应当退位离开！寿昌怎么能以此来谋取权位呢？"以后左冯翊空缺，皇上打算任用严延年，征召的竹符已经发出，由于严延年残忍之名在外，便又作罢。严延年怀疑少府梁丘贺在皇上面前说了自己的坏话，于是怀恨在心。遇上琅邪太守因为在任职中长期有病，已满三月而被免官，严延年知道自己将被罢免，就对府丞说："这个人都够免官，我反而不够免官么？"又有，严延年推荐狱官为廉，不料此人却犯了贪赃罪，而犯贪赃罪的人又不准入选，为此，严延年因推荐人材不符实际而获罪，受到降级处分。他笑着说："往后看还有谁敢推荐人材！"府丞义年老，心思颇有些惑乱；他向来就惧怕严延年，担心被严延年伤害。严延年原先曾经与义同在丞相府做过属官，实际上很亲近、厚待义，并没有伤害他的意思，而且常常送他许多东西。义却越来越惶恐，就自己占卦问吉凶，得到的却是一个死卦，他惘然若失，闷闷不乐，于是借休假的机会到长安，向皇帝上书列举了构成严延年罪名的十件事。送上了奏书，义就服毒自尽，以此来表明自己不欺骗君上。案件交由御史丞去审查核实，只要这几件事属实，就可以给严延年定罪。结果，严延年以怨恨朝廷、诽谤国事及杀人无道获罪，被处以死刑，并陈尸示众。

当初，严延年的母亲从东海郡来，打算与严延年一起行腊祭礼。刚到洛阳，就碰上处决犯人。母亲很震惊，便在都亭歇止，不肯进入郡府。严延年出城到都亭去拜见母亲，母亲关门不见。严延年在门外脱帽叩头，过了好一阵，母亲才见他，于是斥责他说："有幸当了郡太守，治理方圆千里的地方，没听说你以仁爱之心教化百姓，以使百姓安宁，反而靠着动用刑罚，大量杀人，想以此来建立威信，难道作为老百姓的父母官是该这样行事的吗？"严延年赶忙认错，重重地叩头谢罪，于是亲自为母亲驾车，一同回郡府去。正腊的祭祀完毕后，母亲对严延年说："苍天在上，无所不知，岂有乱杀人而不遭报应的？想不到我人老了还要亲眼看见壮年的儿子身受刑戮！我走啦！和你离别，回东边家乡去，为你准备好葬身之地。"母亲就这样走了。回到本郡，见着兄弟本家，母亲又把以上的话对他们说了。过了一年多，严延年果然出事了。东海人没有不称颂延年母亲贤明智慧的。严延年兄弟五人都有作官的才干，也都作了大官，因此，东海人把他们的母亲称为"万石严妪"。严延年的第二个弟弟叫严彭祖，做官做到太子太傅，《儒林传》中有他的传略。

原涉传

官宦之家出身的原涉，因为不接受馈赠、为父亲守丧而闻名远近，受到各方人士的仰慕。和其他游侠一样，原涉广交豪杰，结纳宾客，重义轻生，救人急难。然而他只求报仇雪恨，不顾触犯刑法，甚至为门下违法宾客徇情回护，因此得罪权贵，终于酿成大祸。

原涉字巨先。祖父武帝时以豪杰自阳翟徙茂陵①。涉父哀帝时为南阳太守。天下殷富，大郡二千石死官，赋敛送葬皆千万以上，妻子通共受之，以定产业。时又少行三年丧者。及涉父死，让还南阳赙送②，行丧冢庐三年③，由是显名京师。礼毕，扶风谒请为议曹④，衣冠慕之辐辏⑤。为大司徒史丹举能治剧，为谷口令，时年二十余。谷口闻其名，不言而治。

先是涉季父为茂陵秦氏所杀，涉居谷口半岁所⑥，自劾去官，欲报仇。谷口豪杰为杀秦氏，亡命岁余，逢赦出。郡国诸豪及长安、五陵诸为气节者皆归慕之⑦。涉遂倾身与相待，人无贤不肖阗门⑧，在所闾里尽满客⑨。或讥涉曰："子本吏二千石之世⑩，结发自修[11]，以行丧推财礼让为名，正复雠取仇[12]，犹不失仁义，何故遂自放纵，为轻侠之徒乎？”涉应曰：“子独不见家人寡妇邪[13]？始自约敕之时，意乃慕宋伯姬及陈孝妇[14]，不幸壹为盗贼所污，遂行淫佚，知其非礼，然不能自还。吾犹此矣！”

【注释】

① 茂陵：县名。在陕西兴平东北。武帝在此筑陵墓，名茂陵，因置县。② 赙（fù）：送财物助人办丧事。③ 冢庐：墓旁的房舍。④ 扶风：疾风。⑤ 衣冠：指士大夫。⑥ 所：通“许”。大约的意思。⑦ 五陵：长陵、安陵、阳陵、茂陵、平陵，均设县，合称五陵。⑧ 阗（tián）：充满。⑨ 闾里：乡里，街巷。⑩ 世：后嗣。⑪ 结发：指年轻时。⑫ 雠：同“仇”。⑬ 家人：平民。⑭ 宋伯姬及陈孝妇：古代的两个女子，都因严守节操而出名。

涉自以为前让南阳赙送，身得其名，而令先人坟墓俭约，非孝也。乃大治起冢舍，周阁重门。初，武帝时，京兆尹曹氏葬茂陵，民谓其道为京兆仟[1]。涉慕之，乃买地开道，立表署曰南阳仟，人不肯从，谓之原氏仟。费用皆卬富人长者[2]，然身衣服车马才具，妻子内困。专以振施贫穷赴人之急为务。人尝置酒请涉，涉入里门[3]，客有道涉所知母病避疾在里宅者。涉即往候，叩门[4]。家哭，涉因入吊，问以丧事。家无所有，涉曰：“但洁扫除沐浴，待涉。”还至主人，对宾客叹息曰："人亲卧地不收，涉何心乡此⑤！愿彻去酒食⑥。"宾客争问所当得，涉乃侧席而坐⑦，削牍为疏⑧，具记衣被棺木，下至饭含之物⑨，分付诸客。诸客奔走市买，至日昳皆会⑩。涉亲阅视已，谓主人："愿受赐矣。"既共饮食，涉独不饱，乃载棺物，从宾客往至丧家，为棺敛劳俫毕葬⑪。其周急待人如此⑫。后人有毁涉者曰"奸人之雄也"，丧家子即时刺杀言者。

【注释】

① 仟：同"阡"。田间南北向的通道。此处指墓前神道。② 卬：通"仰"。依赖。③ 里门：古时乡民聚居的地方叫里。里有里门。④ 叩门：登门求见。⑤ 乡：通"飨"、"享"。享受。⑥ 彻：通"撤"。撤除。⑦ 侧席：不正坐。表示哀戚。⑧ 疏：条录。⑨ 饭含：在死者口中放入珠、玉、钱、米等物。⑩ 日昳（dié）：太阳过午偏斜。⑪ 劳俫：劝勉。⑫ 周：通"赒"。救济。

宾客多犯法，罪过数上闻。王莽数收系欲杀，辄复赦出之。涉惧，求为卿府掾史①，欲以避客。文母太后丧时②，守复土校尉③。已为中郎④，后免官。涉欲上冢，不欲会宾客，密独与故人期会。涉单车驱上茂陵投暮，入其里宅，因自匿不见人。遣奴至市买肉，奴乘涉气与屠争言，斫伤屠者⑤，亡。是时，茂陵守令尹公新视事，涉未谒也，闻之大怒。知涉名豪，欲以示众厉俗，遣两吏胁守涉。至日中，奴不出，吏欲便杀涉去。

涉迫窘不知所为。会涉所与期上冢者车数十乘到，皆诸豪也，共说尹公。尹公不听，诸豪则曰："原巨先奴犯法不得，使肉袒自缚⑥，箭贯耳，诣廷门谢罪，于君威亦足矣。"尹公许之。涉如言谢，复服遣去。

【注释】

① 卿：秦汉在三公以下设九卿，为太常、光禄勋、卫尉、太仆、廷尉、大鸿胪、宗正、大司农、少府。② 文母太后：成帝之母。③ 复土：挖穴下棺封土。④ 中郎：官名。担任宫中侍卫。⑤ 斫：砍。⑥ 肉袒：脱去上衣，裸露肢体。古人常肉袒谢罪，表示诚心和惶惧。

初，涉与新丰富人祁太伯为友，太伯同母弟王游公素嫉涉，时为县门下掾，说尹公曰："君以守令辱原涉如是，一旦真令至，君复单车归为府吏，涉刺客如云，杀人皆不知主名，可为寒心。涉治冢舍，奢僭逾制①，罪恶暴著②，主上知之。今为君计，莫若堕坏涉冢舍，条奏其旧恶，君必得真令。如此，涉亦不敢怨矣。"尹公如其计，莽果以为真令。涉由此怨王游公，选宾客，遣长子初从车二十乘劫王游公家。游公母即祁太伯母也，诸客见之皆拜，传曰"无惊祁夫人"。遂杀游公父及子，断两头去。

涉性略似郭解③，外温仁谦逊，而内隐好杀。睚眦于尘中④，触死者甚多。王莽末，东方兵起，诸王子弟多荐涉能得士死，可用。莽乃召见，责以罪恶，赦贳[⑤]，拜镇戎大尹[⑥]。涉至官无几，长安败，郡县诸假号起兵攻杀二千石长吏以应汉[⑦]。诸假号素闻涉名，争问原尹何在，拜谒之。时莽州牧使者依附涉者皆得活[⑧]。传送致涉长安，更始西屏将军申屠建请涉与相见[⑨]，大重之。故茂陵令尹公坏涉冢舍者为建主簿[⑩]，涉本不怨也。涉从建所出，尹公故遮拜涉，谓曰："易世矣。宜勿复相怨！"涉曰："尹君，何壹鱼肉涉也[⑪]！"涉用是怒，使客刺杀主簿。

【注释】

① 僭(jiàn)：过分。② 暴(pù)：显露。③ 郭解：武帝时人，以任侠闻名。事见《游侠传》。④ 睚眦(yā zì)：怒目而视。⑤ 贳(shì)：赦免。⑥ 镇戎大尹：王莽改天水为镇戎，太守为大尹。⑦ 汉：指刘玄、刘秀领导的起义军。⑧ 州牧：官名。武帝时分全国为十三州，州设刺史，后改州牧，以监察郡县。⑨ 更始：即更始帝刘玄。⑩ 主簿：官名。汉代各级官署都设置主簿，主管文书，办理事务。⑪ 壹：用作语助词，表示强调。

涉欲亡去，申屠建内恨耻之，阳言："吾欲与原巨先共镇三辅[①]，岂以一吏易之哉！"宾客通言，令涉自系狱谢[②]，建许之。宾客车数十乘共送涉至狱。建遣兵道徼取涉于车上[③]，送车分散驰，遂斩涉，县之长安市[④]。

——节选自《游侠传》

【注释】

① 阳：通“佯”。假装。② 系狱：囚禁于牢狱。③ 徼(yāo)：阻挡，拦截。④ 县：通“悬”。悬挂。

【翻译】

原涉，字巨先，他的祖父在武帝时以豪杰身份从阳翟县迁徙来到茂陵。父亲在哀帝时做南阳郡太守。那时，天下富足，大郡太守死在任上的，所收到人家送来助办丧事的钱财都在千万以上，家属全数得到这一笔钱，就可以用来置办产业。而当时又很少有人能够为死者守丧三年的。到了原涉的父亲死后，原涉退还掉南阳人赠送的丧礼钱财，住进冢庐，为父亲守丧三年，因此他在京城就出了名。守丧礼一完毕，请原涉去做郡府议曹的使者就像疾风一样地迅速到来，仰慕原涉的士大夫也从四面八方向他这里聚集。由于受到大司徒史丹的推荐，说他有处理繁难事务的才干，原涉便当了谷口县令，那时他才二十多岁。谷口县早就听到原涉的名声，所以不需要他多说话，地方上就秩序井然了。

早先，原涉的叔父曾被茂陵的秦氏所杀害，原涉在谷口呆了半年多，因由自己审判此案而被免了官，于是打算报仇。谷口的豪杰替原涉杀了秦氏，原涉逃亡在外一年多，赶上大赦，才又重新露面。郡县和王国的豪杰们以及长安、五陵那些重义气的人都向往仰慕原涉，原涉也对他们竭诚相待，不论品行好的还是不好的，都来结交原涉，一时宾客盈门，宾客挤满了他家居住的街巷。有人讥讽原涉说:“你本是郡太守的后人,年轻时就能自我修养,后来因为为父守丧三年、退还财物及为人谦恭而出名,即使因报仇而结仇,你仍然不失为一个仁义君子,又何必就放纵自己,去做那轻薄的侠义之徒呢?”原涉回答说:“你就不见民间的寡妇么?起初自我约束的时候,心里想的是学宋伯姬和陈孝妇的榜样,一旦遭遇不幸,被盗贼玷污,就会放荡起来,虽然明知违反礼教,但已不能回复到洁身自处的时候去了。我就像这样啊!”

原涉认为以前退还南阳人送来的助葬礼金和物品,自己获得了名声,却使父亲的坟墓过于简陋,这不算是尽孝道。于是,他大修坟墓,在墓旁筑房舍,在阁楼四周建重门。当初武帝时,京兆尹曹氏安葬在茂陵,当地百姓称那条墓道为“京兆阡”。原涉羡慕它,就买地开墓道,建立表帜,题署为“南阳阡”,人们不同意这样叫,就称之为“原氏阡”。这一切的费用都依靠有钱有地位的人供给,而原涉自身只有必需的衣服和车马,家中妻儿生活还很困苦。原涉专门做一些救济穷人、为人排忧解难的事。一次,有人置办酒宴请原涉,原涉刚走进里门,宾客中就有人告诉他说,他所知道的母亲有病的那一家,现在因病移居在里中某处,原涉就立即去登门看望。听见家中有哭声,原涉就进去吊唁,又问办丧事的情况。见家中一无所有,原涉就说:“只把屋子打扫干净,给死者洗个澡,等我回来。”原涉来到置办酒席的主人家中,对宾客们叹息说:“人家母亲死了,躺在地上不能收敛,我哪有心思享用这些酒食啊!请把酒席撤掉吧!”宾客们抢着问应当买些什么,原涉便按哀怜丧家的礼节,侧身席地坐着,削木简开列购物清单,详细地列出要购买的寿衣、被褥、棺木，以至死者口中所含的东西等物，交给宾客们去置办。宾客们分头奔走购买，直到日头偏西才都回来会集。原涉亲自检查完毕，对主人说："现在可以接受赐宴了。"大家一同饮酒进食，而原涉独独没有吃饱，于是就用车装载着棺木等物件，领着宾客去到死者家里，为死者入殓，并劝勉宾客待安葬完毕再离去。原涉就是这样急人之难、诚心待人的。后来有人诋毁原涉，说他是"奸人之雄"，死者的儿子立即就去把说这话的人刺杀了。

原涉的宾客多有犯法的，朝廷也多次听说他们的罪行。王莽几次拘捕这些人，要杀掉他们，但又总是把他们赦免释放了。原涉很害怕，就谋求到卿府去作下属官员，想借此回避宾客。赶上文母太后的丧事，原涉临时充任了复土校尉。以后作了中郎，不久又被免官。原涉想到冢舍去住，不想会见宾客，只与老朋友在那里秘密约会。他独自驾车去茂陵，天快黑时，进入里中住宅，于是藏身家中不肯见人。一天，原涉派奴仆到集市上去买肉，奴仆仗着原涉的气焰，与卖肉的争吵起来，并砍伤了那卖肉的，然后逃跑了。这时，代行茂陵县令的尹公新上任，而原涉又没有去拜会，他听到这事就大发脾气。他知道原涉是闻名的豪侠，就想借这件事来显示威严，严肃风纪。他派遣两个差役在原涉的家门两侧守候。到中午，那个奴仆还不见出来自首，差役就想杀死原涉而去。原涉处境紧迫，十分为难，不知该怎么办才好。正巧这时原先约定来上坟的友人乘着几十辆车到来了，这些人都是那一带的豪杰，他们就一同去劝说尹公。尹公不听劝说，豪杰们便说："原巨先的家奴犯法，不能缉拿归案，那就让巨先本人肉袒自缚，双耳插箭，到官署门前来谢罪吧，这样对于维护你的威望也就足够了。”尹公这才答应。于是，原涉照着豪杰们所说的办法去谢罪，尹公让他仍旧穿着衣服回家去了。

当初，原涉与新丰的富豪祁太伯是朋友，而太伯的同母弟王游公又一向嫉恨原涉。王游公这时在县府做属官，就向尹公进言说：“你凭着一个代理县令就如此羞辱原涉，一旦正式县令到来，你仍旧驾着单车回郡府去做府吏，而原涉的宾客朋友之中刺客如云，杀了人都不知是谁干的，我真为你担心。原涉修筑坟墓和房舍，奢侈过分，超越了法制，罪恶显著，这些皇上都知道。现在为你着想，不如把原涉修筑的坟墓和房屋捣毁，然后把他以往的罪恶分条上奏，你就一定作得成正式县令。这样一来，原涉也就不敢怀恨了。”尹公照着他的计谋行事，王莽果然任命尹公作了正式县令。原涉因此而怨恨王游公，便挑选宾客，让长子原初领着二十乘车去抢劫王游公的家。王游公的母亲就是祁太伯的母亲，宾客们见到他都俯首跪拜，并传原涉的话说：“不得惊动祁夫人！”于是杀死王游公和他的生父，把二人的头割下来，然后离去。

原涉的性情有一些像郭解，外表温和仁厚谦逊，内里却藏着好杀之心。在尘俗之中张目多有怨恨，因触犯他而被他杀死的人很多。王莽末年，东方起兵反叛，有许多王府的子弟向王莽推荐原涉，说他能笼络人心，人家都乐于为他卖命，可以任用。王莽于是召见原涉，因他所犯的罪恶而责备他，接着又赦免了他，并任命他为镇戎大尹。原涉到任不久，长安兵败，附近郡县的一些豪强假借名号纷纷起兵,攻杀郡守长官,响应汉军。那些假借名号者早就听说原涉的大名,便都争先打听原涉的住处,前往拜见。当时王莽任用的州牧和使者凡是依附原涉的也都保全了性命。原涉被他们用驿车送到长安,更始帝的西屏将军申屠建请求原涉与他相见,对原涉大为器重。曾经捣毁原涉坟墓房舍的那个原茂陵县令尹公,现在做了申屠建的主簿。原涉本已不再仇视尹公,当他从申屠建的官府出来时,尹公故意迎上去拦住拜见原涉,对原涉说:"改朝换代啦,不应当再怀怨恨了!"原涉说:"尹君,你为何专把我当成鱼肉任意宰割啊!"原涉因此而被激怒,便派宾客去刺杀了主簿尹公。

原涉打算逃走。申屠建觉得蒙受了耻辱因而对原涉怀恨在心。他假意说:"我要和原巨先共同镇抚三辅地区,怎么会因为死了一个小吏就改变主意呢!"宾客把这话告诉了原涉,并要他去自首投狱,向申屠建谢罪。申屠建同意这样做。于是,宾客们乘着几十辆车一同送原涉去监狱。申屠建派兵途中拦截,在车上将原涉拘捕,护送的车辆一时分头驰走逃散,原涉当即被杀,头颅被悬挂在长安市上。

匈 奴 传

公元前三世纪，以畜牧游猎为主的匈奴人在大漠南北兴起。大约就在这个时期，匈奴由原始氏族社会进入奴隶制社会。秦汉之际，匈奴人在冒顿单于的统领下，征服了邻近一些部族，控制了东起辽河流域，西至葱岭，北抵贝加尔湖，南达长城的广大地区。他们时时派出骑兵侵扰中国北方边境，掠夺人口及财物，使中原地区的封建经济和文化遭受破坏，西汉政权面临着严重威胁。然而，在西汉初期，因国力空虚，不得不对匈奴采取和亲政策，每年送大量财物给匈奴，以维持边境地区的平静。到武帝时，国力充实，便开始对匈奴采取积极防御的战略方针，多次派兵出击，才基本上解除了匈奴侵扰势力的威胁。不久匈奴发生内乱，出现“五单于争立”的复杂局面。后来由于呼韩邪单于归附汉朝，在汉朝的支持和帮助下，才统一了匈奴全境。呼韩邪前后三次入朝，受到汉朝的隆重接待，每次都赠送他大量的财物，又把王昭君嫁给他作妻子。在呼韩邪前后的六七十年间，汉朝与匈奴保持着和平相处的良好关系，两国的经济文化交流得到加强和发展。这里选译的就是这一段汉朝与匈奴友好往来的历史。以后王莽代汉，改变了汉朝与匈奴友好往来的政策，致使争端又起，直到东汉之初，边境都不得安宁。

呼韩邪之败也①，左伊秩訾至为呼韩邪计②，劝令称臣入朝事汉③，从汉求助，如此匈奴乃定。呼韩邪议问诸大臣，皆曰："不可。匈奴之俗，本上气力而下服役，以马上战斗为国，故有威名于百蛮④。战死，壮士所有也。今兄弟争国，不在兄则在弟，虽死犹有威名，子孙常长诸国。汉虽强，犹不能兼并匈奴，奈何乱先古之制，臣事于汉，卑辱先单于⑤，为诸国所笑！虽如是而安，何以复长百蛮！"左伊秩訾曰："不然，强弱有时，今汉方盛，乌孙城郭诸国皆为臣妾。自且鞮侯单于以来⑥，匈奴日削⑦，不能取复⑧，虽屈强于此⑨，未尝一日安也。今事汉则安存，不事则危亡，计何以过此！"诸大人相难久之⑩。呼韩邪从其计，引众南近塞，遣子右贤王铢娄渠堂入侍⑪。郅支单于亦遣子右大将驹于利受入侍⑫。是岁，甘露元年也⑬。

【注释】

① 呼韩邪(yē)：名稽侯珊，是匈奴头曼单于第七代孙虚闾权渠单于的儿子，宣帝神爵四年（前58），左地的贵族拥立他为单于。② 左伊秩訾：匈奴官名。③ 事：侍奉。④ 百蛮：对西域各国的统称。含贬义。⑤ 卑辱：辱没

(他)，使(他)更显得低下。⑥ 且鞮侯单于：匈奴王。公元前 100 年继位。⑦ 削：削弱。⑧ 取复：复兴。⑨ 屈(jué)：通“倔”。⑩ 难(nàn)：诘责，非难。⑪ 右贤王：匈奴贵族封号，与左贤王同为地方最高长官。⑫ 郅支单于：郅支单于，呼韩邪之兄，时在匈奴东边自立为单于，进攻呼韩邪，呼韩邪败走。右大将：与左大将同为匈奴高官。⑬ 甘露：宣帝年号(前 53—前 50 年)。

明年，呼韩邪单于款五原塞[①]，愿朝三年正月。汉遣车骑都尉韩昌迎，发过所七郡郡二千骑，为陈道上。单于正月朝天子于甘泉宫，汉宠以殊礼，位在诸侯王上，赞谒称臣而不名[②]。赐以冠带衣裳，黄金玺戾绶[③]，玉具剑[④]，佩刀，弓一张，矢四发，棨戟十[⑤]，安车一乘[⑥]，鞍勒一具，马十五匹，黄金二十斤，钱二十万，衣被七十七袭，锦绣绮縠杂帛八千匹，絮六千斤。礼毕，使使者道单于先行，宿长平。上自甘泉宿池阳宫。上登长平，诏单于毋谒，其左右当户之群臣皆得列观[⑦]，及诸蛮夷君长王侯数万，咸迎于渭桥下，夹道陈。上登渭桥，咸称万岁。单于就邸[⑧]，留月余，遣归国。单于自请愿留居光禄塞下[⑨]，有急保汉受降城[⑩]。汉遣长乐卫尉高昌侯董忠、车骑都尉韩昌将骑万六千[⑪]，又发边郡士马以千数，送单于出朔方鸡鹿塞[⑫]。诏忠等留卫单于，助诛不服，又转边谷米糒[⑬]，前后三万四千斛[⑭]，给赡其食。是岁，郅支单于亦遣使奉献，汉遇之甚厚。明年，两单于俱遣使朝献，汉待呼韩邪使有加。

明年，呼韩邪单于复入朝，礼赐如初，加衣百一十袭，锦帛九千匹，絮八千斤。以有屯兵，故不复发骑为送。

【注释】

① 款：叩问。② 赞谒(yè)：臣子朝见帝王。③ 戾(lì)：通“綟”。绿色。④ 玉具剑：剑口和把手用玉制成的剑。⑤ 棨(qǐ)戟：有缯衣的木戟，用作仪仗。⑥ 安车：可以坐乘的马车。⑦ 左右当户：即左当户、右当户，匈奴官名。⑧ 邸(dǐ)：朝拜天子者在京的住所。⑨ 光禄塞：古障塞名。光禄勋徐自为所筑，约在今内蒙古固阳县西南至乌拉特中后联合旗阴山北麓一带。⑩ 受降城：故址在今内蒙古乌特拉中后联合旗东阴山北。⑪ 长乐卫尉高昌侯董忠：长乐，宫名。卫尉，官名。高昌侯，封爵名。董忠，人名。⑫ 朔方鸡鹿塞：朔方，古县名、郡名，治所在今内蒙古杭锦旗北。鸡鹿塞，古塞名，在今内蒙古磴口西北哈隆格乃峡谷口。⑬ 糒(bèi)：干粮。⑭ 斛(hú)：容量单位，十斗为一斛。

始郅支单于以为呼韩邪降汉，兵弱不能复自还，即引其众西，欲攻定右地①。又屠耆单于小弟本侍呼韩邪，亦亡之右地，收两兄余兵得数千人，自立为伊利目单于，道逢郅支，合战，郅支杀之，并其兵五万余人。闻汉出兵谷助呼韩邪，即遂留居右地。自度力不能定匈奴，乃益西近乌孙，欲与并力，遣使见小昆弥乌就屠②。乌就屠见呼韩邪为汉所拥，郅支亡虏，欲攻之以称汉③，乃杀郅支使，持头送都护在所，发八千骑迎郅支。郅支见乌孙兵多，其使又不反，勒兵逢击乌孙④，破之。因北击乌揭，乌揭降。发其兵西破坚昆，北降丁令，并三国⑤。数遣兵击乌孙，常胜之。坚昆东去单于庭七千里⑥，南去车师五千里⑦，郅支留都之。

【注释】

① 右地：匈奴的西部地区。② 昆弥：即“昆莫”。③ 称(chèn)：适合。④ 勒兵：率军。⑤ 乌揭、坚昆、丁令：匈奴境内的三个小族。⑥ 单于庭：单于祭天、大会诸部的处所。⑦ 车师：古西域国名。

元帝初即位，呼韩邪单于复上书，言民众困乏。汉诏云中、五原郡转谷二万斛以给焉①。郅支单于自以道远，又怨汉拥护呼韩邪，遣使上书求侍子②。汉遣谷吉送之，郅支杀吉。汉不知吉音问，而匈奴降者言闻瓯脱皆杀之③。呼韩邪单于使来，汉辄簿责之甚急④。明年，汉遣车骑都尉韩昌、光禄大夫张猛送呼韩邪单于侍子，求问吉等，因赦其罪，勿令自疑。昌、猛见单于民众益盛，塞下禽兽尽，单于足以自卫，不畏郅支。闻其大臣多劝单于北归者，恐北去后难约束，昌、猛即与为盟约曰：“自今以来⑤，汉与匈奴合为一家，世世毋得相诈相攻。有窃盗者，相报，行其诛，偿其物；有寇，发兵相助。汉与匈奴敢先背约者，受天不祥。令其世世子孙尽如盟。”昌、猛与单于及大臣俱登匈奴诸水东山，刑白马，单于以径路刀、金留犁挠酒⑥，以老上单于所破月氏王头为饮器者共饮血盟。昌、猛还奏事，公卿议者以为单于保塞为藩，虽欲北去，犹不能为危害。昌、猛擅以汉国世世子孙与夷狄诅盟⑦，令单于得以恶言上告于天，羞国家，伤威重，不可得行。宜遣使往告祠天，与解盟。昌、猛奉使无状⑧，罪至不道⑨。上薄其过⑩，有诏昌、猛以赎论，勿解盟。其后呼韩邪竟北归庭，人众稍稍归之，国中遂定。

【注释】

① 云中：云中郡在今内蒙古托克托县一带。五原郡：在今内蒙古包头市以西一带。② 侍子：诸侯或属国的王遣子入侍皇帝。③ 瓯脱：同“区脱”。匈奴语。指汉朝与匈奴连界处所建的土堡哨所。因此也称边界地区为区脱。④ 簿责：根据文书所列罪状责问追究。⑤ 来：未来。⑥ 径路刀：匈奴宝刀名。留犁：饭匙。挠：搅和。⑦ 诅（zǔ）：盟誓。⑧ 无状：无善状，轻率。⑨ 不道：古时刑律中所称十恶之一。⑩ 薄：减轻。

郅支既杀使者，自知负汉，又闻呼韩邪益强，恐见袭击，欲远去。会康居王数为乌孙所困，与诸翕侯计①，以为匈奴大国，乌孙素服属之，今郅支单于困厄在外，可迎置东边，使合兵取乌孙以立之，长无匈奴忧矣。即使使至坚昆通语郅支。郅支素恐，又怨乌孙，闻康居计，大说，遂与相结，引兵而西。康居亦遣贵人，橐它驴马数千匹②，迎郅支。郅支人众中寒道死，余财三千人到康居[3]。其后，都护甘延寿与副陈汤发兵即康居诛斩郅支[4]，语在《延寿》《汤传》。

郅支既诛，呼韩邪单于且喜且惧，上书言曰："常愿谒见天子，诚以郅支在西方，恐其与乌孙俱来击臣，以故未得至汉。今郅支已伏诛，愿入朝见。"

【注释】

① 翕侯：同"翎侯"。官名。② 橐它（tuó tuō）：即骆驼。也作"橐驼"。③ 财：通"才"。仅仅。④ 即：到，达到。

竟宁元年[1]，单于复入朝，礼赐如初，加衣服锦帛絮，皆倍于黄龙时[2]。单于自言愿婿汉氏以自亲。元帝以后宫良家子王嫱字昭君赐单于[3]。单于欢喜，上书愿保塞上谷以西至敦煌[4]，传之无穷，请罢边备塞吏卒，以休天子人民。天子令下有司议[5]，议者皆以为便[6]。

【注释】

① 竟宁元年：公元前33年。竟宁是汉元帝年号。② 黄龙：汉宣帝年号（前49）。③ 良家子：指名门贵族家庭出身的子女。④ 上谷：郡名。在今河北怀来县东南。⑤ 有司：指官吏。⑥ 便：便利。

郎中侯应习边事，以为不可许。上问状，应曰："周秦以来，匈奴暴桀[1]，寇侵边境，汉兴，尤被其害。

臣闻北边塞至辽东[2]，外有阴山[3]，东西千余里，草木茂盛，多禽兽，本冒顿单于依阻其中[4]，治作弓矢，来出为寇，是其苑囿也[5]。至孝武世，出师征伐，斥夺此地[6]，攘之于幕北[7]。建塞徼[8]，起亭隧[9]，筑外城，设屯戍，以守之，然后边境得用少安[10]。幕北地平，少草木，多大沙，匈奴来寇，少所蔽隐，从塞以南，径深山谷[11]，往来差难[12]。边长老言匈奴失阴山之后，过之未尝不哭也。如罢备塞戍卒，示夷狄之大利，不可一也。今圣德广被[13]，天覆匈奴，匈奴得蒙全活之恩，稽首来臣[14]。夫夷狄之情，困则卑顺，强则骄逆，天性然也。前以罢外城，省亭隧，今裁足以候望通烽火而已[15]。古者安不忘危，不可复罢，二也。中国有礼义之教，刑罚之诛，愚民犹尚犯禁，又况单于能必其众不犯约哉[16]！三也。自中国尚建关梁以制诸侯[17]，所以绝臣下之觊欲也。设塞徼，置屯戍，非独为匈奴而已，亦为诸属国降民，本故匈奴之人，恐其思旧逃亡，四也。近西羌保塞[18]，与汉人交通，吏民贪利，侵盗其畜产妻子，以此怨恨，起而背畔[19]，世世不绝。今罢乘塞[20]，则生嫚易分争之渐[21]，五也。往者从军多没不还者[22]，子孙贫困，一旦亡出，从其亲戚，六也。又边人奴婢愁苦，欲亡者多，曰：'闻匈奴中乐，无奈候望急何！'然时有亡出塞者，七也。盗贼桀黠[23]，群辈犯法，如其窘急[24]，亡走北出，则不可制，八也。起塞以来百有余年，非皆以土垣也[25]，或因山岩石，木柴僵落，溪谷水门，稍稍平之，卒徒筑治，功费久远，不可胜计[26]。臣恐议者不深虑其终始，欲以壹切省繇戍[27]，十年之外，百岁之内，卒有它变[28]，障塞破坏，亭隧灭绝，当更发屯缮治，累世之功不可卒复，九也。如罢戍卒，省候望，单于自以保塞守御，必深德汉，请求无已。小失其意，则不可测。开夷狄之隙[29]，亏中国之固，十也。非所以永持至安，威制百蛮之长策也。”

【注释】

① 桀：凶暴。② 辽东：泛指辽河以东地区。③ 阴山：在内蒙古中部。④ 冒顿(mò dú)：匈奴单于，于公元前209年杀父头曼单于而自立。⑤ 苑囿：养禽兽植林木的圈地。⑥ 斥：开拓。⑦ 攘(rǎng)：排除，排斥。⑧ 徼(jiào)：边界。⑨ 亭隧：烽火亭。也作“亭燧”。⑩ 用：相当于“以”。⑪ 径：经过。⑫ 差(chā)：颇，略微。⑬ 被：覆盖。⑭ 稽(qǐ)首：古时一种叩头到地的跪拜礼。⑮ 裁：通“才”。仅仅。⑯ 必：决定，肯定。⑰ 关梁：指在水陆要道设置的关卡。⑱ 西羌：对羌人的泛称。⑲ 畔：通“叛”。⑳ 乘：守卫。㉑ 嫚易：欺侮。㉒ 没(mò)：隐没，消失。㉓ 黠(xiá)：狡猾。㉔ 窘：困惑。㉕ 垣(yuán)：泛指墙。㉖ 胜(shēng)：尽。㉗ 壹切：即一切，一时权宜。㉘ 卒：同“猝(cù)”。突然。㉙ 隙(xì)：裂缝，机会。

对奏，天子有诏：“勿议罢边塞事。”使车骑将军口谕单于曰：“单于上书愿罢北边吏士屯戍，子孙世世保塞。单于乡慕礼义[①]，所以为民计者甚厚，此长久之策也，朕甚嘉之[②]。中国四方皆有关梁障塞，非独以备塞外也，亦以防中国奸邪放纵，出为寇害，故明法度以专众心也③。敬谕单于之意，朕无疑焉。为单于怪其不罢，故使大司马车骑将军嘉晓单于④。”单于谢曰：“愚不知大计，天子幸使大臣告语，甚厚！”

初，左伊秩訾为呼韩邪画计归汉⑤，竟以安定。其后或谗伊秩訾自伐其功⑥，常鞅鞅⑦，呼韩邪疑之。左伊秩訾惧诛，将其众千余人降汉，汉以为关内侯⑧，食邑三百户，令佩其王印绶。及竟宁中，呼韩邪来朝，与伊秩訾相见，谢曰⑨：“王为我计甚厚，令匈奴至今安宁，王之力也，德岂可忘！我失王意，使王去不复顾留，皆我过也。今欲白天子⑩，请王归庭。”伊秩訾曰：“单于赖天命，自归于汉，得以安宁，单于神灵，天子之祐也，我安得力！既已降汉，又复归匈奴，是两心也。愿为单于使于汉，不敢听命。”单于固请不能得而归。

王昭君号宁胡阏氏⑪，生一男伊屠知牙师，为右日逐王。呼韩邪立二十八年，建始二年死⑫。

【注释】

① 乡（xiàng）：通“嚮（向）”。从来，向来。② 朕（zhèn）：皇帝自称。③ 专：专一。④ 嘉：即将军许嘉。⑤ 画：同“划”。谋划，筹划。⑥ 伐：自夸。⑦ 鞅：同“快快”。因不平而郁郁不乐。⑧ 关内侯：爵位名，二十等爵的第十九级。⑨ 谢：认错，道歉。⑩ 白：陈述，说明。⑪ 宁胡阏氏：宁胡，使匈奴得以安宁的意思。阏氏，汉代匈奴王妻妾的称号。⑫ 建始：成帝年号（前 32—前 29 年）。

——节选自《匈奴传》下

【翻译】

呼韩邪单于被郅支单于打败后，左伊秩訾王向呼韩邪献计，劝他向汉朝称臣，入朝侍奉天子，请求汉朝援助，这样，匈奴的内乱就可以平定。呼韩邪征求大臣们的意见，他们都说："不能这样做。匈奴的习俗，从来就以气力胜人为上，以服役于人为下，以马上战斗立国，因此在蛮夷各国很有威名。战斗而死，是壮士都会遇到的事。现今是兄弟之间争夺国家大权，最终不是兄胜就是弟胜；即令战死，威名犹在，子孙仍然可以做各属国的长帅。汉朝再强大，也没能兼并匈奴，我们为什么又要一反祖先的制度，去做汉朝的臣子，使先世单于蒙受羞辱，见笑于蛮夷各国呢？即使臣服于汉朝就可求得国内的安定，我们又还能凭什么去称雄长于蛮夷各国呢？"左伊秩訾说："不对。一个国家的强与弱不是一成不变的，现今汉朝正处在强盛时期，像乌孙那样有城郭宫室而定居生活的一些国家也都做了他的臣属。自从且鞮侯单于以后，匈奴一天一天地削弱，始终不能复兴，虽然倔强地生存在这里，但哪里有过一天的安宁！现在，归附汉朝，就安定而长存，不归附汉朝就要危亡，没有比这更好的办法！"大臣们不以为然，驳难了很久。最后，呼韩邪单于采纳了左伊秩訾的建议，领着众人南行到靠近汉朝边塞的地方，派遣儿子右贤王铢娄渠堂到汉朝侍奉天子。不久，郅支单于也派遣他的儿子右大将驹于利受入朝侍奉。这一年，正是甘露元年。

第二年，呼韩邪单于到五原塞前叩问，表示愿意参加甘露三年正月的朝贺。汉朝于是派遣车骑都尉韩昌前往迎接，又令所经过的七个郡，每郡派两千骑兵夹道护卫。呼韩邪单于在正月正旦这一天朝拜天子于甘泉宫，汉朝给单于以破格的尊宠，把他的位次列在诸侯王之前，拜贺天子时只称臣而不唱名。天子赐予单于冠带衣裳，黄金印绿丝带，玉具剑，佩刀，一张弓，四发箭，十柄棨戟，一辆安车，马鞍和马笼头各一副，马十五匹，黄金二十斤，钱二十万，衣被七十七套，锦绣绮縠杂帛八千匹，粗丝绵六千斤。朝贺仪式完毕，让使者引导单于先退朝，去到长平歇息。皇上也离开甘泉宫去池阳宫歇息。第二天，皇上登上长平的坡地，诏令单于不必谒拜，单于的左右当户等群臣都可以列队观看，其他各蛮夷之国的君主王侯共数万人，同在渭桥下夹道列队相迎。皇上登上渭桥，大家齐呼万岁。之后，呼韩邪单于回到府邸，留居一月多，汉朝即遣送他们回国。临行，单于自己请求愿意留守在光禄塞下，如遇紧急情况，自守于汉朝的受降城。汉朝派遣长乐卫尉高昌侯董忠、车骑都尉韩昌率领骑兵一万六千，又命令边区郡县派出士卒和骑兵数千，共同护送呼韩邪单于出朔方鸡鹿塞。同时，又诏令董忠等人留在单于身边保卫单于，帮助单于诛灭不肯顺从者；并转运边境的谷米干粮前后共三万四千斛供他们食用。就在这一年，郅支单于也派使者入朝贡献，汉朝给予的礼遇也很优厚。第二年，两单于都派使者来汉朝拜，奉献贡物，汉朝对待呼韩邪的使者更加优厚。又过了一年，呼韩邪单于再次入朝，汉朝对他的礼遇和赏赐与前次相同，另增加衣服一百一十套，锦帛九千匹，粗丝棉八千斤。单于归去时，因为前次派去护送的士卒仍在边塞屯守，所以没有再派骑兵相送。

起初，郅支单于以为呼韩邪投降了汉朝，因兵力薄弱自己无力返回，便领着他的部属向西去，想趁机攻占右边地区。又有屠耆单于的小弟，本来是侍奉呼韩邪的，这时也逃亡到了右地，他收集了两个哥哥余留的兵众，共有数千人，自立为伊利目单于。他与郅支单于途中相逢，交战中，被郅支杀死。郅支合并了伊利目的兵众，共有五万多人。听说汉朝出兵出粮饷援助呼韩邪，郅支不敢东归，便在右地留居下来。他估计自己的力量不足以平定匈奴，就继续西行，靠近乌孙，打算联合乌孙的兵力。郅支派使者去见乌孙的小王乌就屠。乌就屠见呼韩邪受汉朝的扶持，郅支成了流亡者，就想攻击郅支来迎合汉朝，于是杀了郅支的使者，把头送到汉朝都护驻地，并派出八千骑兵去迎战郅支。郅支见乌孙兵多，使者又一去不返，就领兵拦击，大败乌孙兵。然后，郅支乘势往北攻打乌揭，乌揭投降。接着，郅支又派兵向西打败了坚昆，向北征服了丁令。这样，郅支就合并了三个国家。郅支又几次派兵出击乌孙，常常取胜。坚昆东距单于庭七千里，南距车师五千里，郅支就在那里留居下来。

元帝即位不久，呼韩邪单于又上书，说他的民众很困乏。朝廷于是诏令云中、五原两郡转运粮谷二万斛供应他们。郅支单于仗恃自己地处边远，又怨恨汉朝护卫呼韩邪，便派使者上书，请求送还侍子。汉朝派遣谷吉护送侍子，郅支杀死谷吉。汉朝一直得不到谷吉的音讯，而匈奴投降汉朝的人都说，在边界得到的消息都说已经被人杀害。因此，当呼韩邪单于的使者到来时，朝廷就用文簿一一责问，很急切。第二年，汉朝派遣车骑都尉韩昌和光禄大夫张猛护送呼韩邪单于的侍子回匈奴，追问谷吉等人的下落，然后赦免了单于的罪过，使他不对汉朝产生疑虑。韩昌和张猛看到单于的民众越来越多，而边塞地区的禽兽却已猎取殆尽；呼韩邪单于的力量已足以自卫，不再畏惧郅支。听说大臣中有不少人劝单于北归旧地，韩昌和张猛担心呼韩邪回北边后再难以约束，就与他们订立盟约说："从今以后，汉与匈奴就是一家，世世代代不得互相欺骗、互相攻击。如有汉人去匈奴中为盗，或者匈奴人去汉地为盗，一经发现，即通报对方，盗贼该杀就杀，偿还被盗的财物。如有一方遭受寇匪侵犯，另一方即当发兵相助。汉与匈奴谁敢先背弃盟约，就必将受到上天的惩罚！愿世世代代子子孙孙都谨守盟约！"韩昌、张猛与呼韩邪单于及其大臣们一起登上匈奴诺水边的东山，杀白马，单于用径路刀、刻金勺搅和酒，拿老上单于当年攻破月氏后用月氏王的头骨所做的饮器来装血酒，同饮盟誓。韩昌和张猛回朝后把这事向朝廷作了禀报，大臣公卿议论纷纷，都认为"呼韩邪单于保卫边塞，使边塞成为我们的屏障，现在，他虽然要回到北方去，但也不至于会做出损害我们的事。然而韩昌和张猛擅自以我大汉国世代子孙的名义与夷狄起誓结盟，让单于用污秽的言语禀告上天，羞辱我们的国家，损伤我们的威严，这样不行！应当派遣使臣前去通知他们，祭告上苍，与他们解除盟约。韩昌和张猛奉使命去匈奴，擅自结盟，有失体统，犯了不道之罪"！皇上以为韩昌和张猛的过失并不大，就诏令二人以赎罪论处，不必与匈奴解盟。之后不久，呼韩邪终于回到北边的单于庭，民众也逐渐归附他，匈奴国中就平定下来了。

郅支杀死了汉使，知道自己已经背负了汉朝，又听说呼韩邪越来越强盛，担心受到袭击，就打算往远处去。正当这时，康居王多次遭到乌孙的困扰，他就招集翕侯们商议对策。大家认为，匈奴是大国，乌孙一向就附属于它，现今郅支单于受困在外，可以去迎接他，把他安顿在东边，使他与康居联合兵力共同讨伐乌孙，然后让郅支就在那里立国，这样，就再不担忧会受到匈奴的威胁了。于是，康居就派遣使者到坚昆去传话给郅支。郅支本来就惶恐，又怨恨乌孙，听到康居的计谋，非常高兴，便与康居结盟，领兵西行。康居也派出贵人，带着数千匹骆驼驴马去迎接郅支。不料郅支的人众在途中冻死了很多，到达康居时只剩下三千人。以后，汉朝的都护甘延寿与副职陈汤发兵到康居诛杀了郅支。关于这件事，记载在《甘延寿》《陈汤传》中。

郅支被杀后，呼韩邪单于又高兴又害怕，便向朝廷上书说："我常常想拜见天子，确实因为郅支在西方，怕他联合乌孙一起来袭击我，所以没能来汉朝。现在郅支已经被杀，我很想前来朝拜天子。"竟宁元年，呼韩邪单于第三次入朝。汉朝给予的礼遇和赏赐与第一次相同，另外又加赐衣服锦帛和丝绵，都比黄龙元年入朝时多一倍。单于自己说，希望做汉家的女婿，与汉家亲近。元帝就将后宫中的良家女子名王嫱字昭君的嫁给单于。单于十分欢喜，于是上书表示，愿意为汉朝守卫从上谷往西直到敦煌一带的边塞，并将把这作为应尽的义务，告诫子孙后代永远恪尽职守，请求汉朝撤走驻守在边境的官吏和士卒，使天子的人民能休养生息。天子命令，把单于的请求交给朝臣们商议。参加议论的人都认为可行，唯有熟悉边防的郎中侯应认为不能应允。皇上问他是什么缘故,侯应说:“自从周秦以来,匈奴就凶暴残忍,时常侵扰边境,我朝兴起,更是倍受其害。我听说北方的边塞一直到辽东,外面又有阴山,东西一千多里,草木茂盛,禽兽又多,当年冒顿单于就安扎在这一带地方,制作弓箭,并从那里出发进行骚扰活动,可以说这里是他们的苑囿。到武帝一代,出兵征讨匈奴,开拓疆土,夺取了那片地方,把单于赶逐至沙漠以北。然后在那里修堡垒,建烽火亭,筑外城,派兵屯戍守卫。这样,边境才稍稍得到安宁。沙漠以北地势平坦,草木少,沙漠多,匈奴来侵扰,少有隐蔽物,从边塞往南,路经深山狭谷,往返比较困难。边境上的长老们说,匈奴失掉阴山之后,每从那里经过,没有不哭泣的。因此,如果撤掉守卫边塞的戍卒,就是把最有利的地方又显露给匈奴看。这是不可允许的第一个理由。现今圣上的仁德遍及四海,像天宇一样覆盖着匈奴。匈奴蒙受圣上的恩泽,保全了自己,所以前来朝拜,稽首称臣。然而夷狄的性情不同,遇到困窘就卑下而顺从,一旦强盛又骄慢而违逆,这是天性使他们这样的。前次已经撤掉过塞外诸城的防御,减少了烽火亭的数量,现在仅仅可以在那些地方派人守望,传递烽火而已。古人居安不忘危难,因此不能再次撤掉边防。这是不可应允的第二个理由。我国自来就用礼义教化人,用刑罚进行惩戒,愚昧的民众尚且敢于触犯禁令,又何况单于,就一定能保证他的民众不会违犯盟约么?这是不可应允的第三个理由。自古以来,我国就设置关卡来限制诸侯,以便杜绝臣下的野心。而今在边境修筑障塞,派兵屯守,其实并非仅仅为防御匈奴,也是为了限制那些附属国的降民,因为他们本来是匈奴的人，怕他们思念旧地逃亡出境。这是不可应允的第四个理由。把靠近西羌的边塞让匈奴人来守卫，羌人与汉人就势必经常往来；边境上那些贪利的官吏和民众掠夺了羌人的牲畜、妇女和儿童，就会激起羌人的怨恨，他们甚至会起兵背叛，闹得永世不得安宁。现在如果放弃边境的守卫，就会出现因为互相欺侮而引起无穷争斗的开端。这是不可应允的第五个理由。以往从军作战，多有逃跑失踪一去不还的，他们的子孙很贫困，一旦有机会，就会逃亡出境去寻找他们的亲人。这是不可应允的第六个理由。又有边境的百姓奴婢忧愁困苦，想逃亡的很多，他们说'听说匈奴那边很快活，可惜边防吏卒看守太严，有什么办法'！然而不时也还有逃出边境的。这是不可应允的第七个理由。盗贼凶暴狡猾，常常结伙犯法，如遭追捕，处境窘迫，往北逃跑出境，那就无法控制。这是不可应允的第八个理由。自从开始在边塞险要处修筑城堡以来，已经有百多年了。那些用以防御匈奴的城堡并非都是用土墙筑成的，有的就着山势在险峻的岩石上筑堡，因树木摧折或枯死倒落而受到损毁，有的在峡谷溪流处建造闸门，因年久失修而渐被堵塞填平。这些已受损坏的建筑，由戍边的士兵和服役的民工来加以修缮或重建，的确要花费很大的功夫，甚至我们都无法估计要到什么时候才能完成。我怕那些参与议论并主张撤除边防的人不深入认真地考虑后果，只图一时方便，节省兵民的劳役，我担心十年之后，百年之内，突然有什么变故，那时，边境上的城堡破坏，烽火熄灭，再来派兵屯守修缮，几代人的营建也终究难以修复。这是不可应允的第九个理由。如果撤除戍卒,减少斥候,单于就会因为替我们守卫了边界而自以为对汉朝有大恩大德,从而不断提出要求。要是对他的要求稍有一点不能满足,就无法猜测他会怎样对待我们。这样,就将导致他们的侵扰,使中国的安定和稳固受到亏损。这是不可应允的第十个理由。总之,这不是用以永久保持边境安宁、凭威力制服蛮夷各国的好计策。"

天子以为侯应的奏言有道理,就下诏令说:"不要再议论撤除边防的事。"于是派车骑将军去向单于口头传达天子的旨意说:"单于上书希望汉朝撤除北方的边防,由匈奴人及其后代子孙来担当守卫。单于仰慕礼义,因此为百姓的利益考虑得很多,这是一个可以行之久远的办法,朕十分赞赏。中国四方边界都设有水陆关卡和城堡,这不单是为了防御塞外,也是为了防止国内的坏人到处逃窜,跑出境外去为非作歹,所以将设置边防立为一项明确的制度,来统一众人的心。单于的善意,朕已敬悉,并无疑心。为了怕单于不理解为什么不肯撤除边防,所以派大司马车骑将军许嘉向单于说明此事。"单于道歉说:"本人无知,不懂得还有重大的策略,承蒙天子厚爱,派大臣来告诉我。"

当初,左伊秩訾为呼韩邪出谋画策,归附汉朝,匈奴才最终得到安定。那以后就有人进谗言,说左伊秩訾居功自傲,时常怏怏不乐,呼韩邪就对他生了疑心。左伊秩訾害怕被杀,便领着部属一千多人投降了汉朝。汉朝封左伊秩訾为关内侯,食邑三百户,并且让他仍旧佩带在匈奴为王时的印绶。到竟宁年间,呼韩邪来朝拜天子,又与左伊秩訾相见。呼韩邪道歉说:"王为我谋画得非常好,使匈奴至今仍保持安宁,这都是王的功劳。王的恩德我怎能忘怀!

是我误解了王的意思，才使得王一无眷念地离开匈奴，这都是我的过错。现在我想禀告天子，请王回归匈奴王庭。”左伊秩訾说：“单于遵照上天的意旨，自己归附汉朝，匈奴便得以安宁。这是由于单于本是神灵，又得到天子的佑助。我哪里有什么功劳！我已经投降了汉朝，又再回匈奴去，那就是一身二心了。就让我作为单于的使臣留在汉朝侍奉天子吧，其他不敢听命。”单于一再请求，也没有办法使左伊秩訾回归匈奴。

王昭君封号叫宁胡阏氏，生有一个儿子叫伊屠智牙师，以后作了右日逐王。呼韩邪在位二十八年，于建始二年去世。……

王 莽 传

王莽，一个年轻的贵族子弟，利用自己姑母是当朝皇太后的权势，及伯叔是朝廷显贵的有利环境，趁汉末几代皇帝年少无能、短命无嗣的特殊历史条件，施展权术，不出二十年，竟由一个在宫中担任警卫的侍中，连连擢升，终于独揽朝政，取刘家皇位而代之，这在中国历史上是罕见的。

这里隐含着一个深刻的社会原因。西汉后期，阶级矛盾日益尖锐，豪强地主大肆兼并土地，劳动人民大量沦为奴婢。一场农民起义的风暴正在酝酿。上层统治集团迫切期望但又无法缓和阶级矛盾，王莽便趁着这个机会，使尽手段，取得了统治集团的拥护，做了皇帝。

在这以后，王莽为巩固政权，缓和阶级矛盾，进行了一系列改革，如实行王田法，禁止买卖奴婢，实行五均六管以加强经济管理，限制豪强大商，但都由于不切实际，反而给人民制造了灾难。农民的土地问题得不到解决，奴婢得不到解放，阶级矛盾更尖锐了。王莽为缓和矛盾，树立威信，又对外发动侵略战争，破坏了睦邻关系，加重了人民负担。以农民为主体的人民大起义遍及各地，一个利用种种欺骗手段得来的政权，终于在人民革命战争的怒火中覆灭了。

《王莽传》全文很长，这里只选译其中的前一部分，到王莽即位做真皇帝为止。

王莽字巨君，孝元皇后之弟子也。元后父及兄弟皆以元、成世封侯，居位辅政，家凡九侯、五大司马，语在《元后传》。唯莽父曼蚤死，不侯。莽群兄弟皆将军五侯子①，乘时侈靡，以舆马声色佚游相高②。莽独孤贫，因折节为恭俭。受《礼经》，师事沛郡陈参，勤身博学，被服如儒生。事母及寡嫂，养孤兄子，行甚敕备③。又外交英俊，内事诸父，曲有礼意。阳朔中④，世父大将军凤病⑤，莽侍疾，亲嘗药，乱首垢面，不解衣带连月。凤且死⑥，以托太后及帝，拜为黄门郎⑦，迁射声校尉。

久之，叔父成都侯商上书，愿分户邑以封莽，及长乐少府戴崇、侍中金涉、胡骑校尉箕闳、上谷都尉阳并、中郎陈汤⑧，皆当世名士，咸为莽言，上由是贤莽。永始元年⑨，封莽为新都侯，国南阳新野之都乡，千五百户。迁骑都尉光禄大夫侍中，宿卫谨敕，爵位益尊，节操愈谦。散舆马衣裘，振施宾客，家无所余。收赡名士，交结将相卿大夫甚众。故在位更推荐之，游者为之谈说，虚誉隆洽⑩，倾其诸父矣。敢为激发之行⑪，处之不惭恧⑫。

【注释】

① 五侯：成帝同一天封他的舅舅王谭等五人为侯，时人称“五侯”。② 佚：同“逸”。放纵。③ 敕（chì）：整饬。④ 阳朔：成帝年号（前 24—前 21 年）。⑤ 世父：伯父。⑥ 且：将要。⑦ 黄门郎：官名。皇帝的侍从。⑧ 少府、侍中、胡骑校尉、都尉、中郎：都是官名。⑨ 永始：成帝年号（前 16—前 13 年）。⑩ 洽：周遍。⑪ 激发：矫揉造作的意思。⑫ 恧（nǜ）：惭愧。

莽兄永为诸曹，早死，有子光，莽使学博士门下。莽休沐出，振车骑，奉羊酒，劳遗其师。恩施下竟同学。诸生纵观，长老叹息。光年小于莽子宇，莽使同日内妇，宾客满堂。须臾，一人言太夫人苦某痛，当饮某药，比客罢者数起焉①。尝私买侍婢，昆弟或颇闻知，莽因曰：“后将军朱子元无子，莽闻此儿种宜子，为买之。”即日以婢奉子元，其匿情求名如此。

是时，太后姊子淳于长以材能为九卿②，先进在莽右③。莽阴求其罪过，因大司马曲阳侯根白之，长伏诛，莽以获忠直，语在《长传》。根因乞骸骨④，荐莽自代，上遂擢为大司马⑤。是岁，绥和元年也⑥，年三十八矣。莽既拔出同列，继四父而辅政，欲令名誉过前人，遂克己不倦，聘诸贤良以为掾史，赏赐邑钱悉以享士，愈为俭约。母病，公卿列侯遣夫人问疾，莽妻迎之，衣不曳地，布蔽膝⑦。见之者以为僮使，问知其夫人，皆惊。

辅政岁余，成帝崩，哀帝即位，尊皇太后为太皇太后。太后诏王莽就第，避帝外家。莽上疏乞骸骨[8]，哀帝遣尚书令诏莽曰：“先帝委政于君而弃群臣[9]，朕得奉宗庙，诚嘉与君同心合意。今君移病求退[10]，以著朕之不能奉顺先帝之意，朕甚悲伤焉。已诏尚书待君奏事。”又遣丞相孔光、大司空何武、左将军师丹、卫尉傅喜白太后曰：“皇帝闻太后诏，甚悲。大司马即不起，皇帝即不敢听政。”太后复令莽视事。

【注释】

① 比：及，等到。② 九卿：古代朝廷的九个高级官职。③ 右：前。④ 乞骸骨：古时官吏因年老或有病请求退职还家常称乞骸骨。⑤ 擢(zhuó)：提拔。⑥ 绥和：成帝年号(前8—前7年)。⑦ 蔽膝：护膝的围裙。⑧ 疏：奏章。⑨ 弃：丢下。⑩ 移病：因病移身归家。

时哀帝祖母定陶傅太后、母丁姬在，高昌侯董宏上书言：“《春秋》之义，母以子贵，丁姬宜上尊号。”莽与师丹共劾宏误朝不道，语在《丹传》。后日，未央宫置酒，内者令为傅太后张幄[1]，坐于太皇太后坐旁。莽案行，责内者令曰：“定陶太后藩妾，何以得与至尊并！”彻去，更设坐。傅太后闻之，大怒，不肯会，重怨恚莽[2]。莽复乞骸骨，哀帝赐莽黄金五百斤，安车驷马[3]，罢就第。公卿大夫多称之者，上乃加恩宠，置使家，中黄门十日一赐餐[4]。下诏曰：“新都侯莽忧劳国家，执义坚固，朕庶几与为治⑤。太皇太后诏莽就第，朕甚闵焉⑥。其以黄邮聚户三百五十益封莽⑦，位特进⑧，给事中⑨，朝朔望见礼如三公⑩，车驾乘绿车从⑪。"后二岁，傅太后、丁姬皆称尊号，丞相朱博奏："莽前不广尊尊之义，抑贬尊号，亏损孝道，当伏显戮，幸蒙赦令，不宜有爵土，请免为庶人。"上曰："以莽与太皇太后有属，勿免，遣就国。"

【注释】

① 内者令：宫中女官。② 恚（huì）：恨。③ 安车驷马：可坐乘的车叫安车，常用一匹马拉车，对于特别尊贵的高官则用四匹马拉车。④ 中黄门：在宫中服役的宦官。⑤ 庶几：表示希望。⑥ 闵：同"悯"。⑦ 黄邮聚：地名。属南阳郡棘阳县。⑧ 特进：官名。位在三公之下。⑨ 给事中：官名。为将军、列侯、九卿等的加官。⑩ 朔望：农历每月的初一和十五。⑪ 绿车：皇帝乘坐的车。

莽杜门自守，其中子获杀奴，莽切责获，令自杀。在国三岁，吏上书冤讼莽者以百数。元寿元年①，日食，贤良周护、宋崇等对策深颂莽功德②，上于是征莽。

始莽就国，南阳太守以莽贵重，选门下掾宛孔休守新都相③。休谒见莽，莽尽礼自纳，休亦闻其名，与相答。后莽疾，休候之，莽缘恩意，进其玉具宝剑④，欲以为好。休不肯受，莽因曰："诚见君面有瘢，美玉可以灭瘢，欲献其瑑耳⑤。"即解其瑑，休复辞让。莽曰："君嫌其贾邪⑥？"遂椎碎之，自裹以进休，休乃受。及莽征去，欲见休，休称疾不见。

莽还京师岁余，哀帝崩，无子，而傅太后、丁太后皆先薨⑦，太皇太后即日驾之未央宫收取玺绶，遣使者驰召莽。诏尚书，诸发兵符节⑧，百官奏事，中黄门、期门兵皆属莽。莽白："大司马高安侯董贤年少，不合众心，收印绶。"贤即日自杀。太后诏公卿举可大司马者，大司徒孔光、大司空彭宣举莽，前将军何武、后将军公孙禄互相举。太后拜莽为大司马，与议立嗣。安阳侯王舜，莽之从弟，其人修饬，太后所信爱也，莽白以舜为车骑将军，使迎中山王奉成帝后，是为孝平皇帝。帝年九岁，太后临朝称制，委政于莽。莽白赵氏前害皇子，傅氏骄僭，遂废孝成赵皇后、孝哀傅皇后，皆令自杀，语在《外戚传》。

【注释】

①元寿：哀帝年号（前2—前1年）。②对策：应考者对皇帝提出有关政治经济问题的答卷。③门下掾：门下掾：由州郡长官自己提拔的属官。新都相：新都是王莽封邑所在地，其行政长官为相，相当于郡太守。④玉具宝剑：剑口和把手用玉制成的剑。⑤瑑（zhuàn）：玉器上突起的雕饰。⑥贾：通"价"。价值。⑦薨（hōng）：死。⑧符节：朝廷传达命令或征调兵将的凭证。

莽以大司徒孔光名儒①，相三主，太后所敬，天下信之，于是盛尊事光，引光女婿甄邯为侍中奉车都尉。诸哀帝外戚及大臣居位素所不说者②，莽皆傅致其罪③，为请奏，令邯持与光，光素畏慎，不敢不上之，莽白太后，辄可其奏。于是前将军何武、后将军公孙禄坐互相举免，丁、傅及董贤亲属皆免官爵，徙远方。红阳侯立太后亲弟，虽不居位，莽以诸父内敬惮之④，畏立从容言太后，令己不得肆意，乃复令光奏立旧恶："前知定陵侯淳于长犯大逆罪，多受其赂，为言误朝；后白以官婢杨寄私子为皇子⑤，众言曰吕氏、少帝复出⑥，纷纷为天下所疑，难以示来世，成襁褓之功。请遣立就国。"太后不听。莽曰："今汉家衰，比世无嗣⑦，太后独代幼主统政，诚可畏惧，力用公正先天下，尚恐不从，今以私恩逆大臣议如此，群下倾邪，乱从此起！宜可且遣就国，安后复征召之。"太后不得已，遣立就国。莽之所以胁持上下，皆此类也。

【注释】

① 孔光：孔子第十四代孙。② 说：同"悦"。③ 傅：通"附"。增益，增加。④ 诸父：伯、叔。⑤ 官婢：没入官府为奴的女子。⑥ 吕氏、少帝：吕后是高祖刘邦的正妻，生惠帝。惠帝无子，吕后取后宫美人的儿子充作太子。惠帝死后，太子立为皇帝，称少帝，由吕后把持朝政。少帝后被废。⑦ 比：接连。

于是附顺者拔擢，忤恨者诛灭。王舜、王邑为腹心，甄丰、甄邯主击断，平晏领机事，刘歆典文章①，孙建为爪牙。丰子寻、歆子棻、涿郡崔发、南阳陈崇皆以材能幸于莽。莽色厉而言方，欲有所为，微见风采②，党与承其指意而显奏之③，莽稽首涕泣，固推让焉，上以惑太后，下用示信于众庶④。

始，风益州令塞外蛮夷献白雉⑤，元始元年正月⑥，莽白太后下诏，以白雉荐宗庙。群臣因奏言太后“委任大司马莽定策安宗庙。故大司马霍光有安宗庙之功，益封三万户，畴其爵邑⑦，比萧相国⑧。莽宜如光故事”。太后问公卿曰：“诚以大司马有大功当著之邪？将以骨肉故欲异之也？”于是群臣乃盛陈“莽功德致周成白雉之瑞，千载同符⑨。圣王之法，臣有大功则生有美号，故周公及身在而托号于周。莽有定国安汉家之大功，宜赐号曰安汉公，益户，畴其爵邑，上应古制，下准行事，以顺天心”。太后诏尚书具其事。

【注释】

① 典：掌管。② 见：通“现”。显露。③ 党与：同伙的人，多用于贬义。④ 用：以。⑤ 风：通“讽”，微言劝告，暗示。雉（zhì）：鸟名，俗称“野鸡”。⑥ 元始：平帝年号（公元1—5年）。⑦ 畴其爵邑：按汉律规定，世袭爵邑，每一代递减十分之二。畴，齐等，即不再减少。⑧ 萧相国：萧何。⑨ 符：古代朝廷传达命令或调兵遣将的凭证，双方各执一半，用时相合验证。

莽上书言："臣与孔光、王舜、甄丰、甄邯共定策，今愿独条光等功赏①，寝置臣莽②，勿随辈列。"甄邯白太后下诏曰："'无偏无党，王道荡荡③。'属有亲者，义不得阿。君有安宗庙之功，不可以骨肉故蔽隐不扬。君其无辞。"莽复上书让。太后诏谒者引莽待殿东箱④，莽称疾不肯入。太后使尚书令恂诏之曰："君以选故而辞以疾⑤，君任重，不可阙，以时亟起。"莽遂固辞。太后复使长信太仆闳承制召莽，莽固称疾。左右白太后，宜勿夺莽意，但条孔光等，莽乃肯起。……四人既受赏，莽尚未起，群臣复上言："莽虽克让⑥，朝所宜章，以时加赏，明重元功，无使百僚元元失望。"太后乃下诏曰："大司马新都侯莽三世为三公，典周公之职，建万世策，功德为忠臣宗，化流海内，远人慕义，越裳氏重译献白雉⑦。其以召陵、新息二县户二万八千益封莽，复其后嗣，畴其爵邑，封功如萧相国。以莽为太傅，干四辅之事⑧，号曰安汉公。以故萧相国甲第为安汉公第，定著于令，传之无穷。"

【注释】

① 条：分条书写。② 寝：舍弃。③ 无偏无党，王道荡荡：语出《尚书·洪范》。④ 谒(yè)者：接引宾客的近侍。⑤ 选：善。⑥ 克：能。⑦ 重译：因语言隔阂而辗转翻译。表示距离遥远。⑧ 四辅：官名。相传古代天子身边的四个辅臣。此处泛称天子辅臣。

于是莽为惶恐，不得已而起受策[①]。策曰：“汉危无嗣，而公定之[②]；四辅之职，三公之任[③]，而公干之；群僚众位，而公宰之：功德茂著，宗庙以安[④]，盖白雉之瑞，周成象焉。故赐嘉号曰安汉公，辅翼于帝，期于致平，毋违朕意。”莽受太傅安汉公号，让还益封畴爵邑事，云愿须百姓家给，然后加赏。群公复争[⑤]，太后诏曰：“公自期百姓家给，是以听之。其令公奉[⑥]、舍人、赏赐皆倍故。百姓家给人足，大司徒、大司空以闻。”莽复让不受，而建言宜立诸侯王后及高祖以来功臣子孙，大者封侯，或赐爵关内侯食邑，然后及诸在位，各有第序。上尊宗庙，增加礼乐；下惠士民鳏寡[⑦]，恩泽之政无所不施。语在《平纪》。

【注释】

① 策：帝王授爵命官的一种符信。② 公：此处是上对下的敬称。③ 三公：西汉以大司马、大司徒、大司空为三公。④ 宗庙：本指天子祭祀祖先的处所，这里指王室。⑤ 争：通“诤”。劝谏。⑥ 奉：通“俸”。俸禄。⑦ 士：士子，士大夫。鳏（guān）：无妻的男人。

莽既说众庶，又欲专断，知太后厌政[①]，乃风公卿奏言：“往者，吏以功次迁至二千石[②]，及州部所举茂材异等吏，率多不称，宜皆见安汉公。又太后不宜亲省小事。”令太后下诏曰：“皇帝幼年，朕且统政，比加元服[③]。今众事烦碎，朕春秋高，精气不堪，殆非所以安躬体而育养皇帝者也。故选忠贤，立四辅，群下劝职，永以康宁。孔子曰：‘巍巍乎④，舜禹之有天下而不与焉！’自今以来，惟封爵乃以闻。他事，安汉公、四辅平决。州牧⑤，二千石及茂材吏初除奏事者⑥，辄引入至近署对安汉公⑦，考故官，问新职，以知其称否。”于是莽人人延问⑧，致密恩意，厚加赠送，其不合指⑨，显奏免之，权与人主侔矣⑩。

【注释】

① 厌：厌倦。② 吏：汉代称职位较低的官员为吏。③ 元服：冠，帽。④ 巍巍：高大的样子。这句话引自《论语·泰伯》。⑤ 州牧：州的长官。⑥ 除：拜官授职。⑦ 对：应答。⑧ 延：引进。⑨ 指：通“旨”。意旨，意向。⑩ 侔（móu）：相等。

莽欲以虚名说太后，白言：“亲承前孝哀丁、傅奢侈之后①，百姓未赡者多②，太后宜且衣缯练③，颇损膳，以视天下④。”莽因上书，愿出钱百万，献田三十顷，付大司农助给贫民。于是公卿皆慕效焉。莽帅群臣奏言：“陛下春秋尊，久衣重练，减御膳，诚非所以辅精气，育皇帝，安宗庙也。臣莽数叩头省户下⑤，白争未见许⑥。今幸赖陛下德泽，间者风雨时⑦，甘露降，神芝生⑧，蓂荚、朱草、嘉禾，休征同时并至⑨。臣莽等不胜大愿，愿陛下爱精休神，阔略思虑，遵帝王之常服⑩，复太官之法膳⑪，使臣子各得尽欢心，备共养⑫。

惟哀省察[13]！”莽又令太后下诏曰：“盖闻母后之义，思不出乎门阈[14]。国不蒙佑，皇帝年在襁褓，未任亲政，战战兢兢，惧于宗庙之不安。国家之大纲，微朕孰当统之？是以孔子见南子[15]，周公居摄，盖权时也[16]。勤身极思，忧劳未绥，故国奢则视之以俭，矫枉者过其正，而朕不身帅，特谓天下何！夙夜梦想[17]，五谷丰熟，百姓家给，比皇帝加元服，委政而授焉。今诚未皇于轻靡而备味[18]，庶几与百僚有成[19]，其勖之哉[20]！”每有水旱，莽辄素食，左右以白。太后遣使者诏莽曰[21]：“闻公菜食，忧民深矣。今秋幸熟，公勤于职，以时食肉，爱身为国。”

【注释】

①丁、傅：两家均为哀帝外戚。②赡（shàn）：富足。③缯练：素帛。④视：通“示”。显示。⑤户下：门边。⑥争：同“诤”。⑦间者：近来。⑧神芝：古时以芝为瑞草，故称灵芝，也称神芝。⑨休征：休，美。征，证明。⑩常服：便装。⑪太官：官名。掌管皇帝饮食。⑫共：通“供”。供给。⑬惟：句首助词。⑭阈（yù）：门槛。⑮南子：春秋时卫灵公夫人。⑯权时：暂时。⑰夙夜：早晚，朝夕。⑱皇：暇。⑲庶几：表示期望。⑳勖（xù）：勉励。㉑诏：上对下告语。

莽念中国已平，唯四夷未有异[1]，乃遣使者赍黄金币帛，重赂匈奴单于，使上书言：“闻中国讥二名[2]，故名囊知牙斯，今更名知，慕从圣制。”又遣王昭君女须卜居次入侍。所以诳耀媚事太后，下至旁侧长御，方故万端。

莽既尊重，欲以女配帝为皇后，以固其权，奏言：“皇帝即位三年，长秋宫未建，液廷媵未充③。乃者④，国家之难，本从亡嗣，配取不正⑤。请考论《五经》⑥，定取礼，正十二女之义，以广继嗣。博采二王后及周公孔子世列侯在长安者适子女⑦。”事下有司，上众女名，王氏女多在选中者。莽恐其与己女争，即上言：“身亡德，子材下，不宜与众女并采。”太后以为至诚，乃下诏曰：“王氏女，朕之外家，其勿采。”

【注释】

① 四夷：指四境的少数民族和国家。② 讥：谴责。③ 液廷：同“掖廷”，嫔妃所住的地方。④ 乃者：往日。⑤ 取：同“娶”。⑥《五经》：指儒家的五部典籍，即《易》、《尚书》、《诗》、《仪礼》、《春秋》。⑦ 二王：古时新王朝建立后，封前两朝的王族后裔为诸侯国君，称二王。

庶民、诸生、郎吏以上守阙上书者日千余人，公卿大夫或诣廷中，或伏省户下，咸言：“明诏圣德巍巍如彼，安汉公盛勋堂堂若此，今当立后，独奈何废公女？天下安所归命！愿得公女为天下母。”莽遣长史以下分部晓止公卿及诸生，而上书者愈甚。太后不得已，听公卿采莽女。莽复自白：“宜博选众女。”公卿争曰：

"不宜采诸女以贰正统。"莽白:"愿见女。"太后遣长乐少府、宗正、尚书令纳采见女，还奏言:"公女渐渍德化①，有窈窕之容②，宜承天序③，奉祭祀。"有诏遣大司徒、大司空策告宗庙，杂加卜筮，皆曰:"兆遇金水王相④，卦遇父母得位，所谓'康强'之占'逢吉'之符也。"信乡侯佟上言:"《春秋》，天子将娶于纪，则褒纪子称侯，安汉公国未称古制。"事下有司，皆曰:"古者天子封后父百里，尊而不臣，以重宗庙，孝之至也。佟言应礼，可许。请以新野田二万五千六百顷益封莽⑤，满百里。"莽谢曰:"臣莽子女诚不足以配至尊，复听众议，益封臣莽。伏自惟念，得托肺腑⑥，获爵土，如使子女诚能奉称圣德，臣莽国邑足以共朝贡，不须复加益地之宠。愿归所益。"太后许之。有司奏:"故事，聘皇后黄金二万斤，为钱二万万。"莽深辞让，受四千万，而以其三千三百万予十一媵家。群臣复言:"今皇后受聘，逾群妾亡几。"有诏，复益二千三百万，合为三千万。莽复以其千万分予九族贫者。

【注释】

① 渐渍(zì):沾染。② 窈窕:幽闲的样子。③ 天序:帝王的世系。④ 兆:灼龟甲以占吉凶，其裂痕叫兆。⑤ 新野:在今河南新野县境。⑥ 肺腑:比喻皇帝的亲戚。

初，莽欲擅权，白太后:"前哀帝立，背恩义，自贵外家丁、傅，挠乱国家，几危社稷。今帝以幼年复奉大宗，为成帝后，宜明一统之义，以戒前事，为后代法。”于是遣甄丰奉玺绶，即拜帝母卫姬为中山孝王后，赐帝舅卫宝、宝弟玄爵关内侯，皆留中山，不得至京师。莽子宇，非莽隔绝卫氏，恐帝长大后见怨。宇即私遣人与宝等通书，教令帝母上书求入。语在《卫后传》。莽不听，宇与师吴章及妇兄吕宽议其故①，章以为莽不可谏，而好鬼神，可为变怪以惊惧之，章因推类说令归政于卫氏。宇即使宽夜持血洒莽弟，门吏发觉之，莽执宇送狱，饮药死。宇妻焉怀子，系狱，须产子已②，杀之。莽奏言："宇为吕宽等所诖误③，流言惑众，与管蔡同罪④，臣不敢隐，其诛。"甄邯等白太后下诏曰："夫唐尧有丹朱⑤，周文王有管蔡，此皆上圣亡奈下愚子何，以其性不可移也，公居周公之位，辅成王之主，而行管蔡之诛，不以亲亲害尊尊，朕甚嘉之。昔周公诛四国之后⑥，大化乃成，至于刑错⑦，公其专意翼国⑧，期于政平。"莽因是诛灭卫氏，穷治吕宽之狱，连引郡国豪杰素非议己者，内及敬武公主、梁王立、红阳侯立、平阿侯仁，使者迫守，皆自杀，死者以百数，海内震焉。大司马护军褒奏言："安汉公遭子宇陷于管蔡之辜，子爱至深，为帝室故不敢顾私。惟宇遭罪⑨，喟然愤发作书八篇，以戒子孙。宜班郡国，令学官以教授。"事下群公，请令天下吏能诵公戒者，以著官簿，比《孝经》⑩。

【注释】

① 故：事。② 须：等待。③ 诖（guà）误：连累，贻误。④ 管蔡：管叔和蔡叔，是周武王的两个弟弟。武王死，成

王年幼，周公辅政。管、蔡散布流言诬蔑周公，又起兵叛乱，周公出兵，杀管叔，流放蔡叔，国内才平定。⑤ 丹朱：传说中尧的儿子，因不肖，尧禅位于舜。⑥ 周公诛四国：周公为维护国家统一，杀掉管叔、武庚，驱逐蔡叔，灭掉奄国。⑦ 刑错：同“刑措”。刑法搁置不用，无人犯法。⑧ 翼：辅助。⑨ 惟：思。⑩《孝经》：宣扬封建孝道的儒家经典。

……四月丁未，莽女立为皇后，大赦天下。遣大司徒司直陈崇等八人分行天下，览观风俗。

太保舜等奏言：“《春秋》列功德之义，太上有立德，其次有立功，其次有立言，唯至德大贤然后能之。其在人臣，则生有大赏，终为宗臣，殷之伊尹，周之周公是也。”及民上书者八千余人，或曰：“伊尹为阿衡①，周公为太宰，周公享七子之封，有过上公之赏②。宜如陈崇言③。”章下有司，有司请“还前所益二县及黄邮聚、新野田，采伊尹、周公称号，加公为宰衡，位上公，掾史秩六百石。三公言事，称‘敢言之’。群吏毋得与公同名。出从期门二十人，羽林三十人④，前后大车十乘。赐公太夫人号曰功显君，食邑二千户，黄金印赤韨⑤。封公子男二人，安为褒新侯，临为赏都侯。加后聘三千七百万，合为一万万，以明大礼”。太后临前殿，亲封拜。……

莽乃起视事，上书言：“……臣莽伏自惟，爵为新都侯，号为安汉公，官为宰衡、太傅、大司马，爵贵号尊官重，一身蒙大宠者五，诚非鄙臣所能堪。据元始三年，天下岁已复⑥，官属宜皆置。《谷梁传》曰：‘天子之宰，通于四海。’臣愚以为，宰衡官以正百僚平海内为职，而无印信，名实不副，臣莽无兼官之材，今圣朝既过误而用之，臣请御史刻宰衡印章曰‘宰衡太傅大司马印’，成，授臣莽，上太傅与大司马之印。”太后诏曰：“可。韨如相国，朕亲临授焉。”……

【注释】

① 阿衡：商代官名。后引申为辅佐帝王，主持国政。② 上公：指太傅。③ 陈崇：时为大司徒司直，曾上奏称颂王莽的功德，主张照周公的规格封赏王莽。④ 羽林：皇帝的卫军。⑤ 韨（fú）：系印玺的丝带。⑥ 岁：年景。

是岁，莽奏起明堂、辟雍、灵台①，为学者筑舍万区②，作市、常满仓，制度甚盛。……网罗天下异能之士，至者前后千数，皆令记说廷中，将令正乖谬，壹异说云。……

于是公卿大夫、博士、议郎、列侯张纯等九百二人皆曰：“圣帝明王招贤劝能，德盛者位高，功大者赏厚。故宗臣有九命上公之尊③，则有九锡登等之宠④。今九族亲睦，百姓既章，万国和协，黎民时雍⑤，圣瑞毕溱⑥，太平已洽。帝者之盛莫隆于唐虞，而陛下任之；忠臣茂功莫著于伊周，而宰衡配之。所谓异时而兴，如合符者也。谨以《六艺》通义⑦，经文所见，《周官》、《礼记》宜于今者，为九命之锡。臣请命锡。”

奏可。……

风俗使者八人还，言天下风俗齐国，诈为郡国造歌谣，颂功德，凡三万言。莽奏定著令。又奏为市无二贾，官无狱讼，邑无盗贼，野无饥民，道不拾遗，男女异路之制，犯者象刑[8]。刘歆、陈崇等十二人皆以治明堂，宣教化，封为列侯。

【注释】

① 明堂：古代帝王宣明政教的地方。辟雍：大学。灵台：观测天象的地方。② 区：小屋。③ 宗臣：人所宗仰的大臣。九命：周代官爵分为九等，称九命，上公九命为伯。④ 九锡：帝王尊礼大臣所给的九种器物。⑤ 时雍：时，是。雍，和。⑥ 溱：同“臻”。⑦《六艺》：儒家的六种经书，即《诗》、《书》、《礼》、《乐》、《易》、《春秋》。⑧ 象刑：指象征性刑罚，使犯者蒙受耻辱。

莽既致太平，北化匈奴，东致海外，南怀黄支[1]，唯西方未有加。乃遣中郎将平宪等多持金币诱塞外羌，使献地，愿内属。宪等奏言：“羌豪良愿等种，人口可万二千人，愿为内臣，献鲜水海、允谷盐池，平地美草皆予汉民，自居险阻处为藩蔽。问良愿降意，对曰：‘太皇太后圣明，安汉公至仁，天下太平，五谷成熟，或禾长丈余，或一粟三米，或不种自生，或茧不蚕自成，甘露从天下，醴泉自地出[2]，凤皇来仪，神爵降集[3]。从四岁以来，羌人无所疾苦，故思乐内属。’宜以时处业，置属国领护。”事下莽，莽复奏曰：“……今谨案已有东海、南海、北海郡，未有西海郡，请受良愿等所献地为西海郡。臣又闻圣王序天文，定地理，因山川民俗以制州界。汉家地广二帝三王④，凡十二州，州名及界多不应经。《尧典》十有二州⑤，后定为九州。汉家廓地辽远，州牧行部，远者三万余里，不可为九。谨以经义正十二州名分界，以应正始。”奏可。又增法五十条，犯者徙之西海。徙者以千万数，民始怨矣。

泉陵侯刘庆上书言：“周成王幼少，称孺子，周公居摄⑥。今帝富于春秋⑦，宜令安汉公行天子事，如周公。”群臣皆曰：“宜如庆言。”

【注释】

① 黄支：古国名。在日南郡的南方。② 醴泉：甘美的泉水。③ 神爵：即“神雀”，鸟名。④ 二帝三王：二帝，尧、舜。三王，夏禹、商汤、周文王。⑤《尧典》：《尚书》中的一篇。⑥ 居摄：暂居帝位，处理朝政。⑦ 春秋：年纪。

冬，荧惑入月中①。

平帝疾，莽作策，请命于泰畤②，戴璧秉圭，愿以身代。藏策金縢③，置于前殿，敕诸公勿敢言。十二月平帝崩，大赦天下。莽征明礼者宗伯凤等与定天下吏六百石以上皆服丧三年。奏尊孝成庙曰统宗，孝平庙曰元宗。时元帝世绝，而宣帝曾孙有见王五人④，列侯广戚侯显等四十八人，莽恶其长大，曰：“兄弟不得相为后。”乃选玄孙中最幼广戚侯子婴，年二岁，托以为卜相最吉。

是月，前辉光谢嚣奏武功长孟通浚井得白石⑤，上圆下方，有丹书著石，文曰“告安汉公莽为皇帝”。符命之起⑥，自此始矣。莽使群公以白太后，太后曰：“此诬罔天下⑦，不可施行！”太保舜谓太后：“事已如此，无可奈何，沮之力不能止⑧。又莽非敢有它，但欲称摄以重其权，填服天下耳⑨。”太后听许。舜等即共令太后下诏曰：“……安汉公莽辅政三世，比遭际会，安光汉室，遂同殊风，至于制作⑩，与周公异世同符。今前辉光嚣、武功长通上言丹石之符，朕深思厥意，云‘为皇帝’者，乃摄行皇帝之事也。夫有法成易，非圣人者亡法。其令安汉公居摄践祚⑪，如周公故事，以武功县为安汉公采地⑫，名曰汉光邑。具礼仪奏。”

【注释】

① 荧惑：火星别名。② 泰畤：天子祭天神的地方。③ 金縢：金匮。④ 见：同“现”。⑤ 前辉光：官名。⑥ 符命：古代认为祥瑞的出现是帝王受命于天的凭证，叫“符命”。⑦ 诬罔：用不实之词骗人。⑧ 沮（jǔ）：阻止。⑨ 填：通“镇”。安定。⑩ 制作：指制度。⑪ 践祚（zuò）：皇帝登位。⑫ 采地：古代卿大夫受封的土地。也称“采邑”、“食邑”。

于是群臣奏言：“臣请安汉公居摄践祚，服天子韨冕[①]，背斧依于户牖之间[②]，南面朝群臣，听政事。车服出入警跸[③]，民臣称臣妾[④]，皆如天子之制。郊祀天地，宗祀明堂，共祀宗庙[⑤]，享祭群神，赞曰'假皇帝'[⑥]，民臣谓之'摄皇帝'，自称曰'予'。平决朝事，常以皇帝之诏称'制'以奉顺皇天之心，辅翼汉室，保安孝平皇帝之幼嗣，遂寄托之义[⑦]，隆治平之化。其朝见太皇太后、帝皇后，皆复臣节。自施政教于其宫家国采[⑧]，如诸侯礼仪故事。臣昧死请。"太后诏曰："可。"明年，改元曰居摄。

……

【注释】

① 韨：古代祭祀时用的蔽膝，以熟皮做成。② 斧依：形状像屏风，色深红，上绣斧文。③ 服：章服，用不同图文作标志的礼服。警跸：帝王出入称"警跸"。警，左右侍卫。跸，沿途戒严。④ 称臣妾：男称臣，女称妾。⑤ 共：通"恭"。恭敬，虔诚。⑥ 赞：祭祀时的祝辞。⑦ 遂：成就。⑧ 宫家国采：宫，帝王所居的房屋。家、国、采，封地或食邑的不同名称。

（居摄元年）三月己丑，立宣帝玄孙婴为皇太子，号曰孺子。……

四月，安众侯刘崇与相张绍谋曰："安汉公莽专制朝政，必危刘氏。天下非之者，乃莫敢先举，此宗室耻也。吾帅宗族为先，海内必和[①]。"绍等从者百余人，遂进攻宛，不得入而败。……

群臣复白："刘崇等谋逆者，以莽权轻也。宜尊重以填海内。"五月甲辰，太后诏莽朝见太后称"假皇帝"。

冬十月丙辰朔，日有食之。

十二月，群臣奏请："益安汉公宫及家吏，置率更令②，庙、厩、厨长丞③，中庶子④，虎贲以下百余人⑤，又置卫士三百人。安汉公庐为摄省⑥，府为摄殿⑦，第为摄宫⑧。"奏可。

……

【注释】

① 和：附和，响应。② 率更令：官名。主管宫门警卫及漏刻计时。③ 长丞：主事的官吏。④ 中庶子：太子属官。⑤ 虎贲(bēn)：宫中卫戍武官。⑥ 庐：殿中值班时的住处。⑦ 府：办事的处所。⑧ 第：住所。

（三年春）太后诏曰："进摄皇帝子褒新侯安为新举公，赏都侯临为褒新公，封光为衍功侯。"是时，莽还归新都国，群臣复白以封莽孙宗为新都侯。莽既灭翟义①，自谓威德日盛，获天人助，遂谋即真之事矣。

……十一月甲子，莽上奏太后曰："……宗室广饶侯刘京上书言②：'七月中，齐郡临淄县昌兴亭长辛当一暮数梦，曰："吾天公使也。天公使我告亭长曰③：'摄皇帝当为真。'即不信我，此亭中当有新井。"亭长晨起视亭中，诚有新井，入地且百尺。’十一月壬子，直建冬至，巴郡石牛，戊午，雍石文④，皆到于未央宫之前殿。臣与太保安阳侯舜等视，天风起，尘冥，风止，得铜符帛图于石前，文曰：‘天告帝符，献者封侯。承天命，用神令。’骑都尉崔发等视说。……臣请共事神祇宗庙⑤，奏言太皇太后、孝平皇后，皆称假皇帝。其号令天下，天下奏言事，毋言‘摄’。以居摄三年为初始元年，漏刻以百二十为度⑥，用应天命。臣莽夙夜养育隆就孺子⑦，令与周之成王比德，宣明太皇太后威德于万方，期于富而教之⑧。孺子加元服，复子明辟⑨，如周公故事。”奏可。众庶知其奉符命，指意群臣博议别奏，以视即真之渐矣⑩。

期门郎张充等六人谋共劫莽⑪，立楚王。发觉，诛死。

【注释】

① 翟义：居摄二年九月，东郡太守翟义起兵反王莽，被将军王邑、孙建等所镇压。② 宗室：此指皇族。③ 亭长：亭是基层行政单位。十里一亭，亭有亭长。④ 雍：县名，在今陕西凤翔南。⑤ 共：通“恭”，恭敬。⑥ 漏刻：古代计时用的漏壶，上有刻度，故称。⑦ 隆：长大，成长。⑧ 富：年幼。⑨ 辟：国君，君主。⑩ 视：通“示”。显示，显露。⑪ 期门郎：官名。

梓潼人哀章学问长安，素无行，好为大言。见莽居摄，即作铜匮①，为两检②，署其一曰“天帝行玺金匮图”，其一署曰“赤帝行玺某传予黄帝金策书”。某者，高皇帝名也。书言王莽为真天子，皇太后如天命③。图书皆书莽大臣八人，又取令名王兴、王盛④，章因自窜姓名⑤，凡为十一人，皆署官爵，为辅佐。章闻齐井、石牛事下，即日昏时，衣黄衣，持匮至高庙，以付仆射⑥。仆射以闻。戊辰，莽至高庙拜受金匮神嬗。御王冠，谒太后，还坐未央宫前殿，下书曰：“予以不德，托于皇初祖考黄帝之后，皇始祖考虞帝之苗裔⑦，而太皇太后之末属⑧。皇天上帝隆显大佑⑨，成命统序⑩，符契图文，金匮策书，神明诏告⑪，属予以天下兆民⑫。赤帝汉氏高皇帝之灵，承天命，传国金策之书，予甚祇畏⑬，敢不钦受⑭！以戊辰直定，御王冠，即真天子位，定有天下之号曰新。其改正朔⑮，易服色，变牺牲⑯，殊徽帜⑰，异器制。以十二月朔癸酉为建国元年正月之朔⑱，以鸡鸣为时。服色配德上黄⑲，牺牲应正用白，使节之旄幡皆纯黄⑳，其署曰‘新使五威节’，以承皇天上帝威命也。”

始建国元年正月朔，莽帅公侯卿士奉皇太后玺韨，上太皇太后，顺符命，去汉号焉。

——节选自《王莽传》上、中

【注释】

① 匮(kuì)：柜子。② 检：标签。③ 如：依照。④ 令名：美名。⑤ 窜：安插。⑥ 仆射(yè)：官名。⑦ 皇初祖考、皇始祖考：都指远祖。⑧ 末属：亲族。⑨ 佑：助。⑩ 成命：已定

的天命。⑪ 诏告：告诉。多用于上对下。⑫ 属：通"嘱"，托付。⑬ 祗(zhī)：恭敬。⑭ 钦：恭敬，钦佩。⑮ 改正朔：正是一年的开始，朔是一月的开始。古时改朝换代，都要重订正朔，颁布新历法。⑯ 牺牲：供祭祀用的纯色全体牲畜。⑰ 徽帜：标志，多指旗帜。⑱ 建国：即"始建国"，王莽年号(公元9—13年)。⑲ 德：古代阴阳五行学说以水、火、木、金、土五种物质德性相生相克，周而复始的循环变化来说明王朝的更替，每一种德性又配上相应的颜色。⑳ 旄(máo)幡(fān)：旄，用牦牛尾装饰竿顶的旗。旛，用豹尾装饰的幡。

【翻译】

王莽字巨君，是孝元皇后弟弟的儿子。元后的父亲及兄弟都在元帝和成帝两朝封侯，身居高位，辅佐朝政，一门之中共有九个侯爵，五个大司马，这些事记载在《元后传》中，唯有王莽的父亲王曼早死，来不及封侯。王莽的叔伯兄弟都是将军五侯之子，他们趁着显贵的时候，穷奢极侈，彼此之间以车马、音乐、女色和纵情游乐来比试高低。唯独王莽孤苦贫穷，因而对人卑躬屈节，恭敬谦逊。王莽拜沛郡人陈参为老师，向他学习《礼经》。王莽勤苦修业，博学多识，穿着与普通读书人相同。他侍奉母亲和寡居的嫂嫂，抚养哥哥的孤儿，行为很是检束端正。对外，王莽广交英俊有识之士；对内，侍奉伯叔，礼貌殷勤而周到。阳朔年间，伯父大将军王凤患病，王莽侍候疾病，亲尝汤药，蓬首垢面，几个月不脱衣睡觉。王凤临死时托请太后和皇帝将王莽拜为黄门郎，后来又升任射声校尉。

过了很久，他的叔父成都侯王商上书说，愿意将自己的食邑分出一部分封给王莽，同时，长乐宫少府戴崇、侍中金涉、胡骑校尉箕闳、上谷都尉阳并、中郎陈汤，他们都是当时的知名人士，也都为王莽说话，皇帝因此认为他是贤才。永始元年，王莽被封为新都侯，封邑在南阳新野县的都乡，食邑一千五百户，又升任骑都尉光禄大夫侍中。王莽在宫中值宿警卫，认真谨慎，地位更为尊显，节操也更为谦恭。他还把车马衣裘等物分送给门下宾客，自己家中不留余财。他接纳和资助知名人士，结交了许多将相公卿大夫。因此，身居高位的人都竞相推荐他，游食之士也为他到处宣扬，他的虚名高而传播广，盖过了他的伯父叔父。王莽就是这样，敢于作出矫揉造作的行为，而且猎取了虚名不觉得羞惭。

王莽的哥哥王永是一般属吏，早死，有个儿子叫王光，王莽让他在博士门下学习。王莽假日出行，车骑整齐，奉献羊肉美酒慰劳他的老师，恩惠遍及王光的同学。学生们都来观看，长老们感慨叹息。王光比王莽的儿子王宇年纪小，王莽让他二人在同一天娶妻，宾客盈门。片刻间，有一人来说老夫人被某种病痛折磨，应服饮某种药饵，等到客人散去时王莽已经好几次去探望过老夫人了。王莽曾暗地里买下一个婢女，兄弟中有人知道这个情况，王莽就说："后将军朱子元没有儿子，我听说这种婢女善于生育，特地为他买来的。"当天就把这个婢女献给了朱子元。王莽就是这样矫情求名的。

就在这时，太后姐姐的儿子淳于长凭才干官居九卿之列，比王莽先得到晋升，名位在王莽之上。王莽便暗中派人搜寻他的过错，通过大司马曲阳侯王根上告给皇帝，淳于长便被依法处死，王莽因此获得了忠直的名声。这件事，记载在《淳于长传》中。接着，王根就请求退休，推荐王莽代替自己，皇帝便把王莽提升为大司马。这年是绥和元年，王莽三十八岁。王莽的职位既然超出了同辈，继四位伯叔之后辅佐朝政，就想使自己的名誉高过前人。于是他约束自己，勤敏不懈，招聘那些贤良之士作属官，把赏赐所得和采邑收入全都拿来供给贤士们，自己更加节俭。母亲病了，公卿列侯派夫人去探望，王莽的妻子出来迎接，她所穿的衣裳挨不到地面，围裙是布做的。人家看见还以为是佣人，一问才知道是王莽的夫人，都很吃惊。

王莽执政一年多，成帝死，哀帝即位，皇太后被尊为太皇太后。太后诏令王莽去职回府第，以让权给哀帝的外家。王莽上奏请求退休，哀帝派尚书令诏令王莽说："先皇帝把政事委托给您而丢下众大臣去世了，朕得以继承皇位，确实深自庆幸能够与您同心合力共理朝政。现在，您称病请求引退，以显露我不能顺从先帝的意思，朕非常难过。朕已诏令尚书等待您来主事。"皇帝又派丞相孔光、大司空何武、左将军师丹及卫尉傅喜去告诉太后说："皇帝知道了太后的诏令，很难过。大司马如不肯留任，皇帝也不敢主持朝政。"这样，太后才又叫王莽任职。

那时，哀帝的祖母定陶傅太后和母亲丁姬都还在世，高昌侯董宏上书说："据《春秋》的大义，母因子而尊贵，所以丁姬应当加上尊号。"王莽与师丹于是联名弹劾董宏，说他惑乱朝廷，大逆不道。事情记载在《师丹传》中。后来有一天，未央宫摆酒宴，内者令为傅太后设置幄帐，把她的座位安放在太皇太后的座位旁边。王莽去巡视检查，便斥责内者令说："定陶太后是藩国之妾，岂能与太皇太后同列并坐！"于是撤去幄帐，另设座位。傅太后听说，大发脾气，不肯赴宴，对王莽极为怨恨。王莽又请求去职回家，哀帝便赐他黄金五百斤，乘坐四匹马拉的安车离职归家。公卿大夫多有称赞王莽的，皇帝便增加恩宠，派太监去王莽家中供他差遣，又每十天赏赐一顿饭食。接着，皇帝又下令说："新都侯王莽为国事忧心劳骨，秉持正义坚定不移，朕本期望与他共同治理天下，而太皇太后却令王莽引退，朕实在忧伤。现将黄邮聚的三百五十户加封王莽，赐位特进，加给事中，朔日望日入朝进见之礼如同三公，朕若车驾出行，王莽可乘绿车随从。"两年之后，傅太后和丁姬都称了尊号，丞相朱博便上奏说："王莽以前不弘扬尊敬尊长的道义，贬低尊亲的尊号，有损孝道，本当依法处死，幸而受到赦免，不应再享有爵位和封邑，请求免去官职爵禄，贬为平民。"皇帝回答说："因为王莽与太皇太后有亲戚关系，不便罢免，让他回封邑去吧！"

王莽回到封邑，闭门不出。他的第二个儿子王获杀死了奴仆，王莽就严厉斥责他，并要他自杀。在封邑三年，官吏上书为王莽鸣冤的就有几百人。元寿元年，出现日食，贤良周护、宋崇等人在对策中极力颂扬王莽的功德，皇帝于是征召王莽进京。

王莽初回封邑时，南阳太守因王莽位望显贵，特意选派门下属吏宛县人孔休临时出任新都相。孔休去拜见王莽。王莽礼貌周到地亲自接纳，孔休也知道他名声很大，便与他相互酬答。以后王莽生病，孔休又亲往探视，王莽就借机给予恩惠，把自己的玉具宝剑送给孔休，想以此结为友好。孔休不肯接受，王莽就说："确实因为看见你脸上有伤痕，而美玉可以把它磨掉，才想把剑上的玉饰送给你。"说着就取下剑上的玉饰，孔休仍旧推辞。王莽说："你是嫌它太贵重了吗？"于是就将玉饰砸碎，又亲手把碎玉包裹起来送给孔休，孔休这才接受。等到王莽被征召进京离去时，要见孔休，孔休却称病不肯相见。

王莽回京城后，又过了一年多，哀帝就死了。因为没有皇嗣，傅太后、丁太后又都在这之前去世，太皇太后当天就乘车去未央宫收取御玺，一面派使者乘快马宣召王莽进宫。太后又命令尚书，诸如发兵的符节，百官上朝奏事，以及宫中太监、宫门卫兵，都归王莽统管。王莽禀告说："大司马高安侯董贤年轻，不孚众望，应收回印绶。"董贤当天就自杀了。太后诏令公卿推举可以担任大司马的人选，大司徒孔光、大司空彭宣推举王莽，前将军何武与后将军公孙禄则互相举荐。太后任命王莽为大司马，与他商议立皇嗣的事。安阳侯王舜是王莽的堂弟，他为人严谨，太后很信任和喜欢他，王莽建议让他担任车骑将军，派他去迎接中山王来京做成帝的后嗣，这就是孝平皇帝。皇帝当时年仅九岁，太后临朝行使皇帝的权力，政事委托王莽办理。王莽对太后说，赵氏以前害死了皇子，傅氏骄恣不守本分，于是废黜了孝成赵皇后和孝哀傅皇后，并且迫令她们自杀。这件事记载在《外戚传》中。

王莽因为大司徒孔光是一代名儒，又做过三朝宰相，为太后所敬重，天下都信赖他，便对他特别尊崇，并引荐孔光的女婿甄邯为侍中兼奉车都尉。对自己本来就不喜欢的哀帝的那些外戚和在位的大臣，王莽就罗织他们的罪名，写好奏折，叫甄邯拿去交给孔光。孔光一向胆小谨慎，不敢不把奏折上呈太后。王莽再去对太后一说，太后就允准了这些奏言。于是，前将军何武和后将军公孙禄就因互相标榜而获罪，被免去官职，丁太后、傅皇后及董贤的亲属也都被免去官爵，流放到远方。红阳侯王立是太后的亲兄弟，虽没有身居要职，因为是伯父，王莽内心对他很敬畏，怕他在太后面前慢慢进言，使自己不得为所欲为，便又叫孔光把他往日的过错禀告给太后说："以前，他明知定陵侯淳于长犯了大逆不道之罪，却接受了大笔贿赂，为淳于长说话，误惑朝廷；后来，他又进言用官奴婢杨寄的私生子来作皇太子，大家都说，是吕后、少帝事的再次出现，使天下人纷纷怀疑朝廷，这样难以昭示，后世也难以完成辅导幼主的功业。因此，请让王立回他的封地去吧。"太后不同意这样做。王莽就说："如今汉家衰微，连着两代皇帝都没有后嗣，太后独自替幼主统摄朝政，实在令人担忧。太后尽力率先秉公办事，尚且怕下面不肯听从，现在又因个人恩宠而如此拂逆大臣的建议，要是群臣离弃，祸乱就将由此而起了！应该让他暂且回封邑去，待安定之后再征召来京。"太后不得已，只好叫王立回到自己的封邑。无论对上对下，王莽都用这一类办法来要挟别人服从自己。

于是，阿谀顺从王莽的就得到提升，违逆忌恨王莽的就遭到诛杀。王舜、王邑作为心腹，甄丰、甄邯主持狱讼，平晏掌握机密，刘歆管理文书，孙建充当爪牙。甄丰的儿子甄寻、刘歆的儿子刘棻，涿郡的崔发、南阳的陈崇，也都因为有才干而得到王莽的宠信。王莽面色严厉，言辞正直，打算要有所作为，就先露一点神色，让党徒领承他的意旨去向上奏明，然后他又叩头垂涕，再三推辞，用这种办法对上迷惑太后，对下向众人表示自己的忠信。

起先，王莽曾暗示益州官员，叫塞外的外族人向朝廷献白雉。元始元年正月，王莽建议太后下诏令，用白雉作祭品进献宗庙。于是，群臣上奏太后："委任大司马王莽制定政策，安定了国家。前朝大司马霍光有安定国家的功勋，加封了三万户，并使他的后代子孙世袭同等的封爵和食邑，这是比照萧相国的封赐待遇。现在王莽也应该按照霍光的旧例给予封赐。"太后问公卿们说："真是因为大司马有大功应当表彰呢？还是因为是自家骨肉就想特殊地封赏他呢？"于是群臣便极力陈述"因为王莽的功德极大，才得到周公辅成王时曾出现过的白雉的祥瑞，千年之间才出现同一的效验。依据古代圣贤制定的法则，臣子有大功，在他活着的时候就应当赐给美好的称号，所以周公还在世时就用周来做称号。王莽有定天下安汉家的大功，应赐号叫'安汉公'，并加封食邑的户数，使他的子孙世袭爵邑。对上既符合古代的制度，对下又树立了行事的准则。要这样，才算顺从了天帝的意旨"。太后命令尚书去备办这件事。

王莽上书说："我与孔光、王舜、甄丰、甄邯共同制定的政策，现在希望只把孔光等人的功劳和应得的赏赐逐条写明，不要提到我，不要把我和他们并列在一起。"甄邯向太后建议，太后下诏令给王莽说："'不徇私，不偏袒，王道便能宽广平正地推行。'有亲属关系的，照理不该偏袒，然而你有安邦定国之功，就不能因为是至亲骨肉便遮掩而不加表扬。希望你不必推辞了。"王莽又上书谦让。太后诏令近侍把王莽领到正殿的东厢等候，王莽借口有病不肯入朝。太后又叫尚书令恂命令王莽说："你因为知道要受到褒奖就推托有病，然而你的责任重大，朝廷的事少了你就办不成。赶快振作起来！"王莽还是坚持不接受。太后又令长信宫的太仆闳秉承皇帝的旨意召王莽入朝，王莽仍然说有病。于是太后身边的人就对太后说，不要勉强王莽改变主意，只须单单陈述孔光等人的功劳，王莽就肯前来任职。……孔光等四人接受了太后的封赏，王莽还是不上朝，群臣便又上奏说："王莽虽然能谦让，朝廷还是应该给予表彰；及时嘉奖，表明尊重他的首功，不要令百官庶民失望。"太后于是下诏令说："大司马新都侯王莽在三朝居三公之位，主管周公的职事，建立了使国家长治久安的良策，他的功德是忠臣的表率，德化遍及天下，以至边远的民众也仰慕仁义，越裳氏不远万里来朝奉献白雉。特将召陵、新息两县二万八千户加封王莽，后世子孙免服徭役，使他的爵禄全都传给后代，按功劳给予的封赏比同萧相国。任命王莽为太傅，主管四辅的职事，号称'安汉公'。将萧相国的旧居作为安汉公的府第，特此明令规定，传于子子孙孙。"

于是王莽作出惶恐的样子，无法推辞而起立接受了策书。策书说："正当我汉室遭逢危难后继无人的时候，是您出面使局势得到安定；天子辅弼的职责，朝廷三公的重任，由您一人承担；文武百官，公卿上下，由您一人统领。您功高德劭，使皇室得以安宁；得到白雉出现的祥瑞，正是周公辅成王的象征。因此特赐嘉号称'安汉公'，望您能辅佐协助皇帝，以期获致天下太平，不要违背朕的好意。"王莽接受了太傅的官职和安汉公的称号，辞让了增加食邑户数并把全部爵邑传给后代的事，表示愿意等到百姓家家丰衣足食的时候，再来领受加赏。大臣们又向太后谏诤，于是太后下诏书说："安汉公自己期望百姓家家丰衣足食之后再接受奖赏，这件事就依从他。现在下令将安汉公的俸禄、私府的吏员、朝廷的赏赐都比原有的增加一倍。百姓什么时候生活丰足，大司徒和大司空要及时上报。"王莽仍旧谦让，不肯接受，并且建议说，应当册封各位侯王的后裔和高祖以来功臣的子孙，大的封侯，有些可以赐给关内侯的爵位和食邑，然后再按照等级顺序封赏现今在位的大臣。对上要尊崇祖先，祭祀时增加礼乐；对下要把福利给与士子庶民、鳏寡孤独，把恩惠庶民的德政广施于四海。这些事记载在《平帝纪》中。

王莽既讨好了所有的人，又想独断专行。他知道太后对政事厌倦，便委婉地暗示公卿，让他们上奏说："以往，吏员凭着劳绩和资历升迁到二千石的，以及各州各部所举荐的秀才和做了官的特异人才，大多不称职，应当让他们都来拜见安汉公。另外，太后不必亲自过问小事。"要太后下诏书说："皇帝现在年幼，暂且由朕统理政事，直到皇帝长大行了加冠礼为止。然而现今政务繁杂，朕年事已高，精力不济，恐怕这样是不利于颐养身体和抚育皇帝的。因此，选择忠臣贤良，任命朝廷宰辅，于是百官尽职，国家得保平安。孔子说：'伟大呀，舜和禹依靠贤臣治理天下而自己并不事事亲躬呢！'从今以后，只有封爵的事才必须让朕知道。其他的事由安汉公和几位宰辅共同处理。凡是新上任的州牧、郡太守以及秀才出身的官员有事上奏的，都要先将他们领到近旁的官署去见安汉公,应答所问,由安汉公考察他们的前任有无劳绩,询问新官将如何施政,以便了解他们是否称职。”于是王莽把上奏的人一个个找来询问,向他们表示关怀备至的情意,送厚礼给他们,而对那些不合己意的人,就公开地上奏请将他免官。王莽的权力之大,竟然与国君相当了。

王莽想用虚名来取悦于太后,就对太后进言:“承接着以前孝哀帝时丁、傅两家骄奢侈靡之后,直到如今,百姓多数还都贫穷,所以太后应当穿没有文彩的衣服,减省膳食,好给天下人做个表率。”接着,王莽就给太后上书,表示愿意出钱一百万,献田三十顷,交给大司农去救助贫民。由此公卿百官都景仰王莽,于是纷纷仿效。王莽领着群臣上奏说:“太后陛下年事已高,却长期穿着素朴,减省膳食,这样是不利于保养身体、抚育皇帝、安定皇室的。臣王莽曾经多次在宫门之外叩头劝谏,陛下都不肯答应。如今侥幸地仰赖陛下的恩德,使近来风调雨顺,甘露从天而降,灵芝丛生,蓂荚、朱草和嘉禾也出现了,这些美好的征兆同时到来。臣王莽等最大最大的愿望,是希望陛下自己颐养精神,少费心思,遵照帝王的服饰来穿戴,恢复太官按规格制作的饮食,使臣子人人得以竭尽承欢之心,备办奉养之物。望陛下哀怜省察!”王莽又要太后下诏书说:“听说作母后的规范,是不考虑门槛以外的事。不幸国家没有得到皇天的佑护,皇帝年幼,还不能亲自处理政务,朕小心谨慎,生怕皇室不得安宁。国家的大政,除了朕还能由谁来统摄?由此可知,孔子见南子,周公辅成王,都是一时的需要。朕勤勉深思,忧心劳骨,不敢自安,因此,见到国家有奢侈之风就做个俭约的榜样让大家看，纠正时弊就要超过中限，朕如果不亲自带头，能对天下说些什么呢？朕早晚做梦都在想，等到五谷丰登，百姓富足，给皇帝行了加冕礼，就摆脱政务，把大权交付给皇帝。现在的确还无暇顾及着华服、进美食，但愿朕与公卿百官能把事情办好，大家共勉吧！”每遇水旱灾荒，王莽就吃素食，他身边的人立即把这告诉给太后。太后派使者诏令王莽说：“得知安汉公吃素食，足见你忧虑百姓疾苦是多么的深沉！今秋有幸庄稼丰收，安汉公职务繁重，办事勤勉，更要按时吃肉食，为国家爱惜身体。”

王莽心想国内已经平服，只有四境的民族和国家没有改变，于是派使者携带大量的黄金、钱币和绢帛，贿赠匈奴单于，令他向太后上书说：“听说中国不许一人有两个名字，臣原名叫囊知牙斯，现在就改名叫知，仰慕和尊从圣天子的制度。”并且派王昭君的女儿须卜居次入朝侍奉太后。王莽就是用这样欺骗夸耀的手段来讨太后的欢喜，甚至不惜对太后身边的侍女近臣来施加自己的影响，千方百计，想尽办法。

王莽既处尊位掌握了大权，就想把女儿嫁给皇帝做皇后，以便巩固自己的权势，于是上奏说：“皇帝即位已经三年，而长秋宫尚未兴建，掖廷内也还没有住进嫔妃。以往国家多难，根源就在天子的婚配不当，以至没有后嗣。请太后查考研究《五经》，作出决定，给皇帝行聘娶之礼，按照正规，给皇帝选配十二名嫔妃，以便增加子嗣。广泛地征求前两朝王族的后裔和在长安作侯王的周公、孔子的后人所生的嫡亲女。”太后将这件事交给官员去办理，于是一批少女的名单就送交上来，王氏家族有许多女子也被选在其中。王莽担心她们与自己的女儿竞争，就进言太后："我自身没有德操，女儿的姿质也很平庸，望太后不要把她和别的女子放在一起来挑选。"太后以为王莽很真诚，就下诏令说："王家的女子是朕娘家的人，不得选取！"于是，百姓、学生，以及郎吏以上的官员到宫门前上书的每天就有一千多人，公卿大夫有的去到朝廷中，有的趴在官署的门下，都说："贤明的诏令圣上的恩德是那么的崇高，安汉公的勋绩是如此的辉煌！现在要立皇后，为什么独独撇开安汉公的女儿？这叫天下人心怎样归附！我们恳求太后，让安汉公的女儿作为国母。"王莽派长史以下的官员分别去说服制止公卿大夫及太学学生，然而上书的人却越来越多。太后不得已，便听任公卿选取王莽的女儿。王莽又自己进言说："应该广泛地从所有女孩子中进行挑选。"公卿们争辩说："不应当选择其他女子做皇后，那样是会搞乱正统的。"王莽说："那么就请把我的女儿找来看一看再说。"于是，太后就派长乐宫的少府、宗正和尚书令把王莽的女儿带来目测，决定是否选取她。他们回来禀告说："安汉公的女儿受德行熏陶感化，仪态闲静美好，适宜于承续皇室的世系，奉行宗庙祭祀。"太后下诏派遣大司徒和大司空把事由写在简策上去祝告祖宗，另外又举行占卜，所得的结果相同，都说："卜兆恰逢以金为王的水相，占卦正遇父母得位，这正是所谓的'康强'之占，'逢吉'之符。"信乡侯佟上奏说："《春秋》说，周天子将娶纪国的女子做皇后，就先赐纪子称侯，现在安汉公受封的国邑太小，不符合古时的制度。"太后把这件事交给大臣们去议论，他们都说："古时候天子封给皇后的父亲方圆百里之地，对他十分尊重，不把他当臣子看待，以表示对宗庙祖先的崇敬，这是最大的孝道。佟的奏言合乎礼法，可以听取。请求太后把新野的二万五千六百顷田加封给王莽，好补足百里之数。”王莽推辞说：“臣莽的女儿的确不够格匹配天子，何况又听说大臣们在议论，要加封我田地。臣深自思念，靠着是皇亲，获得了爵位和田地，如果小女确能令圣上满意，臣莽国邑的收入就足以供给纳贡之用，不必再加封土地，增添恩宠。愿退掉增加的部分。”太后同意了。有关官员上奏说：“按照旧例，纳聘皇后应赏赐黄金二万斤，折合钱币二万万。”王莽恳切地辞让，只接受了四千万钱，还从中拿出三千三百万来分给那十一个选作嫔妃者的家人。群臣又说：“如今皇后受聘礼比嫔妃侍妾多不了多少。”于是有诏令下来，再增加二千三百万钱，合成三千万。王莽又拿出一千万分给家族中贫穷户。

……

起初，王莽想专权，就对太后说：“以前哀帝即位，不顾恩义，擅自将丁、傅两姓的外戚尊为显贵，扰乱国家，几乎危害了刘氏天下。现在皇帝又是小小年纪就登上宝座，做了天子的继承人，因此，应当明确帝系归于一统的道理，以防止从前的弊端，作为后代的法式。”于是派甄丰将印绶奉献给平帝的母亲卫姬，拜她为中山孝王后，又赐平帝的舅舅卫宝及卫宝的弟弟卫玄为关内侯，让他们都留住在中山国内，不准到京城来。王莽的儿子王宇，不同意把卫氏和皇帝隔离开，他怕皇帝长大后怨恨他们。王宇于是私下派人递送书信给卫宝，叫皇帝的母亲上书要求进京。这件事记载在《卫后传》中。王莽不答应。王宇和老师吴章及妻兄吕宽商讨王莽不答应的原因，吴章认为王莽是不听劝谏的，但他相信鬼神，可作出怪异的事来惊吓他，然后由吴章乘机类推，劝说王莽，教他把政权归还给卫氏。于是，王宇就让吕宽在深夜里拿着血去洒在王莽住宅的门上，可是又被门官发觉，王宇因此被王莽送进监狱，用药毒死。王宇的妻子吕焉怀孕在身，囚禁在狱中，等孩子生下，也被杀死。王莽上奏说："王宇被吕宽等人所贻误，散布流言蛊惑人心，罪恶之大，与管叔、蔡叔相当，臣不敢隐瞒，已经将他处死了。"甄邯等人奏请太后下诏书说："唐尧有丹朱，周文王有管、蔡，这都是父亲虽为圣贤却拿不肖子没有办法的例子，因为他们的本性都是不可改变的。安汉公身居周公的要职，辅佐像成王一样的幼主，如同惩罚管叔蔡叔那样处死自己的儿子，不因为爱惜亲人而妨害对皇帝的忠诚，朕非常赞赏。以往周公除掉了四国，统一的教化才得以施行无碍，以至无人犯法，刑法搁置不用。希望安汉公专心治国，以期迎来太平盛世。"王莽因此诛灭了卫氏，彻底审理吕宽的案件，牵连出郡县及王国的一些常常非议自己的豪杰。事件还牵涉到皇室及外戚的敬武公主、梁王立、红阳侯王立、平阿侯王仁，由于使者看守很紧，他们都自杀了。株连而死的数以百计，国内大为震惊。大司马护军褒上奏说："安汉公不幸遇到儿子王宇犯下管、蔡大逆不道之罪，虽然亲子之间情爱最深，但为了皇室的大利，不敢顾惜私情。深思王宇犯罪的原因，安汉公感慨万端，写成文章八篇，以训戒子孙，应当把这些文章颁布到郡国，要学官教授生员。"这事被交给大臣们商议，大臣们一致请求太后诏令全国，凡官吏能记诵安汉公训戒文的，就把他们的名字登录在册，以备选用，安汉公的训戒文与《孝经》相当。

（平帝元始四年）四月丁未这一天，王莽的女儿册立为皇后，大赦天下。大司徒司直陈崇等八人被分别派往全国各地去考察风俗，了解民情。

太保王舜等上奏说："《春秋》上排列了可称之为建功立德者的次第，最上等的人能树立圣人之德，次一等的能创立功业，再次一等的能够建立一家之言，这三者都只有那些具备了最高德行和最大贤智的人才能做到。这种人如果出现在臣子之中，当他在世的时候就应当得到最大的赏赐，死后成为受人敬仰的贤臣，殷商的伊尹和周代的周公就是这样的人。"同时，百姓中也有八千多人上书，他们都说："伊尹作阿衡，周公当太宰，周公的七个儿子都得到封爵，奖赏超过了上公。应当如陈崇所说封赏安汉公。"奏章被交给官员们处理，官员们请求"将以前准备加封但被推辞的两个县及黄邮聚、新野的田地归还给安汉公，采用伊尹和周公的称号，给安汉公加上宰衡的官职，地位为上公。属官的俸禄为六百石。三公在安汉公面前陈述政事要称'敢言之'。所有官员都不得取与安汉公相同的名字。出行时由二十名期门兵及三十名羽林军随从，前后大车各十辆。赐予安汉公太夫人称号叫'功显君'，食邑二千户，佩红丝带金印。封安汉公的儿子二人，王安为褒新侯，王临为赏都侯。增加皇后的聘礼钱三千七百万，与前次所给合为一万万，以彰明婚聘大礼的隆重"。于是太后亲临正殿，主持封赏授官的礼仪。……

王莽于是上朝任职。他上书说："……臣莽俯伏思量，爵为新都侯，号称安汉公，官居宰衡、太傅、大司马，爵位尊贵，封号崇高，官职重要，一人就蒙受五项大恩，以臣鄙陋之身，确实不堪承担。根据元始三年天下已获丰收，前因灾荒而省免的官职也应恢复。《谷梁传》说：‘辅助天子治理国家的大臣，他的权力之大可以统摄天下。’臣以为，宰衡的职责就在于统领百官安定天下，没有印章，即是有其名而无其实。臣莽本没有兼任官职的才能，如今既蒙朝廷错爱，受到信用，臣就请求让御史刻宰衡印章称‘宰衡太傅大司马印’，刻成即授与臣莽，交还太傅与大司马印章。”太后下令说：“同意。印上所佩的丝带与相国相同，朕将亲自出面授印。”……

就在这一年，王莽上奏请求建立明堂、辟雍、灵台，为求学的人筑房舍万间，开放集市，设置常满仓，规模宏大。……网罗天下有专长的人才，前后有数千人来到京城。这些人都一一被带到庭院之中，记录下他们的主张和见解，准备利用他们来纠正那些违逆王莽的谬误的言论，统一各种不同的政治主张。……

于是公卿大夫、博士、议郎、列侯张纯等九百零二人都上奏说：“神圣明智的帝王招求贤良奖掖才俊，德行出众的就赐以高位，功勋卓著的即给予重赏。因此，人所敬仰的大臣既获得九命上公的尊位，就应享有超出常规的九锡恩宠。如今九族亲爱敦睦，百官礼仪昭然，天下和谐安定，庶民风化淳厚，神瑞齐至，太平已临。帝业的昌盛莫高于唐尧和虞舜，陛下当之而无愧；忠臣的大功谁也比不上伊尹和周公，宰衡可与之媲美。这就是后世建立功业，与前代的隆盛像合符一样相同。谨根据《六艺》的普遍道理，经籍文字所见，以及《周官》、《礼记》所载的那些适宜于今天的部分，设置九等的赏赐。臣请求授予安汉公九锡。”奏言得到太后的许可。……

派往各地去考察民风的八个使者回朝后，都说天下的风尚习俗淳厚一致，并且为郡国编造假歌谣，歌功颂德，长达三万字。王莽奏请制定明文法令。又上奏实行市集商品同物同价，官府没有讼争断案的公事，城邑没有盗贼，乡野不见饥民，路不拾遗，男女不同行等制度，对违犯者要实施象刑。刘歆、陈崇等十二人都因为修建明堂，宣扬教化有功，封为列侯。

王莽既使天下得到太平，又使北方匈奴归顺，东边使海外民族入朝，南方黄支内附，只剩西方尚无建树。于是派遣中郎将平宪等人多带黄金币帛去引诱塞外的羌人，让他们主动献地，自愿附属于汉朝。平宪等人上奏说：“羌族豪强良愿等部，人口大约有一万二千，愿意作我汉朝的内臣，特献出鲜水海、允谷盐池，把平原草地都让给汉人，自己却移居到山川艰险阻塞的地方去，充当我国的屏障。试探他们有无降顺的意思，良愿回答说：‘太皇太后神圣贤明，安汉公大仁大德，因此天下太平，五谷丰登，甚至有的禾苗长到一丈多高，有的一颗谷子结三个米粒，有的庄稼不播种自行生长，有的无蚕而自生茧，甘露从天降，醴泉自地出，凤凰翔舞，神雀降集，自元始四年以来，羌人没有疾苦，安乐自足，所以想归附汉朝。’应当因时制宜，在羌地设置属国，加以治理，给予保护。”事情下交给王莽去处治，王莽又上奏说：“……现在已有东海、南海及北海郡，而无西海郡，请接受良愿等羌人所献的土地，在那里设置西海郡。

臣又听说,神圣的君王序列天体星象的位次,确定地域的方位,根据山川的形势及民间的习俗,来划分州郡的界限。汉家的国土比二帝和三王时要辽阔得多,共有十二个州,但州的名称和分界多数与经典上的不相对应。《尧典》上把全国划分为十二州,以后定为九州。汉家开拓疆土直到很远的地方,州牧出巡,考察属下刑政,最远可达三万多里之处,因此,不能再局限于九个州。谨以经籍文义订正十二个州的名称,确定分界,与上古盛世的制度相应。"奏言得到许可。另外,又增加五十条法令,犯法的人一律迁徙到边远的西海。被迫迁徙的人一时成千累万,百姓开始怨恨王莽。

泉陵侯刘庆上书说:"周成王即位时年纪很小,称孺子,周公代为执政。现今皇帝年轻,应当让安汉公代行天子的政事,如同周公一样。"群臣都说:"应该照刘庆所说的行事。"

冬天,荧惑星隐入月亮之中。

平帝病了。王莽写好策书,去到泰畤,佩戴着璧玉,秉持着玉圭,祈求上天延长皇帝的寿命,表示愿意以自己的身体替代皇帝生病。然后王莽把策书藏置在金縢之中,存放在大殿之上,并告诫公卿百官,不得言语。十二月,平帝去世,大赦天下。王莽召集通晓礼仪的宗伯凤等人一起商定,全国的官员凡俸禄在六百石以上的一律为皇帝服丧三年。王莽又奏请太后,尊称成帝的庙号为"统宗",平帝的庙号为"元宗"。当时,元帝虽然后嗣断绝,但宣帝的曾孙在世封王的还有五人,列侯如广戚侯刘显等四十八人,王莽厌恶他们都是成年人,就说:"兄弟辈不能相互作后嗣。"

于是从宣帝的玄孙中挑选出年龄最小，才满两岁的广戚侯子婴，托称占卜的结果说，让他继承皇位最吉利。

就在这个月，前辉光谢嚣上奏说，武功县县令孟通疏浚水井发现一块上圆下方的白石，白石上面写着红字："告安汉公莽为皇帝。"符命的兴起，就从这时开始。王莽让公卿们把这事禀告给太后，太后说："这是欺骗天下人的鬼话，不能实行！"太保王舜对太后说："事情已经到了这一步，无可奈何，要想阻止事态的发展，人力是办不到的。再者，王莽也不敢有别的打算，只想代掌朝政以增加权威，便于安定天下悦服人心罢了。"太后同意了。于是王舜等人就一同要太后下诏说："……安汉公莽辅佐三朝皇帝，虽连连遭逢时势变化，但都能使汉室安定光大，奇风异俗得以协同。至于订制度立法规，可以说虽与周公世代相隔却符验征兆相同。现有前辉光谢嚣与武功县令孟通上奏所说红字白石符瑞一事，朕深思那个意思，说'为皇帝'，就是代行皇帝的政事。有楷模可以仿效就容易把事情办好，否认圣人就会失去楷模。命令安汉公暂居帝位，代天子执政，依照周公的旧例，将武功县赐给安汉公作采邑，名叫'汉光邑'。当礼仪具备，正式奏明。"

于是满朝文武上奏说："……臣请求安汉公暂居帝位，代天子执政，穿戴天子衣冠，背靠设置在东西两侧门窗之间的斧依，面对正南，朝向群臣，处理政务。享用车驾、章服，随行带侍卫，沿途设警戒，官民要自称臣或妾，这些全都依照天子规格。在郊外祭祀天地，在明堂祭祀祖宗，以虔敬之心祭祀于宗庙，用供品祭享神明，祝辞中称'假皇帝'，官民称王莽为'摄皇帝'，自称'予'。评断朝政，按惯例称皇帝的诏令为‘制’，以顺应上天的心意，辅佐汉室，保护孝平皇帝的幼子，尽到受委托者的职责，使太平治世的德化日臻隆盛。朝见太皇太后及帝皇后时就都恢复臣子的身份。按照诸侯礼仪制度和历来惯例，在王宫和食邑内可自己施行政令教化。臣冒死请求准奏。”太后下诏说：“可行。”第二年，改年号为“居摄”。

（居摄元年）三月己丑那一天，宣帝的玄孙刘婴被立为皇太子，称号为孺子……

四月，安众侯刘崇与侯国的相张绍谋划说：“安汉公王莽把持朝政，早晚要危害刘家皇室。天下反对他的人却不敢率先发难，这是我刘姓宗族的耻辱啊。我领着族人带头起事，全国的人必会响应我们。”于是刘崇便领着张绍等一百多个随从的人去攻打宛县，没有打进城就失败了。……

群臣又建议：“刘崇等人之所以敢于谋反，是因为王莽权力太轻的缘故；应当给他更高的地位和更大的权力，这样才能镇定天下。”五月甲辰这天，太后诏令王莽，要王莽朝见太后时自称“假皇帝”。

冬十月丙辰这天是初一，日食。

十二月，群臣上奏请求：“增加安汉公的宫室及家中吏员，设置率更令，宗庙、马厩和厨房设长丞，设中庶子，设虎贲以下的武官百多人，另配置卫士三百人。安汉公的住处称摄省，办事的处所称摄殿，府宅称摄宫。”奏言得到了批准。

（三年春）太后下诏令说：“晋升摄皇帝的儿子褒新侯王安为新举公，赏都侯王临为褒新公，封王光为衍功侯。”这时，王莽归还了新都国，于是群臣又建议将那片采地封王莽的孙子王宗为新都侯。王莽灭了翟义，自认为威信和德望越来越高，得到上天和众人的佑助，于是图谋做真皇帝的事了。

……十一月甲子这天，王莽上奏太后说："……皇族的广饶侯刘京上书说：'七月中的一天，齐郡临淄县昌兴亭亭长辛当一晚上做了几回相同的梦，梦中人说："我是天公的使者，天公让我告诉亭长说：'假皇帝应当做真皇帝。'如不信我的话，请看在你亭之内会出现一口新井。"亭长清早起来到亭中一查看，果然有一口新井，井深将近百尺。'十一月壬子这天，正是冬至，巴郡发现的石牛，戊午这天，雍县发现的上面有文字的石头，都运到未央宫的前殿。臣与太保安阳侯王舜等人前去观看，突然天风大起，尘土飞扬，天昏地暗，等风停时，发现在石前有铜符节和帛图谶，图书上有文字说：'这是上天晓谕皇帝的符命，谁把它献上去，谁就封侯。顺从天意，奉行神圣的使命吧！'骑都尉崔发等人一同观看并解说文义。……臣请求恭敬地事奉天地神灵和列祖列宗，奏请太皇太后和孝平皇后时，一律自称假皇帝。向臣民发号施令，及臣民上奏言事，就都不再称'摄'。将居摄三年改为初始元年，改漏刻为一百二十度，以顺应上天的意旨。臣莽日夜抚育培养孺子，使他快快成长，让他与周成王的德行齐等，向四方宣扬太皇太后的威望和美德，皇帝年幼时就这样教育他。等孺子长大成人，行了加冠礼，就把神圣的君权归还给他，像周公的旧例一样。"奏言得到太后的许可。众人知道王莽得到了上天授命称帝的凭证，示意群臣广泛议论，并另外上奏别的事，来显示即位做真天子更进一步的迹象。

期门郎张充等六人密谋共同劫持王莽，把楚王立为皇帝。事情败露，都被处死。

梓潼县人哀章，在长安求学，一向行为不正，好说大话。他见王莽做了假皇帝，就制作了一个铜柜，把贴好标签的两册书装在里边，一册上面写着“天帝行玺金匮图”，另一册写着“赤帝行玺某传予黄帝金策书”。这里的“某”是指高皇帝的名字。书上说王莽作真天子，皇太后当顺从天意。图和书上面都写有王莽八个大臣的名字，外加上新取的有吉祥意义的王兴和王盛两个名字，哀章又把自己的名字插在里边，一共十一人，都写上官职和爵位，作为王莽的辅臣。哀章听说齐郡新井、巴郡石牛的事情下达，他就在当天黄昏时候，穿一身黄衣，捧着铜柜去到高帝庙中，把铜柜交与仆射。仆射把这事禀报上去。戊辰这天，王莽到高帝庙去参拜，接受金匮图书所表示的神君的禅让帝位。然后王莽戴上王冠，前去拜谒太后，回来坐在未央宫前殿上，下诏书说：“我自己本无德能，托靠的是远祖黄帝和虞帝的后裔、太皇太后的亲戚，得到皇天上帝多次显示大力相助之意，天帝决心统领调整次序，使用铜符帛图文字和金匮策书，让神明来相告，把天下亿万民众托付给我。赤帝汉高帝的神灵，奉行天命，传国与我的金策文书，我很敬畏，敢不恭受！因戊辰是个吉日，便戴上王冠，即位做真天子，并决定改国号为‘新’。同时，还将颁布新历法，改换祭祀用的牺牲的颜色和服色，另制旌旗，改变器物的型制。从十二月初一癸酉这天为建国元年正月初一，从鸡叫的时候开始新的一年。根据五行德性服装配色应该是黄色，牺牲应该是纯白色，使臣的节旄和幡一律用纯黄，上面题写

‘新使五威节’字样，以表示承奉着皇天上帝威严的使命。”

始建国元年正月初一这天，王莽率领着公卿大夫，恭敬地捧着皇太后印玺，上呈给太皇太后，顺应符命，正式去掉了汉的国号。

编 后 记

2011年我社出版了“古代文史名著选译丛书（134种）”，该丛书是由全国高校古籍整理委员会主持，汇集北京大学、复旦大学等十八所高校古籍所专家学者力量完成的一部高水平、高质量的传统文化普及读物。出版后也得到了读者认可，获得业内好评。

该丛书于2016年入选国家新闻出版广电总局评选的“首届向全国推荐中华优秀传统文化普及图书”名单。为了更好地传播优秀传统文化，我们从中精选了30种文史经典，重新修订、设计，作为珍藏版呈现给读者。

中华优秀传统文化不仅是中华民族的宝贵财富，也是中华民族的精神家园。凤凰出版社谨向为本丛书的编辑出版付出巨大心血的专家学者致以崇高敬意！

丛书顾问：周林　邓广铭　白寿彝

丛书主编：章培恒　安平秋　马樟根

编委（均按姓氏笔画排列）：马樟根　平慧善　安平秋　刘烈茂　许嘉璐　李国祥　金开诚　周勋初　宗福邦　段文桂　董治安　倪其心　黄永年　章培恒　曾枣庄（以上为常务编委）

王达津　吕绍纲　刘仁清　刘乾先　李运益　杨金鼎　曹亦冰　常绍温　裴汝诚（以上为编委）

古代文史名著选译丛书（珍藏版）书目

书名	译注者	审阅者
论语注译	孙钦善	宗福邦
老子注译	张玉春　金国泰	安平秋
庄子选译	马美信	章培恒
孟子选译	刘聿鑫　刘晓东	黄　葵
荀子选译	雪　克　王云路	董治安　许嘉璐
诗经选译	程俊英　蒋见元	刘仁清
楚辞选译	徐建华　金舒年	金开诚
左传选译	陈世铙	董治安
史记选译	李国祥　李长弓　张三夕	安平秋
汉书选译	张世俊　任巧珍	李国祥
后汉书选译	李国祥　杨　昶　彭益林	许嘉璐
三国志选译	刘　琳	黄　葵
资治通鉴选译	李　庆	黄永年
文心雕龙选译	周振甫	黄永年
世说新语选译	柳士镇　钱南秀	周勋初
颜氏家训选译	黄永年	许嘉璐
陶渊明诗文选译	谢先俊　王勋敏	平慧善
李白诗选译	詹　锳等	章培恒
杜甫诗选译	倪其心　吴　鸥	黄永年
李商隐诗选译	陈永正	倪其心
王维诗选译	邓安生　刘　畅　杨永明	倪其心
苏轼诗文词选译	曾枣庄　曾　弢	章培恒
李清照诗文词选译	平慧善	马樟根
辛弃疾词选译	杨　忠	刘烈茂
王阳明诗文选译	吴　格	章培恒
唐才子传选译	张　萍　陆三强	黄永年
徐霞客游记选译	周晓薇　马雪芹　焦　杰	黄永年　马樟根
阅微草堂笔记选译	黄国声	安平秋
西厢记选译	王立言	董治安
聊斋志异选译	刘烈茂　欧阳世昌	章培恒